汽车检测与维修专业高技能型人才用书

汽车发动机检测与维修实训

第2版

主　编　吉武俊　张朝杰

副主编　郝凤伦　强　劲

参　编　公茂金　刘振革　陈　麒　吴　涛

机械工业出版社

本书是根据教育部颁布的“汽车运用与维修专业领域技能型紧缺人才培养培训指导方案”以及交通行业职业技能规范和技术工人职业资格等级标准编写的，通过对现代汽车发动机典型故障实例的分析，系统阐述了现代汽车发动机的构造和工作原理，汽车发动机及其总成的拆装、维护工艺、检修方法。主要内容包括：汽车维修工具的使用、发动机总成的拆卸、气缸盖和配气机构的拆装与检修、气缸体和曲柄连杆机构的拆装与检修、冷却系统的拆装与检修、润滑系统的拆装与检修、燃油供给系统的拆装与检修，共7个模块。

本书供高等职业院校汽车检测与维修专业教学使用，也可作为相关行业岗位培训或自学用书，还可供汽车维修技术人员学习参考。

图书在版编目（CIP）数据

汽车发动机检测与维修实训/吉武俊，张朝杰主编. —2版. —北京：机械工业出版社，2017.4

汽车检测与维修专业高技能型人才用书

ISBN 978-7-111-56475-1

Ⅰ.①汽… Ⅱ.①吉… ②张… Ⅲ.①汽车-发动机-故障检测-高等职业教育-教材②汽车-发动机-车辆修理-高等职业教育-教材 Ⅳ.①U472.43

中国版本图书馆CIP数据核字（2017）第066711号

机械工业出版社（北京市百万庄大街22号 邮政编码100037）

策划编辑：陈玉芝 责任编辑：陈玉芝 王振国 责任校对：佟瑞鑫

封面设计：张 静 责任印制：李 飞

北京振兴源印务有限公司印刷

2017年6月第2版第1次印刷

184mm×260mm · 9.75印张 · 237千字

0001—3000册

标准书号：ISBN 978-7-111-56475-1

定价：29.90元

凡购本书，如有缺页、倒页、脱页，由本社发行部调换

电话服务

服务咨询热线：010-88379833

读者购书热线：010-88379649

网络服务

机 工 官 网：www.cmpbook.com

机 工 官 博：weibo.com/cmp1952

教育服务网：www.cmpedu.com

金 书 网：www.golden-book.com

前言

为贯彻《国务院关于大力推进职业教育改革与发展的决定》以及教育部等六部门《关于“实施职业院校制造业和现代服务业技能型紧缺人才培养培训工程”的通知》精神，全面实施“职业教育与培训创新工程”，积极推进课程改革和教材建设，为职业教育教学和培训提供更加丰富、多样和实用的教材，更好地满足职业教育改革与发展的需要，按照教育部颁布的“汽车运用与维修专业领域技能型紧缺人才培养培训指导方案”的要求，紧密结合目前汽车维修行业实际需求，编写了高等职业教育实训系列教材，供高等职业院校汽车检测与维修专业教学使用。

本系列教材符合国家对技能型紧缺人才培养培训工作的要求，注重以就业为导向，以能力为本位，面向市场、面向社会，为经济结构调整和科技进步服务的原则，体现了职业教育的特色，满足了汽车检测与维修领域高技能型人才培养的需要。

本系列教材在组织编写过程中，认真总结了全国开设汽车专业的院校多年来的专业教学经验，注意吸收发达国家先进的职教理念和方法，形成了以下特色：

1）以“汽车发动机检测与维修实训”“汽车底盘检测与维修实训”“汽车电控系统检测与维修实训”“汽车电器检测与维修实训”“汽车故障诊断与排除实训”五门课程搭建专业基本能力平台，以若干专门化项目来适应各地学校的实际需求。

2）打破了传统教材的章节体例，以专项能力培养为模块确定知识目标和能力目标，使培养过程实现“知行合一”。

3）以行业关键技术操作岗位和技术管理岗位的能力要求为核心，确定专业知识和能力培养目标，在内容上选择注重汽车后市场职业岗位对人才的知识、能力要求，力求与相应的职业资格标准衔接，并较多地反映新知识、新技术、新工艺、新方法和新材料等内容，为毕业生在其职业生涯中能顺利进入汽车后市场岗位奠定良好的基础。

4）力图形成开放体系，一方面除本次推出的教材外，还将根据汽车后市场的实际需求，陆续推出不同专业的专门化教材；另一方面，还将随行业实际变化及时更新或修订部分专业教材。

本书由河南职业技术学院吉武俊和张朝杰任主编，郝凤伦、强劲任副主编，公茂金、刘振革、陈麒和吴涛参加编写。其中吉武俊编写模块 1、模块 3；郝凤伦编写模块 2，张朝杰编写模块 4、模块 7，强劲编写模块 5，公茂金、刘振革、陈麒、吴涛编写模块 6。

由于编者经历和水平有限，教材内容难以覆盖全国各地的实际情况，希望各教学单位在积极选用和推广本系列教材的同时，注重总结经验，及时提出修改意见和建议，以便再版修订时改正。

编　者

目 录

模块1 汽车维修工具的使用

项目 1.1 常用工具的使用

项目目的

1）掌握汽车检测与维修常用工具的规格、构造。

2）掌握汽车检测与维修常用工具的正确使用方法。

3）熟悉汽车检测与维修常用工具的维护和保养方法。

4）准确地识别和选择各种类别、型号的工具，并能够正确地运用，掌握安全操作方法。

相关知识

1. 普通扳手

（1）呆扳手 呆扳手是最常见的一种扳手，按形状有双头扳手和单头扳手之分，其作用是紧固、拆卸一般标准规格的螺母和螺栓，如图 1-1 所示。它的开口中心平面和本体中心平面间成 15°、45°、90°角等，这样既能适应人手的操作方向，又可降低对操作空间的要求，以便于在受限制的空间进行操作。呆扳手的规格是以两端开口的宽度 S（mm）来表示的，如 8～10mm、12～14mm 等；通常是成套工具，有 8 件一套、10 件一套；通常用 45 钢、50 钢锻造，并经热处理。

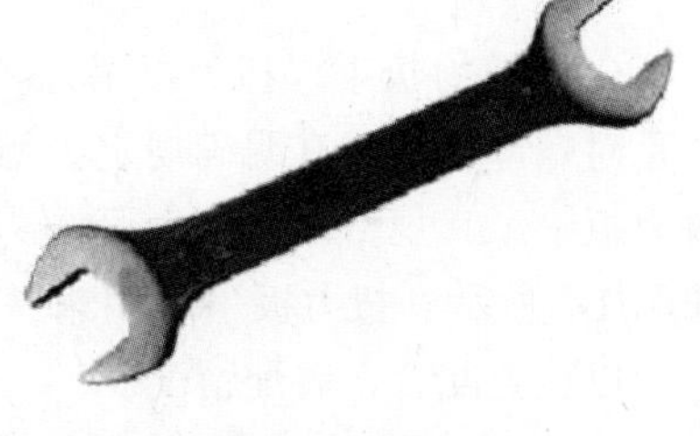

图 1-1 呆扳手

（2）梅花扳手 梅花扳手同呆扳手的用途相似，但其两端是环状的，环的内孔由两个正六边形互相同心错转 30°而成，可将螺栓和螺母头部套住，使用时，扳动 30°后，即可换位再套，因而适用于狭窄场合下操作，如图 1-2 所示。与呆扳手相比，梅花扳手强度高，使用时不易滑脱，但套上、取下不方便。其规格以闭口尺寸 S（mm）来表示，如 8～10mm、12～14mm 等，通常是成套工具，有 8 件一套、10 件一套等，通常用 45 钢或 40Cr 钢锻造，并经热处理。

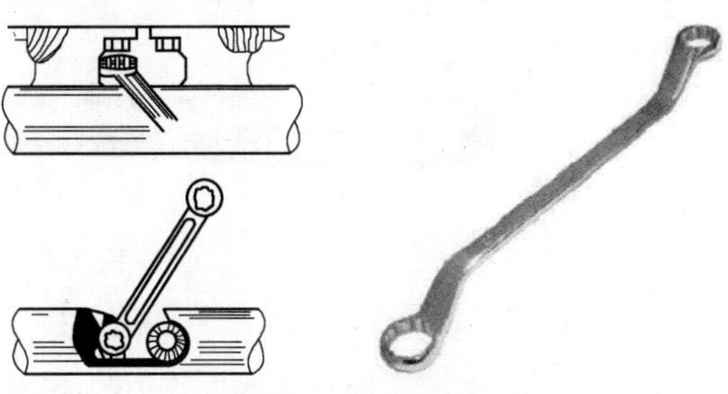

图 1-2 梅花扳手

（3）套筒扳手 套筒扳手除了具有一

般扳手的用途外，特别适用于旋转部位很狭小或隐蔽较深处的六角螺母和螺栓，其材料、环孔形状与梅花扳手相同，如图 1-3 所示。套筒扳手主要由套筒头、手柄、棘轮手柄、快速摇柄、接头及接杆等组成，各种手柄适用于各种不同的场合。由于套筒扳手各种规格是组装成套的，故使用方便，效率更高。常用套筒扳手的规格是 8~32mm。

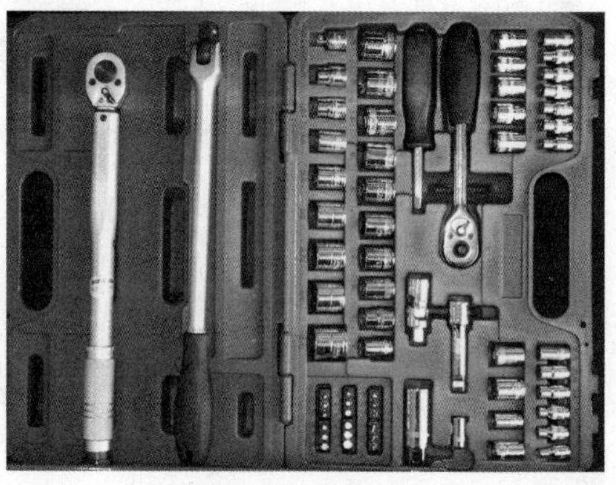

图 1-3　套筒扳手

（4）活扳手　活扳手由固定扳唇、活动扳唇、蜗轮和轴销组成，使用场合与呆扳手相同，其开口尺寸能在一定的范围内任意调整，其优点是遇到不规则的螺母或螺栓时更能发挥作用，故应用较广，如图 1-4 所示。其规格是以最大开口宽度（mm）来表示，最大开口宽度有 14mm、19mm、24mm、30mm、36mm、46mm、55mm 和 65mm 等，其长度有 100mm、150mm、200mm、250mm、300mm、375mm、400mm 和 600mm 等，通常是由碳素钢或铬钢制成的。

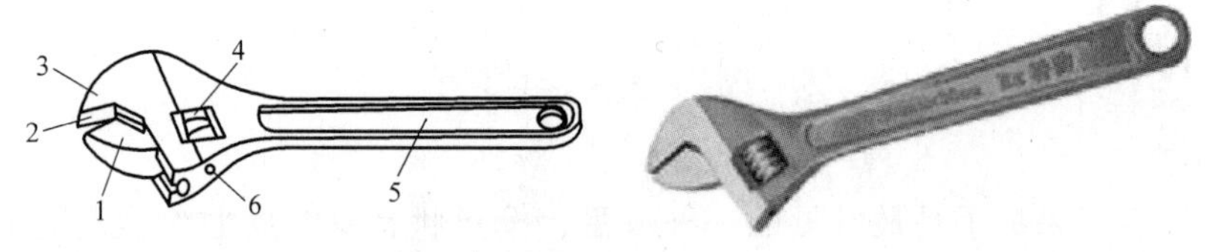

图 1-4　活扳手

1—活动扳唇　2—扳口　3—固定扳唇　4—蜗轮　5—手柄　6—轴销

（5）扭力扳手　扭力扳手是一种可读出所施力矩大小的扳手，由扭力杆和套筒头组成。凡是对螺母、螺栓有明确规定力矩的（如气缸盖、曲轴与连杆的螺栓、螺母等），都要使用扭力扳手。其规格是以最大可测力矩来划分的，常用的有 0~300N · m、0~500N · m 两种，如图 1-5 所示。扭力扳手除用来控制螺纹件旋紧力矩外，还可以用来测量旋转件的起动转矩，以检查配合、装配情况。

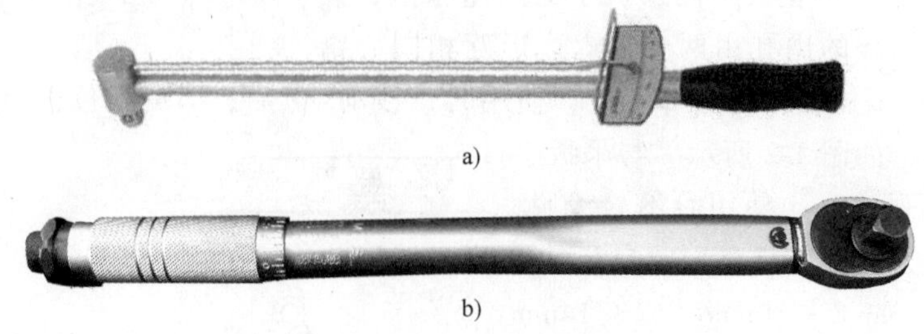

a)

b)

图 1-5　扭力扳手

a）指针式扭力扳手　b）预调式铰接扭力扳手

（6）内六角扳手　内六角扳手是用来拆装内六角圆柱头螺栓（螺塞）的。其规格以六角形对边尺寸 S 表示，如图 1-6 所示。规格为 3~27mm 共 13 种，汽车检测与维修作业中使用成套的内六角扳手来拆装 M4～M30 的内六角圆柱头螺栓。

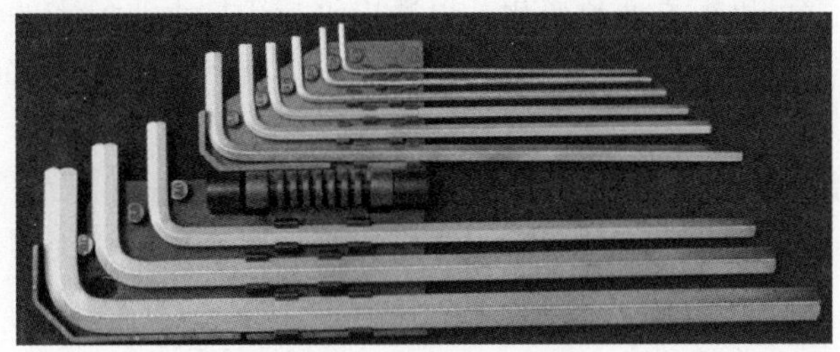

图 1-6　内六角扳手

2. 螺钉旋具

螺钉旋具是用来拧动螺钉的工具，通常分为一字槽和十字槽两类，螺钉旋具由手柄、刀体和刃口组成，如图 1-7 所示。

（1）一字槽螺钉旋具　一字槽螺钉旋具用于旋紧或松开头部开一字槽的螺钉，工作部分由碳素工具钢制成，并经淬火处理，如图 1-7 所示；其规格以不含握柄刀体部分的长度表示，常用规格有 50mm、65mm、75mm、100mm、125mm、150mm、200mm、250mm、300mm、350mm 和 400mm 等，工作直径有 3mm、4mm、5mm、6mm、7mm、8mm、9mm 和 10mm 等几种，使用时，应根据螺钉沟槽的宽度选用相应的规格。

（2）十字槽螺钉旋具　十字槽螺钉旋具用于旋紧或松开头部带十字沟槽的螺钉，如图 1-7 所示，材料和规格与一字槽螺钉旋具相同。

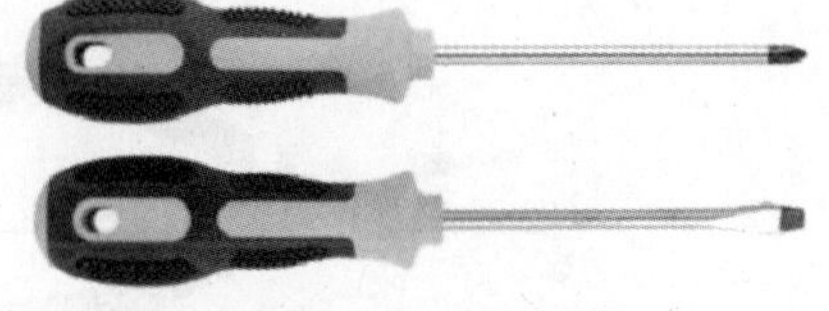

图 1-7　螺钉旋具

3. 锤子和手钳

（1）锤子　锤子又称为圆顶锤，锤头一端平面略有弧形，是基本工作面；另一端是球面，用来敲击凹凸形状的工件，如图 1-8 所示。锤子规格以锤头质量来表示，以 0.5～0.75kg 的最为常用。锤头用 45 钢、50 钢锻造，两端工作面热处理后，硬度一般为 50～57HRC。

（2）手钳　常见的手钳有钢丝钳、鲤鱼钳、尖嘴钳和卡簧钳等。

1）钢丝钳。钢丝钳主要用于夹持圆柱形零件，也可以代替扳手旋动小螺栓、小螺母，钳口后部的刃口可剪切金属丝，其结构如图 1-9 所示。按长度可分 150mm、175mm 和 200mm 三种。

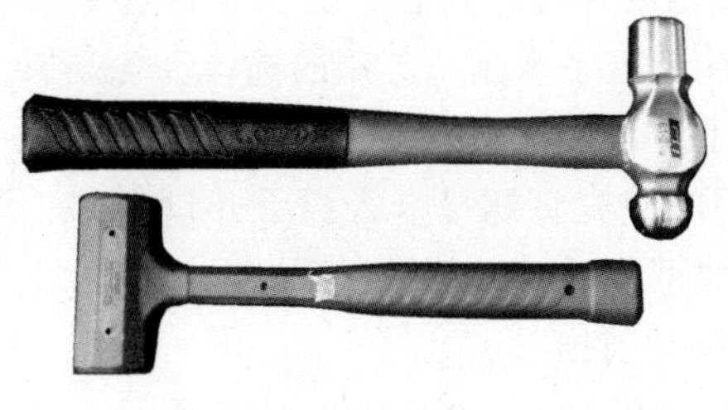

图 1-8　锤子

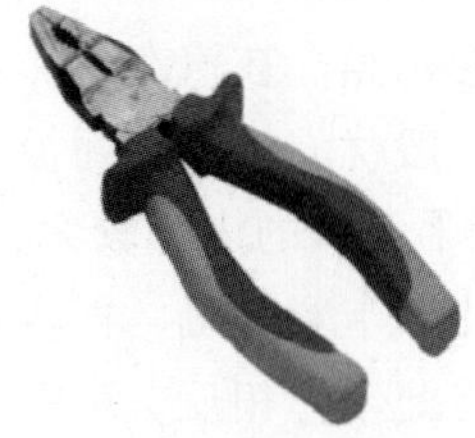

图 1-9　钢丝钳

2）鲤鱼钳。鲤鱼钳钳头的前部是平口细齿，适用于夹捏一般小零件，中部凹口粗长，用于夹持圆柱形零件，也可以代替扳手旋小螺栓、小螺母，钳口后部的刃口可剪切金属丝，其结构如图 1-10 所示。由于一片钳体上有两个互相贯通的孔，又有一个特殊的销子，所以操作时钳口的张开程度可以很方便地变化，以适应夹持不同大小的零件，是汽车检测与维修作业中使用最多的钳子。规格以钳的长度来表示，一般有 165mm 和 200mm 两种，用 50 钢制造。

3）尖嘴钳。尖嘴钳的外形如图 1-11 所示，因其头部细长而得名，能在较小的空间使用。刃口也能剪切细小金属丝，但使用时不能用力太大，否则钳口头部会变形或断裂。其规格以钳的长度来表示，汽车拆装常用的是 160mm 尖嘴钳。

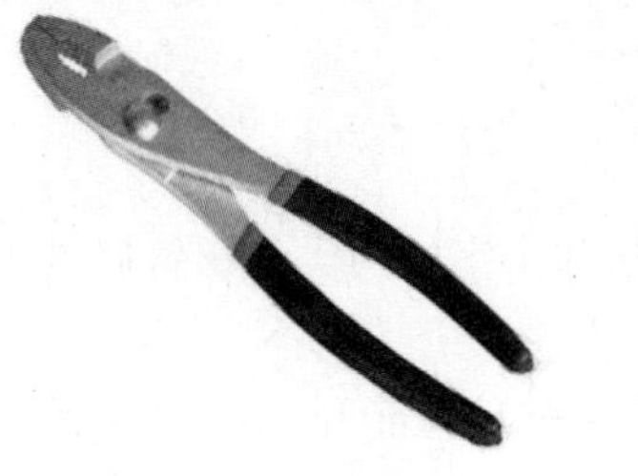

图 1-10 鲤鱼钳

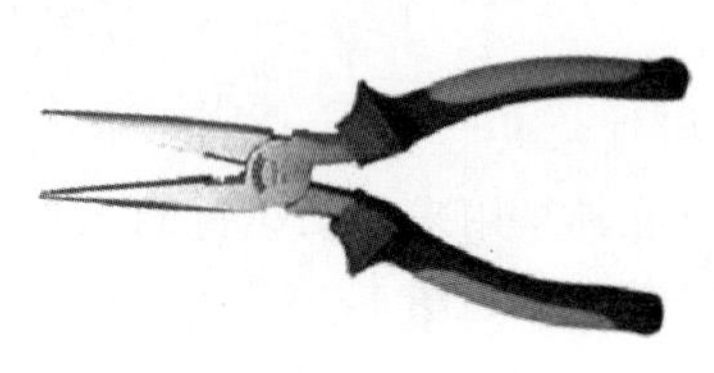

图 1-11 尖嘴钳

4）卡簧钳。卡簧钳也称为挡圈钳，有多种结构形式，适用于拆装发动机中的各种卡簧（挡圈）。使用时应根据卡簧（挡圈）结构形式，选择相应的卡簧钳。图 1-12 所示为常用的孔用和轴用卡簧钳。

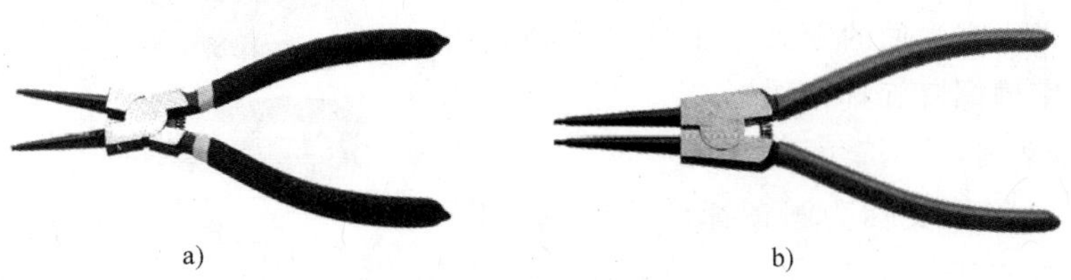

a)　　b)

图 1-12 卡簧钳

a）孔用卡簧钳 b）轴用卡簧钳

操作步骤

1. 呆扳手的使用

1）所选用的扳手的开口尺寸，必须与螺栓或螺母的尺寸相符合，扳手开口过大易滑脱并损伤螺母的六角。在汽车检测与维修过程中，应注意扳手米制、英制的选择。各类扳手的选用原则，一般优先选用套筒扳手，其次为梅花扳手，再次为呆扳手，最后为活扳手。

2）活扳手开口的内部较大，而头部较小，使用时应先将螺母卡入扳手开口内部，调整开口大小，使其卡紧螺母，再将扳手外拉后拧动。取下扳手时，前推扳手，向上取出。重新套上螺母时与此动作相反。可简记为“内套后拉，取时前推”。

3）为防止扳手损坏和滑脱，应使拉力作用在开口较厚的一边，如图 1-13 所示。这一点对受力较大的活扳手尤其应该注意，以防开口出现“八”字形，损坏螺母和扳手。

4）普通扳手是按人手的力量来设计的，遇到较紧的螺纹连接件时，不能用锤子击打扳手。除套筒扳手外，其他扳手都不能套装加力杆，以防损坏扳手或螺纹连接件。

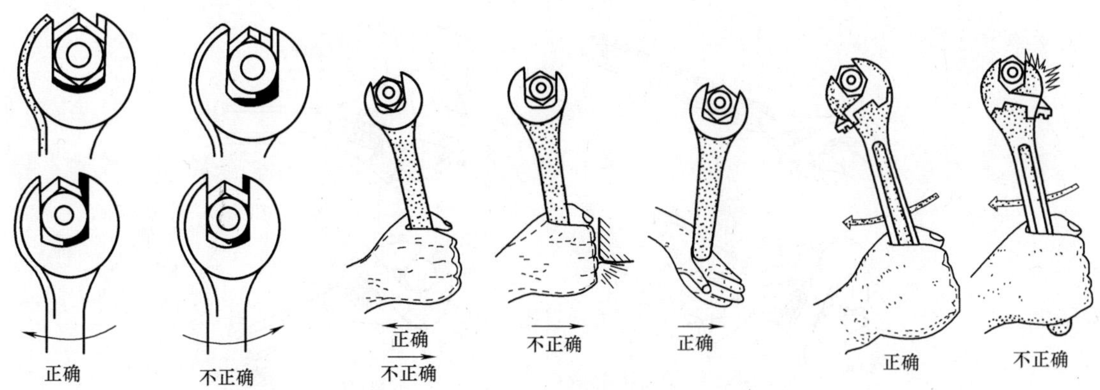

图 1-13　扳手的使用

2. 梅花扳手的使用

梅花扳手钳口是双六角形的，可以容易地装配螺栓和螺母。这可以在一个有限空间内重新安装。同时，由于螺栓和螺母的六角形表面被包住，因此没有损坏螺栓角的危险，并可施加大扭矩。由于手柄具有一定角度，因此可用于在凹进空间里或在平面上旋转螺栓/螺母。

梅花扳手使用时首先应选择尺寸合适的扳手，否则，极易损伤扳手和螺母，应尽量使用拉力，如果由于空间限制无法拉动工具，可用手掌推它。已经拧得很紧的螺栓/螺母可以通过施加冲击力轻松松开，如图 1-14 所示。但是不能使用锤子和管子（用来加长轴）来增加扭矩，如图 1-15 所示。

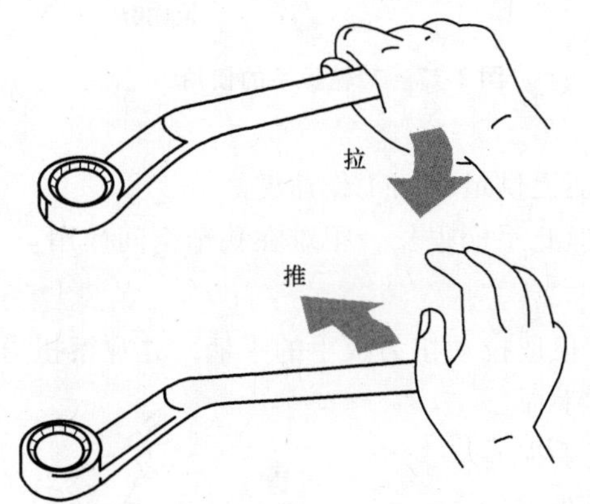

图 1-14　梅花扳手的正确使用

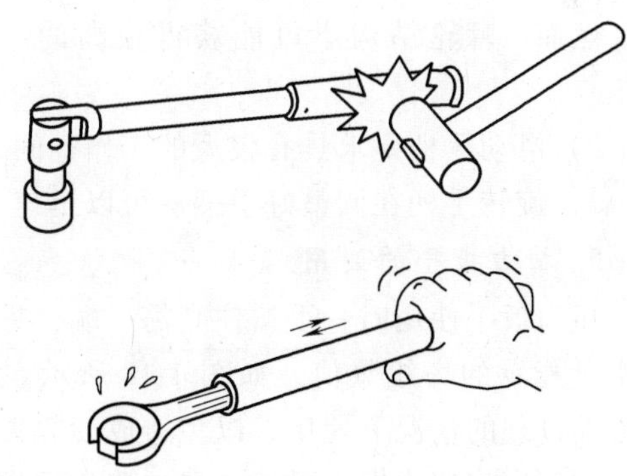

图 1-15　扳手的不正确使用

3. 活扳手的使用

活扳手可通过旋转调节螺纹改变口径，适用于尺寸不规则的螺母。一个可调扳手可用来代替多个固定规格的扳手。使用时转动调节螺杆，使孔径与螺母头部配合完好，并注意使拉力作用在开口较厚的一边来转动扳手，否则将使压力作用在调节螺杆上，容易使其损坏，如图 1-16 所示。

4. 棘轮扳手的使用

扳动棘轮扳手上的手柄可以改变扳手的用力方向，一个方向转动可以拧紧螺母，另一个

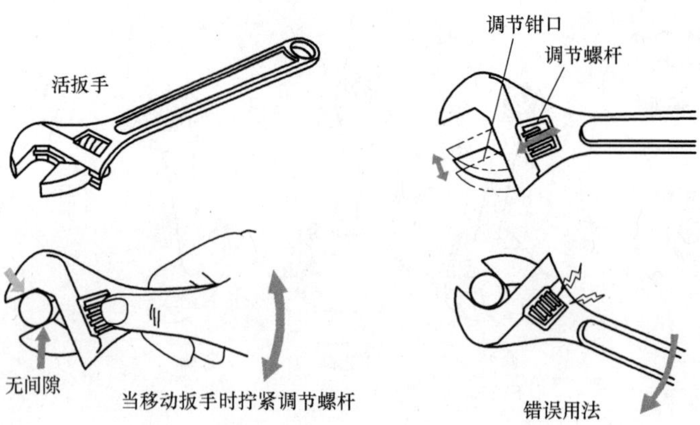

图1-16 活扳手的使用

方向转动则可以松开螺母。因此拧紧或松开螺栓或螺母时可以不需要取下套筒头而往复操作，提高工作效率，同时，套筒扳手可以以小的回转角锁住，可以在有限的空间中工作，如图1-17所示。扳动棘轮扳手内部的棘轮不能承受较大的力，因此不可用于施加过大扭矩，以防止损坏棘爪的结构。

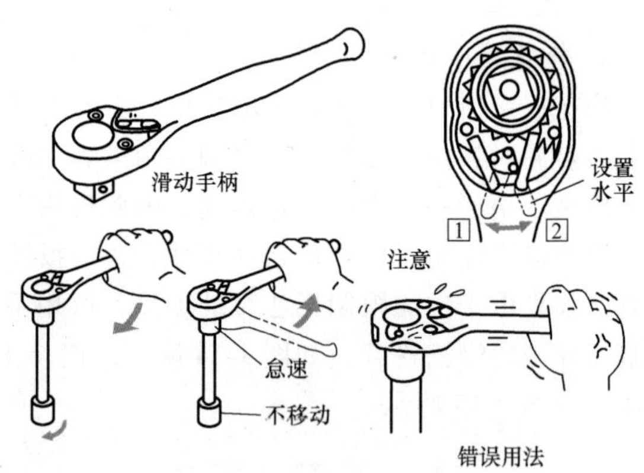

图1-17 棘轮扳手的使用

注意事项如下：

1）棘轮手柄适合在狭窄空间中使用。然而，棘轮结构不可能获得很高的扭矩。

2）滑动手柄要求具有较大的工作空间，但它能提供最快的工作速度。

3）旋转手柄在调整好手柄后可以迅速工作。但此手柄很长，很难在狭窄空间使用。

5. 扭力扳手的使用

扭力扳手使用时一手按住套筒一端，另一手平稳地拉动扭力扳手的手柄，并观察扭力扳手指针指示的力矩数值，如图1-18所示。扭力扳手应防止在过载的情况下使用，以免造成读数失准或扳手损坏。用后应将扭力扳手平稳放置，避免重物撞压，造成扳杆或扳手指针变形而影响其测量精度，甚至损坏扳手。

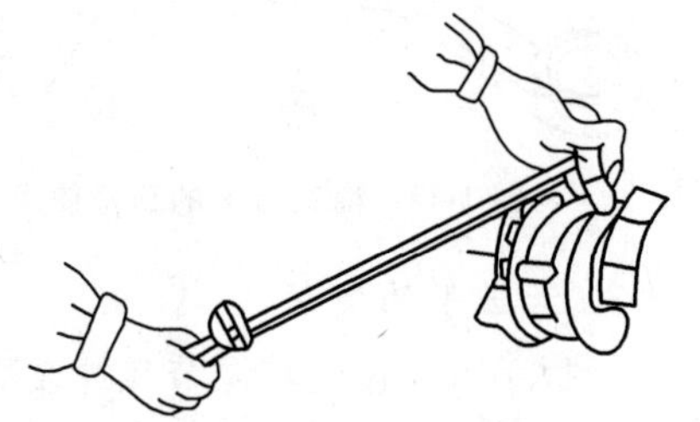
图1-18 扭力扳手的使用

6. 螺钉旋具的使用

螺钉旋具在使用时，右手握住螺钉旋具，手心抵住柄端，保持螺钉旋具与螺钉同轴心，压紧后用手腕扭转。松动后用手心轻压螺钉旋具，用拇指、中指、食指快速扭转，如图1-19所示。使用长杆螺钉旋具时，可用左手协助压紧和拧动手柄。刃口应与螺钉槽口大小、宽窄、长短相适应，刃口不得残缺，以免损坏槽口和刃口。

螺钉旋具的使用时，同时应注意以下事项：

1）使用前先擦净油污，以免工作中滑脱发生意外。

2）选用的螺钉旋具与螺栓上的槽口大小相吻合，刀口太薄易折断，太厚使螺钉旋具和螺栓口损坏。

3）使用时不允许将工件拿在手上拆装螺钉，以免螺钉旋具从手中滑出伤手。

4）不允许用螺钉旋具当撬杠使用（见图1-20），不允许用锤子敲击旋柄。

5）不允许用扳子转螺钉旋具的尾端来增加扭力。

6）使用完毕后擦拭干净。

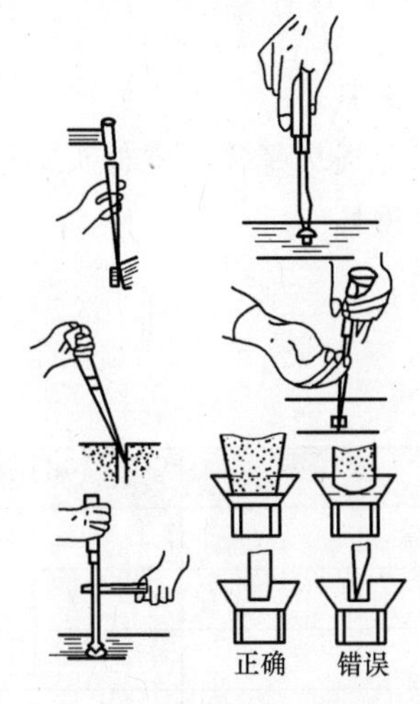

图1-19 螺钉旋具的使用

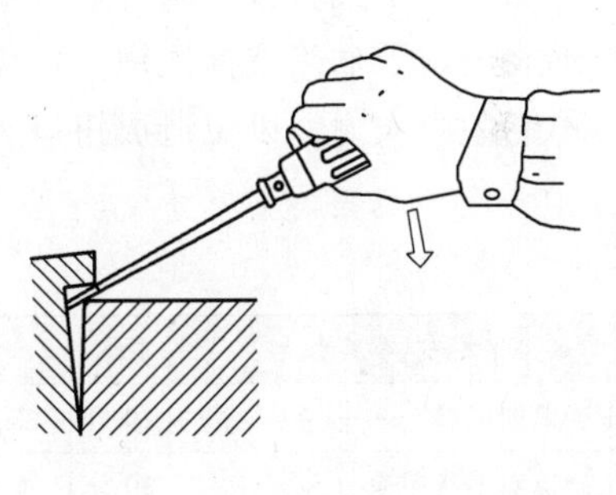

图1-20 螺钉旋具的不正确使用

7. 锤子的使用

1）敲击时，右手握住锤柄后端约10mm处，握力适度，眼睛注视工件。

2）挥锤方法有三种：手挥、肘挥和臂挥。手腕挥锤只有手腕动，锤击力小，但准、快，省力。大臂挥是大臂和小臂一起运动，锤击力最大，握锤和挥锤方法如图1-21所示。

3）手柄应安装牢固，防止锤头飞出伤人。

4）锤头应平整地击打在工件上，不得歪斜，防止破坏工件表面形状，如图1-22所示。

5）拆卸零部件时，禁止直接锤击重要表面或易损部位，以防出现表面破坏或损伤。

图1-21 握锤和挥锤方法

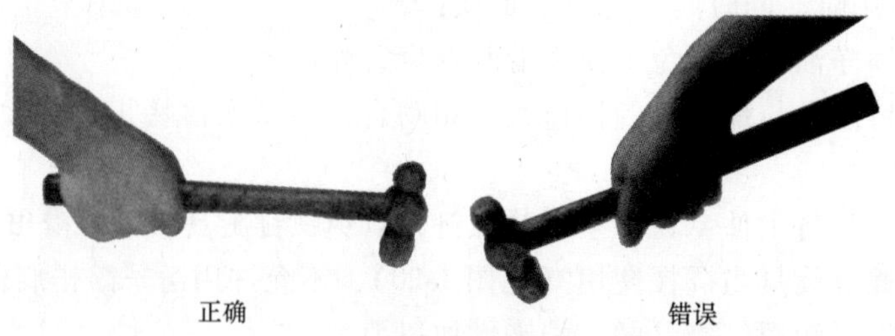

图 1-22 锤子的使用

8. 手钳的使用

1）手钳使用时，需用手握住钳柄后端，使钳口开闭、夹紧。

2）不能用钳子代替扳手来拧紧或拧松螺栓、螺母，以免损坏螺栓、螺母头部棱角。

3）不能用钳子柄当撬棒使用，以免使之弯曲、折断或损坏。

4）不能用力太大，以免造成钳口头部变形、销轴松动。

考 核

序号	考核内容	配分	评分标准	考核记录	扣分	得分
1	正确识别工具	10分	工具、仪器使用不当酌情扣分			
2	正确说明工具用途	20分	操作不当每次扣5分			
3	正确说明工具使用方法	30分	操作不当每次扣5分			
4	正确说明工具使用注意事项	30分	操作不当每次扣5分			
5	操作规范、整齐、不超时	10分	不规范扣5分，超时扣5分			
	遵守安全规范，无事故		不规范造成严重事故，此题按0分计			
6	总分	100分				
7	教师签字			年 月 日		

想一想，做一做

1. 怎样正确使用扭力扳手？
2. 简述在拆卸和装配零部件时选用扳手的顺序。

项目 1.2 常用量具的使用

项目目的

1）掌握汽车检测与维修常用量具的规格和构造。

2）掌握汽车检测与维修常用量具的工作原理和读数方法。

3）熟悉汽车检测与维修常用量具的使用和保养方法。

4）准确地识别和选择各种类别、型号的量具，并能够正确地运用，掌握安全操作方法。

相关知识

在汽车检测与维修作业中，正确地使用量具是确保测量准确，严格执行技术标准，提高维修质量的重要手段。因此，汽车检测与维修人员必须熟悉常用量具的使用和维护方法。量具的种类很多，汽车检测与维修过程中常用量具有金属直尺、万能角度尺、游标卡尺、千分尺、百分表等。

1. 金属直尺

金属直尺是一种最简单的测量长度、直接读数的量具，用薄钢板制成。常用它粗测工件长度、宽度和厚度，如图 1-23 所示。金属直尺的规格分为 150mm、300mm、500mm、1000mm、1200mm 等数种，其中最常用的是 150mm、300mm 两种。

图 1-23　金属直尺

2. 游标卡尺

游标卡尺是一种精密量具，能较精确地测量工件的长度、宽度、深度及内外圆直径等尺寸。常用的规格有 0～125mm、0～150mm、0～200mm、0～300mm、0～500mm 等多种。游标卡尺按其分度值可分为 0.1mm、0.05mm、0.02mm 三种。

（1）游标卡尺的构造　游标卡尺由尺身、游标、外测量爪、刀口内测量爪、深度尺、紧固螺钉等组成，如图 1-24 所示。

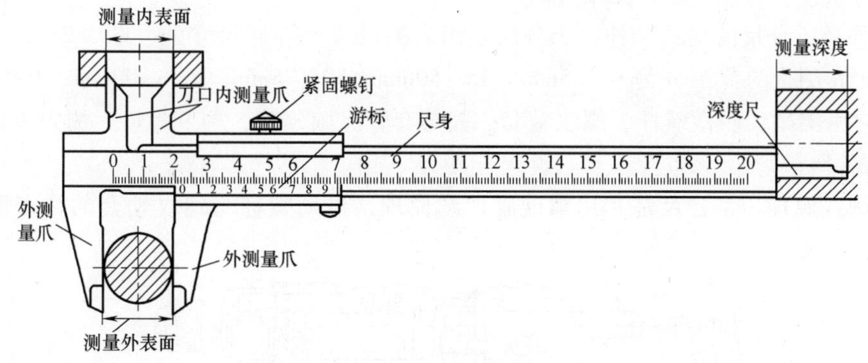

图 1-24　游标卡尺

内、外固定测量爪与尺身制成一体，而内、外径活动测量爪和深度尺与游标制成一体，并可在尺身上滑动。尺身刻度每格为 1mm，游标刻度每格不足 1mm。当内、外测量爪合拢时，尺身与游标上的零线应相重合；在内、外测爪分开时，尺身与游标上的刻线即相对错动。测量时，根据尺身与游标错动情况，即可在尺身上读出整数毫米，在游标上读出小数毫米。为了使测好的尺寸不致变动，可拧紧紧固螺钉，使游标不再滑动。

（2）刻线原理和读数方法 不同分度值的游标卡尺刻线原理和读数方法见表 1-1。

表 1-1 游标卡尺刻线原理和读数方法

分度值/mm	刻线原理	读数方法及示例
0.1	尺身 1 格 = 1mm，游标 1 格 = 0.9mm，共 10 格，尺身、游标每格之差 = (1−0.9) mm = 0.1mm 1mm 尺身 零线 游标 0.9mm	读数 = 游标 0 刻线指示的尺身整数+游标与尺身重合线数×分度值 90 100 0.4mm 读数 = (90+4×0.1) mm = 90.4mm
0.05	尺身 1 格 = 1mm，游标 1 格 = 0.95mm，共 20 格，尺身、游标每格之差 = (1−0.95) mm = 0.05mm 尺身 1 2 游标 5 10 15 20	读数 = 游标 0 刻线指示的尺身整数+游标与尺身重合线数×分度值 3 4 0 5 10 读数 = (30+11×0.05) mm = 30.55mm
0.02	尺身 1 格 = 1mm，游标 1 格 = 0.98mm，共 50 格，尺身、游标每格之差 = (1−0.98) mm = 0.02mm 0 1 2 3 4 5 尺身 游标 0 1 2 3 4 5 6 7 8 9 1	读数 = 游标 0 刻线指示的尺身整数+游标与尺身重合线数×分度值 2 3 4 5 0 1 2 3 4 5 读数 = (23+13×0.02) mm = 23.26mm

3. 千分尺

千分尺又称为螺旋测微器，是比游标卡尺更为精确的一种精密量具，测量精度可达 0.01mm，按其用途可分为外径千分尺、内径千分尺、深度千分尺和螺纹千分尺等。这里只介绍常用的外径千尺的构造和使用方法。

（1）外径千分尺的构造 外径千分尺是用来测量工件外部尺寸的。图 1-25 为外径千分尺的结构，其测量的范围分为 0～25mm、25～50mm、50～75mm、75～100mm、100～125mm 等多种。它由测砧、测微螺杆、螺纹轴套、固定套管、微分筒、调节螺母、测力装置和锁紧装置等组成。

（2）刻线原理 千分尺是利用螺旋副传动原理，借助螺杆与螺纹轴套的精密配合，将

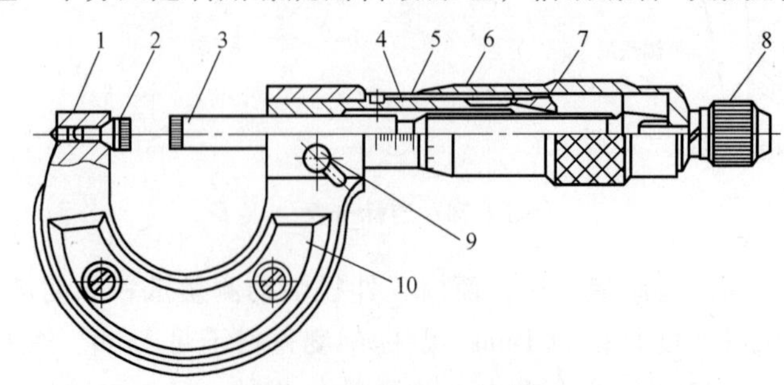

图 1-25 外径千分尺的构造

1—尺架 2—测砧 3—测微螺杆 4—螺纹轴套 5—固定套管 6—微分筒
7—调节螺母 8—测力装置 9—锁紧装置 10—隔热装置

回转运动变为直线运动，以固定套管和微分筒组成的读数机构读得被测工件的尺寸。

固定套管外面有尺寸刻线，上、下刻线每1格为1m，相邻刻线间距离为0.5mm。测微螺杆后端有精密螺纹，螺距是0.5mm，当微分筒旋转一周时，测微螺杆和微分筒一同前进或后退0.5mm，同时，微分筒遮住或露出固定套管上的1条刻线。在微分筒圆锥面上，一周等分成50条刻线，当微分筒旋转1格时，即一周的1/50，测微螺杆移动0.01mm，使千分尺的测量测量精度达到0.01mm。

(3) 读数方法

1) 先读固定套管上的毫米和半毫米数。

2) 再看微分筒上第几条刻线与固定套管的基线对正，即有几个0.01mm。

3) 将两个读数相加就是被测量工件的尺寸读数。

在图1-26a中，固定套管上露出来的数值是7.50mm，微分筒上第39格线与固定套管上基线正对齐，即数值为0.39mm，此时，千分尺的正确读数为7.50mm+0.39mm=7.89mm。在图1-26b、c中，千分尺的正确读数分别为7.5mm+0.35mm=7.85mm和0.50mm+0.10mm=0.60mm。

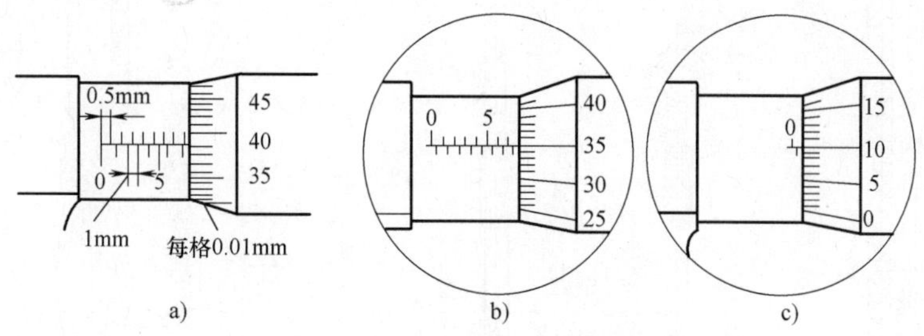

图1-26 千分尺的刻度和读数示例

a) 实例一 b) 实例二 c) 实例三

4. 百分表

(1) 百分表的结构特点 百分表是一种精度较高的齿轮传动式测微量具，如图1-27所示。它利用齿轮齿条传动机构将测杆的直线移动转变为指针的转动，由指针指示出测杆的移动距离。因百分表只有一个测量头，所以它只能测出工件的相对数值。百分表主要用来测量机器零件的各种几何形状偏差和表面位置偏差（如平面度、垂直度、圆度和跳动量），也可测量工件的长度尺寸并对工件的精密进行找正。它具有外形尺寸小、重量轻、使用方便等特点。

(2) 百分表的工作原理与读数方法 百分表的工作原理是将测杆的直线位移，经过齿条与齿轮传动转变为指针的角位移。百分表的刻度盘圆周刻成100等分，其分度值为0.01mm，当主指针转动1周，则测杆的位移量为1mm，这小指针转一格，测杆的位移量为0.01mm，此时读数为0.01mm。表圈和表盘是一体

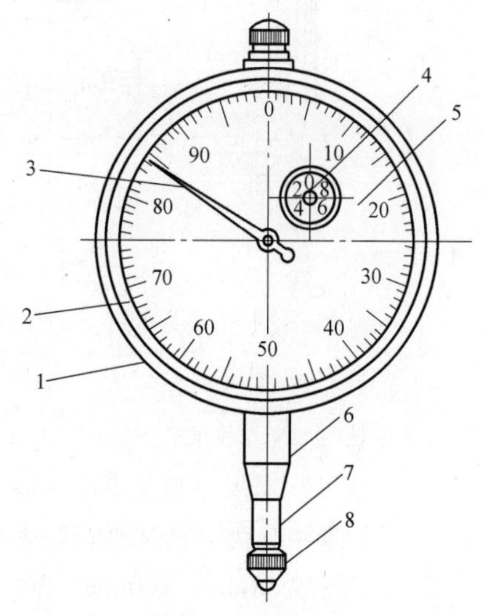

图1-27 百分表

1—表体 2—表圈 3—主指针 4—小指针 5—表盘 6—装夹套 7—测杆 8—测量头

的，可任意转动，以便使指针对准零位。小指针用以指示大指针的回转圈数。常见百分表的测量范围为0~3mm、0~5mm和0~10mm等。

5. 内径百分表

内径百分表是一种借助百分表为读数机构，配备杠杆传动系统或楔形传动系统的杆部组合，其原理是用比较法来测量孔径及其几何形状偏差。在发动机拆装与检修中主要用来测量气缸的尺寸精度和形状精度，也可以用来测量工件上孔的尺寸和形状精度。

图1-28所示为配备杠杆传动系统的内径百分表，它的上部是百分表，下部是量杆装置，上、下部有联动关系。测量时，被测孔的尺寸偏差借活动测量头的位移，通过杠杆和传动杆传递给百分表。传动系统的传动比为1，测量头移动的距离与百分表的指示值相等。为了测量不同直径的气缸，备有长短不同的固定量杆，并在各量杆上标有测量范围，以便于选用。量缸表的规格是按测量直径的范围来划分的，如18~35mm、35~50mm、50~160mm等，汽车检测与维修作业中常用规格为50~160mm。

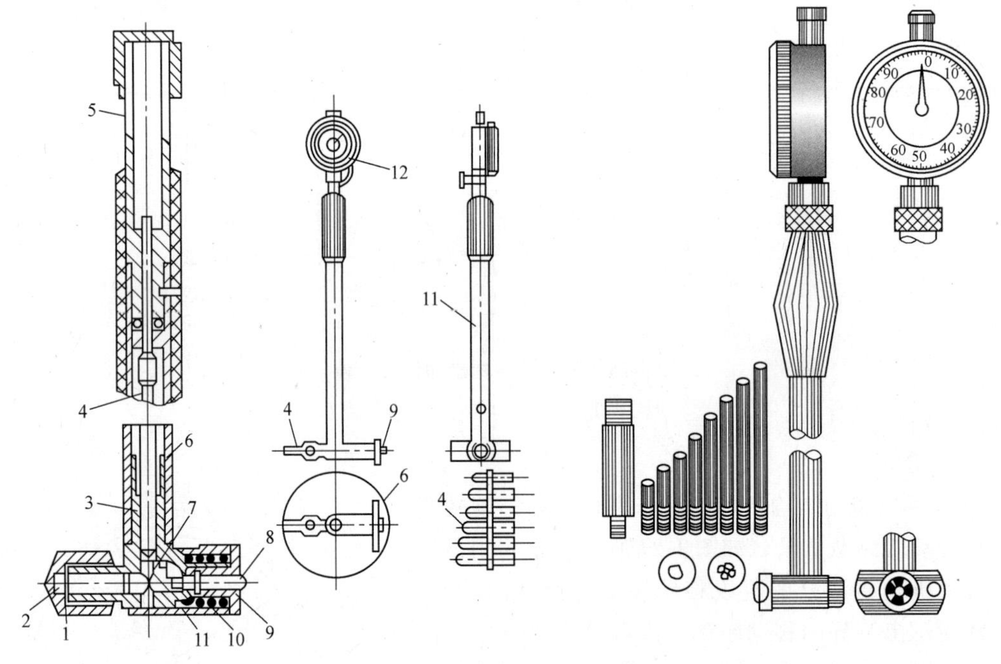

图1-28 内径百分表的外观和结构

1、9—锁紧螺母 2—固定量杆 3—三通管 4—活动杆 5—插口 6—表管
7—杠杆 8—活动量杆 10—弹簧 11—活动套 12—百分表

6. 其他量具

(1) 塞尺 塞尺一般是成套供应，其外形如图1-29所示。塞尺由不同厚度的金属薄片组成，每个薄片有两个相互平行平面并有较准确的厚度。塞尺的规格以长度和每组片数来表示。其长度制成50mm、100mm、200mm和300mm，每组片数有11~17等多种。

塞尺主要用于检查两平面或接合面之间的间隙大小，塞尺与平尺及等高垫块结合使用，可检验平台台面的平面度。在汽车检测与维修过程中，塞尺常用来测量零件之间的配合间隙，如气门间隙、曲轴轴向间隙等。

（2）螺纹样板　螺纹样板又称为螺距规、螺纹规，有米制和英制两种。米制螺纹样板用来测量螺距；英制螺纹样板用来测量每寸牙数。它们一般是成套供应的，米制上注 60°和螺距数字，英制上注有 55°和每英寸牙数，以区分米、英制和螺纹的牙型角。公制的螺纹样板一套由 20 片组成，它的螺距有如下几种：0.4mm、0.45mm、0.5mm、0.6mm、0.7mm、0.75mm、0.8mm、1mm、1.25mm、1.5mm、1.75mm、2mm、2.5mm、3.5mm、4mm、4.5mm、5mm、5.5mm 和 6mm。

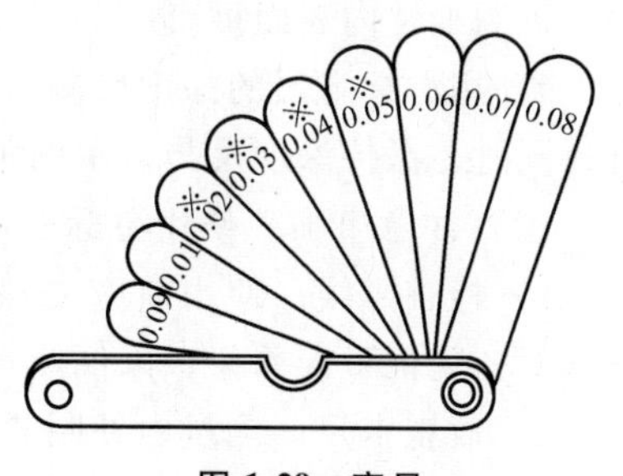

图 1-29　塞尺

使用时，先目测螺距，并选择近似的一片与螺纹吻合，如果吻合严密，则该片上的数字为所测的螺距或每寸牙数。

（3）弹簧秤　弹簧秤是用来测量拉力或弹力的，其外壳的正面刻有量度单位，单位为 N 或 kgf。使用时把要测量的物体挂在钩上，拉动或提起圆环，弹簧就伸长，固定在弹簧上的指针也跟着移动，即可测得力的大小。

操作步骤

1. 金属直尺的正确使用

1）在测量长度时，金属直尺应与工件平面（或轴线）保持平行，或与其顶面相垂直，否则将影响测量的精确度。

2）测量直径时，将金属直尺的尺端紧靠在圆柱边缘固定不动，而钢尺的另一端左右摆动，以通过圆心量出最大数值，即是直径的尺寸。

3）判断平面是否平直，常用金属直尺或刀口直尺垂直搁在平面上通过透光状况来检查，从直尺侧面与平面接触处透光的强弱程度来判断平面的平直度，透光面越大，说明该平面平直度就越差。

4）当尺端磨损或刻线不清时，为使测量尺寸准确，可使工件端面与金属直尺的第二段整数刻线相齐，量出全长减去前面空出的尺寸，即是工件的实际测量尺寸。读数时，视线应与尺垂直，否则将引起测量误差。

5）金属直尺不适宜测量温度过高的工件尺寸，否则不仅损坏直尺，而且由于材料的热胀冷缩特性，会影响工件测量的准确性。

6）金属直尺必须经常保持良好状态，不能损伤或弯曲，尺的端边和长边相互垂直。

2. 游标卡尺的正确使用

（1）使用方法

1）测量前应将被测工件表面擦净；游标卡尺测量爪保持清洁。

2）测量工件外尺寸时，应先使游标卡尺外测量爪间距略大于被测工件的尺寸，再使工件与尺身外测量爪贴合，然后使游标外测量爪与被测工件表面接触，并找出最小尺寸。测量时要注意外测量爪的两测量面与被测工件表面接触点的连线应与被测工件表面相垂直。

3）测量工件孔内尺寸时，应使游标卡尺内测量爪的间距略小于工件的被测孔径尺寸。将测量爪沿孔中心线放入，先使尺身内测量爪与孔壁一边贴合，再使游标内测量爪与孔壁另一边接触，找出最大尺寸。同时，注意使内测量爪两测量面与被测工件内孔表面接触点的连线与被测工件内表面垂直。

4）用游标卡尺的深度尺测量工件深度尺寸时，要使卡尺端面与被测工件的顶端平面贴合；同时，保持深度尺与该平面垂直。

（2）注意事项 使用游标卡尺应注意以下事项：

1）检查零线。使用前应先擦净卡尺，合拢测量爪，检查尺身与游标的零线是否对齐。如未对齐应记下误差值，以便测量后修正读数。

2）放正卡尺。测量内外圆时，卡尺应垂直于轴线；测量内圆时，应使两量爪处于直径处，避免出现图 1-30 所示的几种游标卡尺错误使用方法。

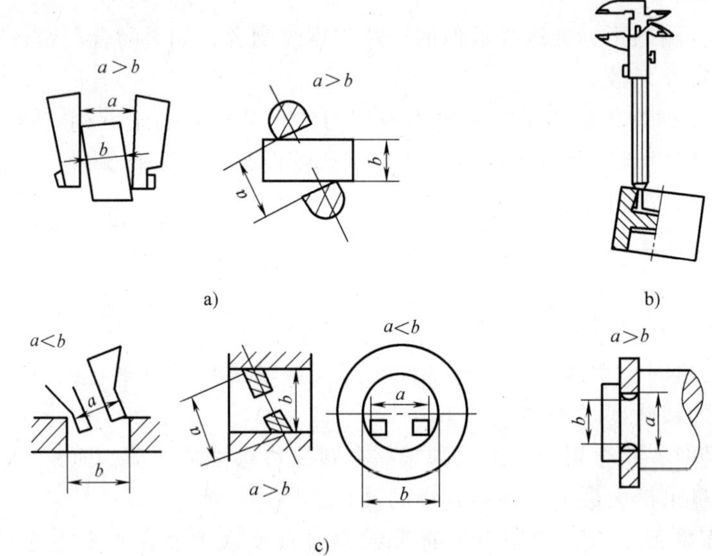

图 1-30 游标卡尺的错误使用方法

a）测量外径的错误方法 b）测量深度的错误方法 c）测量内径和沟槽的错误方法

3）用力适当。量爪与测量面接触时，用力不宜过大，以免量爪变形和磨损，读数误差大。

4）视线垂直。读数时视线要对准所读刻线并垂直尺面，否则读数不准。

5）防止松动。卡尺取出时，应使固定量爪紧贴工件，轻轻取出，防止活动量爪移动。

6）勿测毛面。卡尺属精密量具，不得用来测量毛坯表面。

游标卡尺不能测量旋转中的工件。禁止把游标卡尺的两个量爪用作扳手或刻线工具使用。

游标卡尺受到损伤后，绝对不允许用锤子、锉刀等工具自行修理，应交专门修理部门修理，经检定合格后才能使用。

3. 千分尺的正确使用

1）测量前，先将测量面擦净，并检查零位。具体检查方法是：用测力装置使测量面与标准棒两端面接触，观察微分筒前端面与固定套管零线、微分筒零线与固定套管基线是否重合。如不重合，应通过附带的专用小扳手转动固定套管来进行调整。图 1-31 所示为千分尺零位的调整方法。

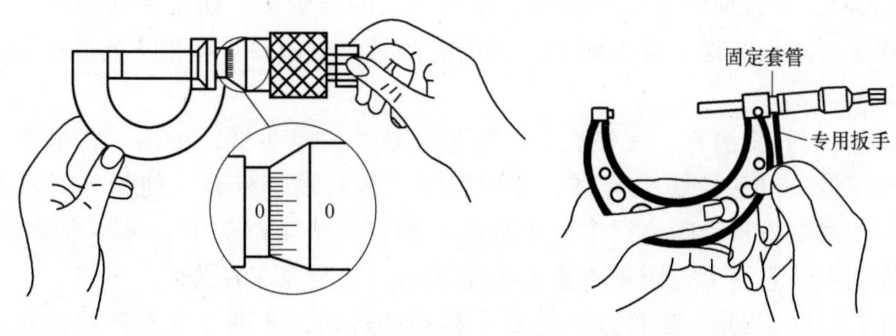

图 1-31　千分尺零位的调整方法

2）测量时，左手拿尺架隔热装置，右手旋转微分筒，使千分尺微测螺杆的轴线与工件的中心线垂直或平行，不得歪斜。先用手转动活动套管，当测量面接近工件时，改用测力装置的螺母转动，直到听到“咔咔”响声，表示测微螺杆与工件接触力适当，应停止转动，并严禁拧动微分筒，以免用力过度，造成测量不准确。这时千分尺上的读数就是工件的尺寸。为防止一次测量不准，可旋松棘轮，进行多次测量，结果取多次测量的平均值。

3）读数要细心，必要时用手柄将测微螺杆固定，取下千分尺读出测量的数值。要特别注意不要读错 0.5mm。

4）不准测量毛坯或表面粗糙的工件，不准测量正在旋转发热的工件，以免损伤测量面或得不到正确的读数。

5）千分尺应经常保持清洁，用后要擦净涂油，并妥善保管。

4. 百分表和内径百分表的正确使用

1）使用磁座百分表测量工件时，必须将其固定在可靠的支架上，如图 1-32 所示。

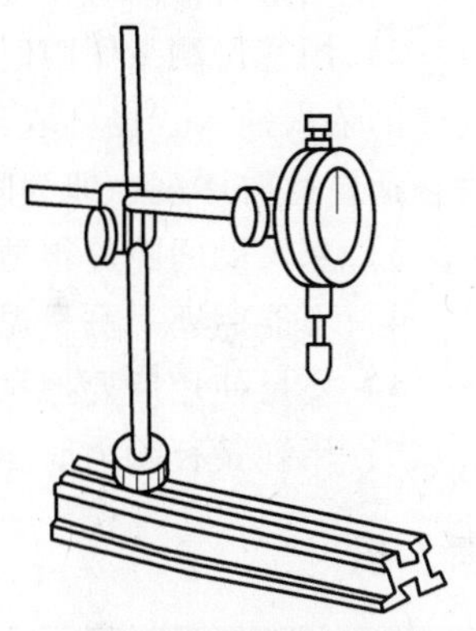

图 1-32　百分表架及百分表的使用

2）百分表的夹装要牢固，夹紧力适当，不宜过大，以免装夹套筒变形，卡住测杆。

3）夹装后检查测杆是否灵活，夹紧后不可再转动百分表。

4）测量时，测杆与被测工件表面必须垂直，否则会产生测量误差，如图 1-33 所示。

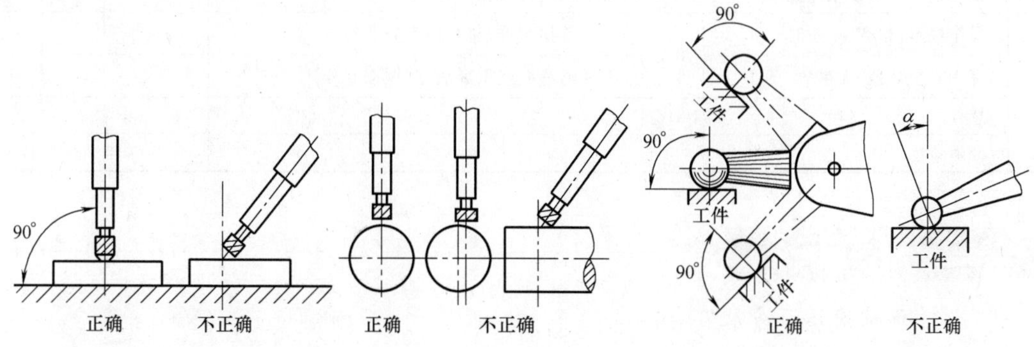

图 1-33　百分表的位置

5）根据被测工件表面的不同形状选用相应形状的测量头：如用平面测量头测量球面工件，用球面测量头测量圆柱形或平面工件，用尖测量头或曲率半径很小的球面测量头测量凹面或形状复杂的表面。

6）测量时，应轻提测杆，缓慢放下，使量杆端部的触头抵在被测工件的测量面上，并要有一定的压缩量，以保持触头具有一定的压力，再转动刻度盘，使指针对准零位。测量时，应注意不使测量头移动距离过大，不准将工件强行推至触头下，也不准急速放下测杆，使触头突然落到零件表面上，否则将造成测量误差，甚至损坏百分表。

7）测量时，使被测量的零件按一定要求移动或转动，从刻度盘指针的变化，直接观察被测零件的偏差尺寸，即可测量出零件的平整程度或平行度、垂直度或轴的弯曲度及轴颈磨折程度等。

8）使用中应注意百分表与支架在表座上安装的稳固性，以免倾斜或在测量过程中出现摆动现象。

9）对于磁性表座，一定要注意检查按钮的位置，测杆与触头不应粘有油污，否则会降低其灵敏性；使用后，应将百分表从支架上拆下，擦拭干净，然后涂油装入盒中，并妥善保管。

5. 塞尺和弹簧秤使用注意事项

1）测量时要注意工件和塞尺片的清洁。

2）用塞尺测量间隙时，应先用较薄的一片塞尺插入被测间隙内，若仍有间隙，则选用较厚的依次插入，也可取若干片相叠插入，直到塞尺插入工件之后，以手感到有一定摩擦力为合适，此时厚度，即为间隙大小。

3）塞尺的间隙片很薄，容易弯曲和折断，测量时不能用力太大。

4）不能用塞尺测量温度较高的工件。

5）塞尺使用后要擦拭干净，及时放回夹板（保护片）中。

6）用弹簧秤测力时，要注意拉动的方向要和要测力的方向一致。

考 核

序号	考核内容	配分	评分标准	考核记录	扣分	得分
1	正确识别量具	10分	工具、仪器使用不当酌情扣分			
2	正确说明量具用途	20分	操作不当每次扣5分			
3	正确说明量具使用方法	30分	操作不当每次扣5分			
4	正确说明量具使用注意事项	30分	操作不当每次扣5分			
5	操作规范、整齐、不超时	10分	不规范扣5分，超时扣5分			
	遵守安全规范，无事故		不规范造成严重事故，此题按0分计			
6	总分	100分				
7	教师签字			年 月 日		

想一想，做一做

1. 怎样正确使用百分表？

2. 千分尺如何校零？

项目 1.3　汽车常用举升起重设备的使用

项目目的

1）熟悉汽车检测与维修作业举升起重设备的基本结构与工作原理。

2）掌握汽车检测与维修作业举升起重设备的操作方法和安全使用规则。

3）防止汽车检测与维修作业中发生人身及设备事故，避免人身伤害及财产损失。

相关知识

在汽车检测与维修过程中，常常要将汽车举升起来，以便汽车下部留出足够的空间，供检测与维修人员进行作业，这通常需要各种举升机械进行配合。

1. 千斤顶

千斤顶是一种最常用、最简单的起重工具，按照其工作原理分为液压式和机械式两类。按照所能顶起的质量可分为 3t、5t、8t、10t、15t、20t 等多种不同规格。两类千斤顶都具有体积小、重量轻的优点。而液压式千斤顶省力，但工作环境有一定要求，在高温、低温环境下，螺旋千斤顶有更大的优越性，其举升高度应满足工作的需要，维护较简单。目前广泛使用的是液压式千斤顶。

（1）机械式千斤顶　机械式千斤顶由于起重质量小，操作费力，只用于一般机械维修工作。机械式千斤顶常用的有立式和桥式两种，如图 1-34 所示。立式千斤顶，采用棘轮提升汽车，结构较为笨重，适合于车间内使用，常用规格为 3t 和 5t。桥式千斤顶，采用螺杆转动带动杆系形变的原理来举升车辆，其举升质量较小，但轻巧方便，较适合轿车的检修。

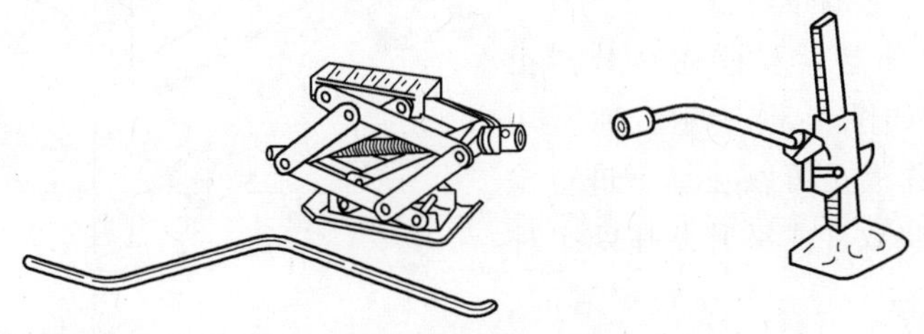

图 1-34　机械式千斤顶

（2）液压式千斤顶

1）立式千斤顶。液压式千斤顶结构紧凑，工作平稳，有自锁作用，故使用广泛。其缺点是起重高度有限，起升速度慢。按照所能顶起的质量可分为 3t、5t、10t 等多种小同规格，如图 1-35a 所示。

2）卧式液压千斤顶。卧式液压千斤顶行程较长，但其尺寸较大，不宜随车携带，但使用更方便，是汽车维修企业常用的设备，如图 1-35b 所示。

2. 安全支架

安全支架常用作地面上不同重量物件的举升，如图 1-36 所示。举升车辆时，安全支架支撑在汽车底盘部件上，如车架、桥壳等。跟千斤顶一样，安全支架也有一个额定举升能

a)

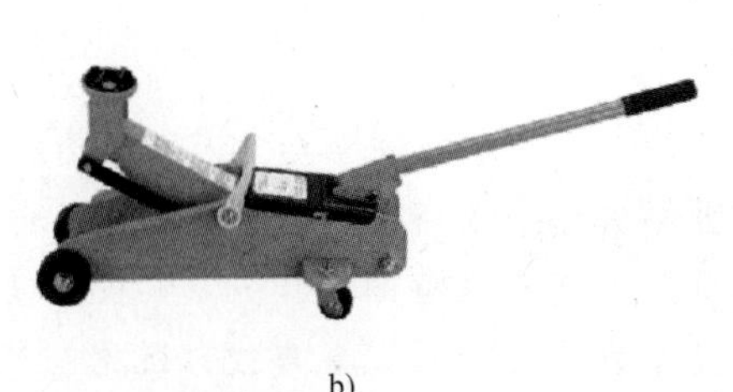

b)

图 1-35 液压式千斤顶

a）立式 b）卧式

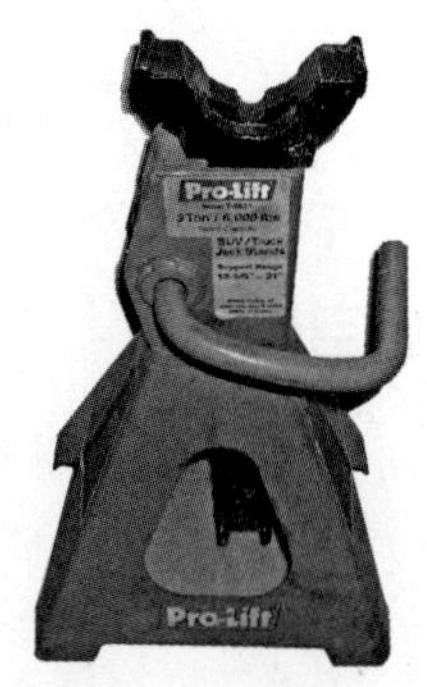

图 1-36 汽车架

力，使用时切勿超过这个值。

3. 举升器

举升器主要有单柱式、双柱式、四柱式和剪刀式等类型，一般采用电动液压操纵系统驱动，设有双保险自锁保护装置，具有升降平稳，安全可靠，使用方便等特点。

（1）单柱式 单柱式举升器是举升器的旧类型。液压缸埋在底舱，如图 1-37 所示。当汽车被举起时，许多传输和损耗系统的汽车底部件被举升器臂所遮挡。如果举升器臂和举升器垫子没有放置合适，汽车底部和损耗系统可能受到破损。单柱式举升器通常只有一个安装在举升器整个伸展时的安全锁。完全向上和向下的任何位置都依靠液压和气体控制阀来控制汽车举起的位置。

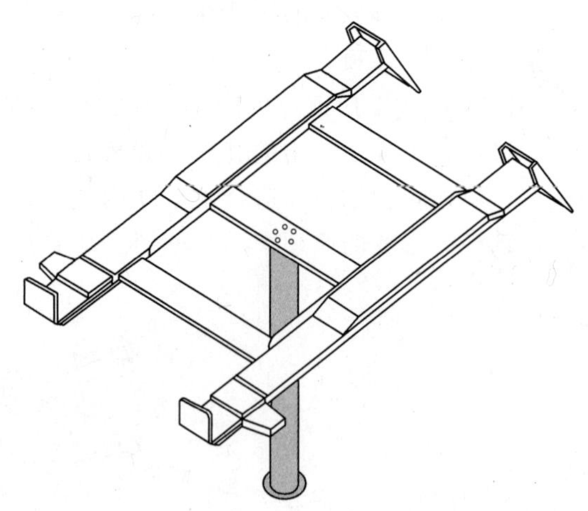

图 1-37 单柱式举升器

（2）双柱式举升器 双柱式举升器也叫作地上起重机，如图 1-38 所示。通常用来举起汽车且让操作人员可以在车下进行检测与维修作业。一些双柱式举升器在两个柱面的顶部空间连接在一起，汽车被举起时，车身下部提供了宽敞的工作区域。电缆或扁平的链条穿过滑轮且附着在每个电缆上，确保汽车能被均匀地抬起。在不同的高度时，都设置有自锁装置，以便汽车在多个工作的高度区能安全地被锁止。

电动液压式或电动链条牵引式举升器，使用开关操纵，升降方便。立柱为固定式，适合对 3t 以下的轿车、轻型车的专业维修之用。

图 1-39 示出了用双柱式举升器支起汽车时的支点位置。注意，顶举车体时，应尽可能使支臂伸出长度相近，并使车体前后保存平衡。安装支臂时，小心不要碰到制动管和液压油管。

（3）剪刀式举升器 剪刀式举升器适合更换和调整汽车制动装置和轮胎作业时使用，如图 1-40 所示。汽车被举起时，汽车底部空间被剪刀式举升器占据，无法供操作人员使用。在四轮定位的测量和调整作业中广泛使用剪刀式举升器。

图 1-38　双柱式举升器

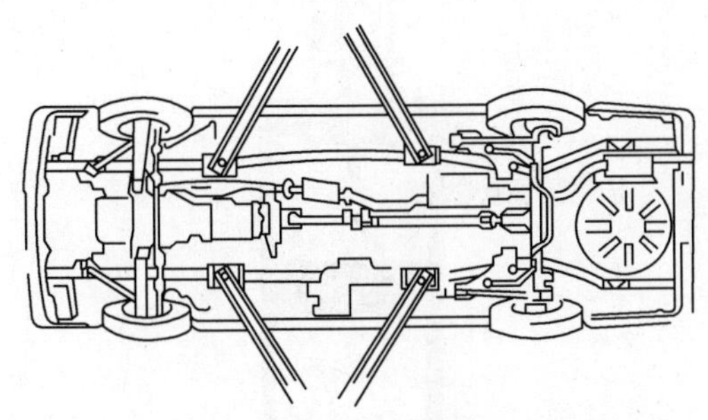

图 1-39　双柱式举升器举升位置

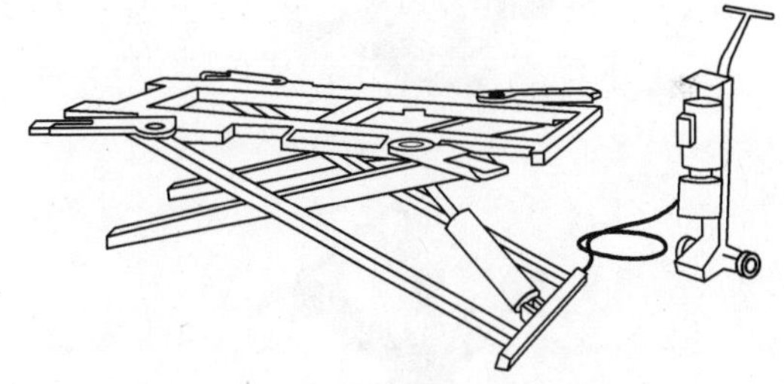

图 1-40　剪刀式举升器

(4) 四柱式举升器　四柱式举升器采用电动液压式或电动链条牵引，升降方便，提升质量可达 8t，具有稳定性好的优点，能满足载货汽车等较大车辆的维护之用。它的缺点是占用场地大，适合综合性汽车修理厂的使用。

4. 起重吊车

在发动机整体拆装过程中，离不开起重吊车。它具有移动使用方便，吊装能力强等特点，在汽车维修企业得到广泛应用。经常使用的起重吊车有门式、悬臂式、单轨式以及梁式四种类型。在汽车拆装实训中使用最多的是悬臂式起重吊车，它分为机械式和液压式两大类。

1) 机械式悬臂起重吊车通过手柄转动绞盘以及棘轮，收缩或放长铁链使重物上升或下降，可作短距离移动。

2) 液压式悬臂起重吊车结构如图 1-41 所示。吊起时，由于液压泵的作用，使液压油进入工作液压缸内，推动顶杆外移，使重物吊起；打开放油阀，工作缸内的液压油流回油箱，压力降低，使重物下降。

图 1-41　液压吊车

5. 变速器千斤顶

如果想将汽车下面的变速器移出来时可以使用，变速器千斤顶。如果没有变速器千斤顶或者是其他协助工具，要想将变速器拆下并移动出来是很困难的，因为变速器的重量使它很难移动出来。这些千斤顶和变速器的地面相对应，并且是用链锁扣住的典型装置，如图 1-42 所示。这些结构使得变速器在千斤顶上很安全。变速器的重量都作用在千斤顶的座上。

6. 压力机和拔具

很多变速器和动力驱动装置的轴和孔的配合属于过盈配合，安装和拆卸均需要一定的压力，如主减速器轴和轴承的移除和安装，万向节的替换，以及变速器的装配等工作都需要压力机的配合，如图 1-43 所示。压力机有液体驱动、电力驱动、空气驱动和手动等各种类型，它能够提供 0~150t 的压紧力，压紧力根据其尺寸和设计的不同而各异。小的心轴和 C 形框架压力机是基座或者是工作台，它的高容量单位是独立的或者是架在地板上的。

图 1-42 典型的变速器千斤顶

图 1-43 固定在地上的液压压紧装置

齿轮和轴承的拔具如图 1-44 所示。很多齿轮和轴承在它们被装入轴上或者是孔内时是存在一定量的过盈量。例如，孔的内径是 0.3048mm（即 0.001ft），比轴的外径稍微小一些，当将轴放进孔的时候必须对其施加压力以克服 0.3048mm（即 0.001ft）的过盈量。这个过盈量阻碍零件之间的相互传动，这些齿轮和轴承的移动必须小心完成，以防止对齿轮、轴承或者是轴造成伤害。撬开或者是将零件敲进去都容易使零件失效，应该使用带有合适的爪牙和调配器的拔具去移动齿轮和轴承，如图 1-45 所示。在使用合适的拔具时，用来移动齿轮或

图 1-44 用万向节轴承拔具拆卸主减速器一侧的轴承

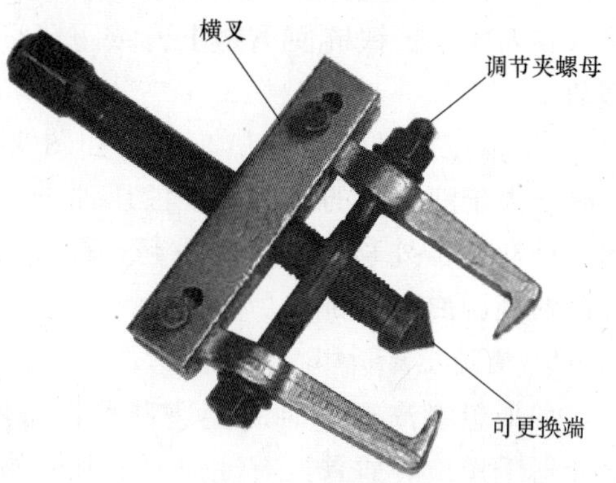

图 1-45 拔具

者是轴承的力能够通过轻微而且稳重的动作提供。

操作步骤

1. 千斤顶和汽车架安全操作规则

移动式千斤顶是一种携带方便的汽车局部举升器。使用时应确保千斤顶的支撑垫片正确支撑在汽车底盘支撑点上。举升前要用楔块将车轮固定，楔块放在不举升车轮的前后部，防止车辆前后移动。操作千斤顶的驱动手柄时，液压泵随之转动，将液体压入液压缸。在液压的作用下液压缸柱塞向上移动，带动千斤顶垫片将汽车举高。在释放千斤顶并降下汽车时，应缓慢转动操作手柄或卸荷操纵杆。

车辆举升后，用汽车架支撑好，同时要将千斤顶移开，决不能用千斤顶作为支承。如果不移开千斤顶，而千斤顶的操作手柄又露在外面，工作时就有可能碰到手柄，将千斤顶卸荷，造成车辆突然落下的危险。

警告： 支承车辆时千斤顶和汽车架要配合使用，切勿单独采用千斤顶，而且要确保汽车架支撑在车辆正确的支撑点上。同时，汽车架必须安放在平整的水泥地面上，千万不能放在脏的、凹凸不平的砾石地面上。

为了防止安全事故的发生，使用千斤顶和汽车架时应严格遵守以下安全操作规程。

1）未将汽车架牢靠固定好前，切勿在车下工作。

2）使用移动式千斤顶举升车辆前，要确保举升臂准确支撑在车辆支撑点。局部举升汽车前部时，为了防止损坏散热器，切勿将举升臂支撑在散热器支架下方。

3）将汽车架支撑在车辆底盘车架、桥壳等牢固部件上，确保汽车架与支撑部件牢靠接触。

4）为了防止把车辆从移动式千斤顶移到汽车架时车辆和千斤顶移动，汽车架不能倾斜，并要支撑在底盘下面，确保所有支撑脚都与地面接触。

2. 举升器的使用

（1）举升器安全操作规则　举升器用于整车的举升，以方便汽车维修技术人员在车下工作。举升汽车时，要先确定正确的举升支撑位置，一般汽车维修手册都有说明。举升器有双柱的，也有单柱的，如图 1-46 所示。一些举升器的动力机构是由电动机带动的液压泵，而有些举升器是直接用维修车间里的压缩空气作为动力源，将压缩空气的压力能转变成举升缸内液压液的压力能。这种举升器有一个控制杆和一个开关。控制杆用于控制压缩空气与举升缸的通断，开关控制液压泵的电动机。将车辆举升悬空后，一定要关上锁止阀，否则举升立柱有可能会缓慢降下。

图 1-46　双柱式举升器

使用举升器举升汽车时，一定要格外小心。为了防止汽车从举升器上掉下，砸坏车、砸伤人，举升支撑臂必须支撑在正确的支撑位置上，否则也会损坏汽车支撑处的零件。每台汽车都设计有专门的支撑位置，用于全车的举升。维修时如果需要把汽车从地面举升起来，都必须先查阅汽车维修手册，找准支撑位置。一般情况下，车架和承载式车身的举升支撑点参见图1-47所示，仅仅是简单的说明，具体情况请参照汽车制造维修说明书。开动举升器前应阅读使用说明书，学会正确使用，操作时应严格按照操作规程。

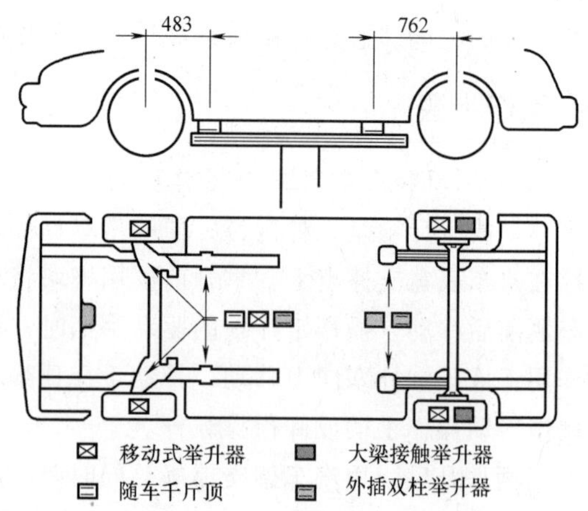

图1-47 承载式车身的举升支撑点

警告： 使用举升器、千斤顶举升重物时，重物的重量切勿超过设计的额定举升力。如果千斤顶的额定举升力为2t，就不能用它举升5t重的物体。否则对人对车都是危险的。

在将车辆开到举升器上面时，要预先留出位置，切勿推翻或碰撞举升器、连接器或支承，否则有可能损坏举升器、车辆和车轮。

警告： 在升起车辆的下面工作时，始终要把升举器锁定好，否则工作时升举器会下滑。切勿使用锁定机构损坏的举升器，锁定机构可以保证举升器举升力失效时不会下滑。

举升之前，要确保车辆准确定位，按规定对准车辆的举升支撑点，确保支撑器与车辆完全接触。举升汽车前，请先晃动一下车辆，检查支撑是否平稳牢靠，再将车辆升到合适的位置。

举升汽车前，应先关好车门、发动机罩、行李箱盖。车辆内有人时切勿升举汽车。

车辆举升的高度不能高于其安全值。在升举的汽车上拆装零部件或总成时，可能会改变车辆的质量分布。所以拆装时要注意车体的平衡与晃动，最好事先阅读相关防护手册。

降下举升机前，确保把所有工具和其他设备从车辆下面移开，尤其是确保无人站在车辆的下面。

（2）举升器举升车辆

1）参照维修说明书，找准车辆举升支撑点。

2）确定车辆重心或平衡点，将支撑臂移到车辆重心处。

3）如图1-48所示，将支撑垫移动到举升支撑器上，并调支撑垫的高度，直至车辆与支撑臂安全接触。

4）先将车辆举高20~30cm，检查车辆是否平稳牢固，如图1-49所示。如果车辆支撑不稳或有异响，必须降下车辆，重新调整支撑垫。

5）车辆举升到适当高度后，应锁止举升器锁定机构，如图1-50所示。锁定机构未锁止前，切勿到车辆下面。

6）降下车辆前，先打开锁定机构，并将控制阀调至低档，如图1-51所示。车辆降到地面后，将连接垫片放到车轮两侧。

图 1-48　调整支撑垫高度

图 1-49　检查车辆支撑的稳定性

图 1-50　锁止举升器锁定机构

图 1-51　打开锁定机构落下举升器

3. 千斤顶安全使用与保养注意事项

1）使用千斤顶前，要清楚其额定的承载能力，千斤顶的顶举能力一定要大于或等于重物的重量，不然易发生危险。

2）汽车在举起或下降过程中，禁止在汽车下面进行作业。

3）下降时应缓缓拧松液压开关，使汽车缓慢下降，汽车下降速度不能过快，否则易发生事故。

4）千斤顶要放在坚实的地面上，如果必须在松软路面上使用千斤顶进行作业时，应在千斤顶底座下加垫一块有较大面积且能承受压力的材料，如钢板，防止由于汽车重压工作时，场地基础下沉或千斤顶歪斜发生危险。千斤顶与汽车接触位置应正确、牢固。

5）千斤顶把汽车顶起后，当液压开关处于拧紧状态时，若发生自动下降故障，则应立即查找原因，及时排除故障后方可继续使用。

6）千斤顶遇到操作力过大时，应检查原因，不要强行施力，更不允许接长操纵手柄来操作，这样容易使千斤顶超载。

7）如果举起坚硬物体，在物体与千斤顶之间应垫以防滑的垫料。

8）要求用几台千斤顶来同时顶举一件大而重的物体时，必须核准各个千斤顶可能承受的最大载荷，同时应保证千斤顶同步起升或下降。

9）液压千斤顶也不能作长时间支承重物，在长时间压力作用下，千斤顶液压油泄漏会使重物坠落。需要较长时间支承重物时，应在重物下面垫以安全支架，这样，万一千斤顶液压油有泄漏时也可保证安全。

10）如发现千斤顶缺少液压油时，应及时补充规定的油液，不能用其他油液或水代替。

11）千斤顶必须垂直放置，以免因油液渗漏而失效。

12）千斤顶不能用火烘热，以防皮碗、皮圈损坏。

13）维护与保养螺旋千斤顶应经常在螺旋纹加工面上涂以防锈油脂。液压式千斤顶应根据制造厂的要求加注合适的、足量的工作介质，根据使用情况每隔半年至一年清洗一次，滤清杂质。

14）千斤顶存放时，应将滑塞杆或螺柱、齿条降到最低位置，加工面涂以防锈油，并放在干燥处，以防生锈。发现千斤顶零件有裂纹时应停止使用。

考 核

序号	考核内容	配分	评分标准	考核记录	扣分	得分
1	正确识别举升设备	10分	工具、仪器使用不当酌情扣分			
2	正确说明举升设备用途	20分	操作不当每次扣5分			
3	正确说明举升设备使用方法	30分	操作不当每次扣5分			
4	正确说明举升设备使用注意事项	30分	操作不当每次扣5分			
5	操作规范、整齐、不超时	10分	不规范扣5分，超时扣5分			
	遵守安全规范，无事故		不规范造成严重事故，此题按0分计			
6	总分	100分				
7	教师签字			年 月 日		

想一想，做一做

1. 怎样正确使用液压吊车？

2. 如何正确使用两柱式举升器？

模块2 发动机总成的拆卸

项目 2.1　发动机的维护

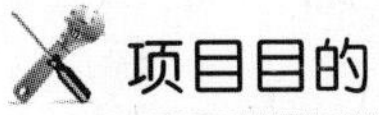

项目目的

1）熟练发动机维护的基本内容。

2）掌握汽车维护的基本操作。

项目内容

桑塔纳 2000 发动机的维护。

相关知识

发动机属于汽车的动力装置，在使用过程中会产生积炭、杂质、胶质等有害物质。发动机长期工作于有害物质环境中，导致其发动机运行性能下降，油耗升高，运行成本提高；汽车尾气排放超标，年检无法通过；汽车氧传感器、三元催化器使用寿命缩减等。

为保证汽车发动机具有良好的运行性能，减少车辆使用过程中对环境的污染，车主和维修单位有责任正确保养和使用车辆，满足发动机润滑系统、进气系统、燃烧系统、排气系统养护的要求。根据交通部 1990 年颁发的《汽车运输业车辆技术管理规定》，我国汽车预防维护制度分为定期维护和非定期维护两大类，按其作业范围和作业深度的不同，分为不同等级。定期维护分为日常维护、一级维护、二级维护三个等级；非定期维护分为走合维护和季节维护两个等级。我国现行汽车维护具有以下特点：对日常维护和一级维护实行定期、强制执行，着重提高汽车的安全、节能、环保等性能；对二级维护实行先检测诊断，并进行技术评定，然后确定维护作业内容，及时发现和消除故障隐患，提高汽车安全性、动力性、经济性和环境安全性。

设备、工具和材料准备

1）桑塔纳轿车整车 1 辆。

2）拆装工作台、举升设备、桑塔纳 2000 拆装专用工具。

操作步骤

汽车一、二级维护周期的确定，应以汽车行驶里程为基本依据。对于不便用行驶里程统计的汽车，可用行驶时间间隔确定汽车一、二级维护的周期。其间隔时间依据本地区汽车使用强度和条件的不同，参照汽车一、二级维护里程周期，由各地自行规定。

下面以桑塔纳轿车为例，其维护分以下几种。

1. 7500km 维护包含的内容

1）目测发动机有无渗漏（润滑油、防冻液、燃油及空调系统）。

2）检查防冻液液面高度及防冻液品质，并测试冰点，必要时应予以更换。

3）更换发动机润滑油。加注润滑油应满足发动机工况的需求，润滑油牌号为 VW500 专用润滑油，或者 API-SF 或 SE 级润滑油。

4）润滑发动机盖上、下部（包括搭钩）。

5）润滑门盖铰链及门拉带。

6）目测变速器、主传动轴护套有无渗漏及损坏。

7）检查制动蹄摩擦片的厚度。

8）检查侧滑，使之符合 GB 7258—2012 标准的规定。

2. 15000km 维护包含的内容

1）检查照明、警告闪光装置和电喇叭的性能。

2）检查刮水器和清洗装置的性能，必要时注入清洗液。

3）检查蓄电池电解液相对密度和液面高度，必要时加入蒸馏水。

4）检查前照灯灯光，必要时调整。

5）检查 V 带的松紧度，必要时调整或更换。

6）清洗空气滤清器外壳，更换滤芯。

7）检查或更换火花塞。

8）检查冷却液液面高度及其防冻能力，并测试冰点。

9）检查排气装置有无损坏。

10）更换发动机润滑油及机油滤清器。

11）检查离合器踏板的自由行程，必要时调整。

12）检查轮胎的磨损程度，调整气压。

13）按规定力矩拧紧轮胎螺母。

14）检查制动液液面高度，缺少时应补足；检查制动蹄摩擦片磨损状况，必要时更换。

15）检查驻车制动器的功能，必要时调整。

16）检查传动轴防尘罩有无损坏，若损坏应更换。

17）检查转向助力器液的液面高度，必要时加以补充，更换滤网。

18）更换断电器触点，检查发动机点火正时。

19）检查发动机怠速转速，必要时调整。

20）检查汽车的侧滑情况和制动力，使其性能符合 GB 7258—2004 标准的规定。

3. 30000km 维护包含的内容

30000km 维护除了完成 15000km 维护的内容外，还应该完成以下内容。

1）更换燃油滤清器。

2）目测制动系统有无损坏及渗漏。

3）检查转向横拉杆球头间隙、固定程度及防尘罩的安装情况。

4）检查传动轴防尘罩有无损坏。

考　核

序号	考核内容	配分	评分标准	考核记录	扣分	得分
1	正确使用工具、仪器	20 分	工具、仪器使用不当酌情扣分			
2	正确进行 7500km 维护作业	20 分	每漏一项扣 5 分			
3	正确进行 15000km 维护作业	20 分	每漏一项扣 5 分			
4	正确进行 30000km 维护作业	20 分	每漏一项扣 5 分			
5	操作规范、整齐、不超时	20 分	不规范扣 5 分，超时扣 5 分			
	遵守安全规范，无事故		不规范造成严重事故，此题按 0 分计			
6	总分	100 分				
7	教师签字			年　月　日		

想一想，做一做

1. 我国现行汽车维护制度的主要内容是什么？
2. 简述 15000km 发动机维护的内容。

项目 2.2　发动机的更换

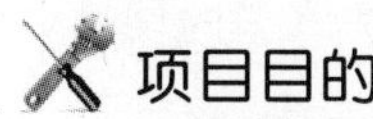

项目目的

1) 了解发动机与车身的连接方法。
2) 了解发动机与其他部件的连接方法。
3) 掌握发动机的更换方法。

项目内容

桑塔纳 2000 发动机的更换。

相关知识

发动机一般通过气缸体和飞轮壳或变速器壳上的支架支撑在车架上，当对发动机进行大修或者更换发动机部件时，有时需要拆卸发动机附件和支架。发动机分为横置式和纵置式，在对发动机维修的同时，必须了解发动机的布置形式和其与车身的连接方法。

1. 发动机的布置形式

前轮驱动的汽车最常用的是前置发动机。发动机侧向安装在发动机舱里，使得发动机的前端朝向汽车的一侧。驱动桥安装在发动机的一侧，朝向汽车的另一侧。驱动桥上有差速装置，结构紧凑的驱动桥可有效降低整车重心高度，有效保证汽车的高速行驶安全性。发动机和驱动桥的整体通常是从发动机舱的底部拆下来的，如图 2-1 所示。拆卸时，需同时拆下发动机支架和悬挂上的一些零件。

一些后轮驱动的汽车都是纵向布置发动机的，发动机的前端朝向汽车的前面，变速器安装在发动机的后面，如图 2-2 所示。发动机和变速器由螺栓固定在一起，通过发动机架共同安装在汽车车架上。纵置发动机可以通过打开发动机盖从发动机舱上面拆下来，也可以从发动机舱下面拆下来。一些前轮驱动的汽车也有这样布置发动机的，但并不常见。

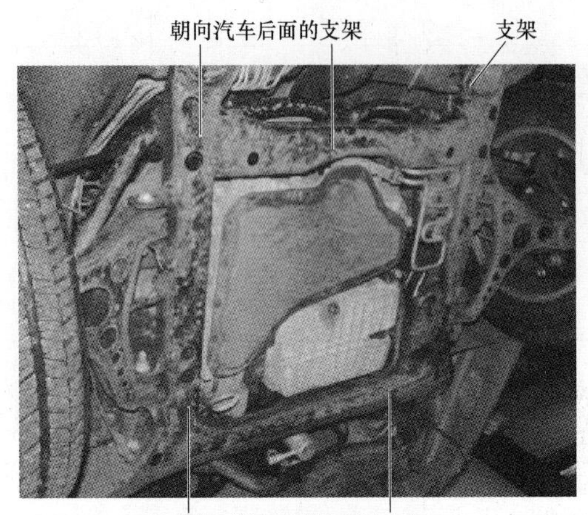

图 2-1 发动机支架与悬挂

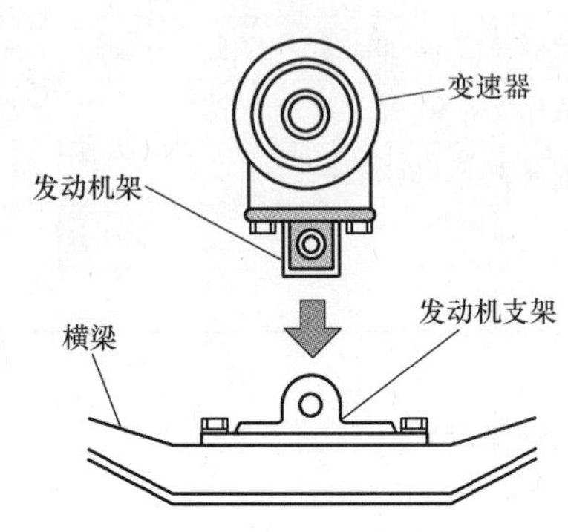

图 2-2 后轮驱动发动机架固定部件

一些汽车将发动机安装在汽车底部的中间位置，驾驶室和后悬架之间，它们被称为中置发动机。中置发动机一般都是横向布置的，它们用于结构紧凑的高性能跑车上，汽车的前端较低，且前端向下倾斜以符合空气动力学要求。靠近汽车中央的动力系统使得汽车的重心靠近汽车质心，这可以提高跑车的操控性。最不常见的布置就是将发动机安装在汽车的尾部。

2. 发动机支架的布置形式

发动机通常有两个或三个支架可以将发动机固定到车架上，同时隔离来自汽车底盘和驾驶室的振动，如图 2-3 所示。一些附加的支架被用来支承变速器或驱动桥，同时支承发动机。一些特别靠前的发动机支架固定于散热器横梁，如图 2-4 所示。一些横置发动机的较低的支架固定于驱动桥前端。

图 2-3 水平和垂直两个方向发动机支架

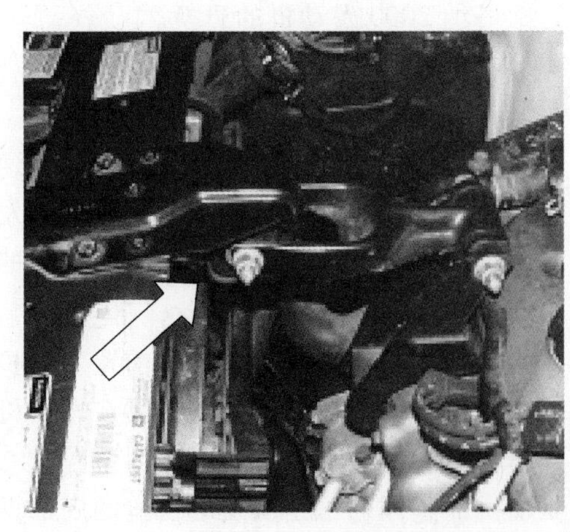

图 2-4 前横梁和发动机前端支架

3. 发动机支架的类型

发动机支架一般有两种类型，分为橡胶衬套式和液压减振式，如图 2-5 所示。大多数发动机支架采用橡胶衬套，橡胶衬套吸收发动机的振动。橡胶衬套松弛地固定于发动机壳体上，允许它在发动机舱内有一定量的移动。

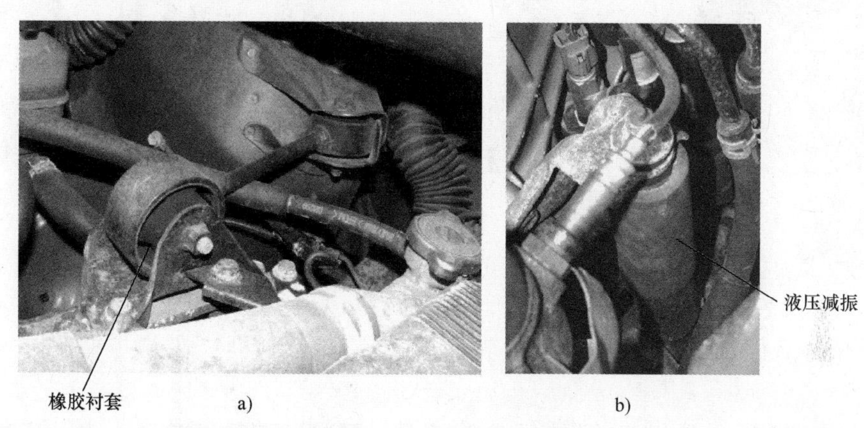

a)　　b)

图 2-5　发动机支架类型

a）橡胶衬套式　b）液压减振式

液压发动机支架有两个充满液体的腔室，在两者之间留有一个空口来减弱发动机的振动。发动机相对于车架移动时，一个腔室的液体流到另一个腔室，消耗一定的能量，衰减发动机的振动，它们的外形和作用与悬架减振器很相似。

一些液压发动机支架是电控的。当发动机空转时，发动机支架保持足够的柔韧使得发动机在低负载工况下能够尽可能运行平稳。一旦发动机在负载工况下工作时，发动机支架必须具有足够的刚性和阻尼来缓冲底盘的剧烈运动。为了使发动机在怠速下能够平稳运行，越来越多的汽车正在使用电控液压发动机支架。

设备、工具和材料准备

1）吊车、翼子板挡布。

2）拆装工作台、工具。

操作步骤

发动机总成的拆卸可以从车辆底部拆下或从发动机罩处向上吊离，现以向上吊离发动机为例进行说明。

拆卸发动机的工作场所必须干净整洁，如果有液体或油脂洒在地上，必须将其清理干净。将车辆停于维修工位的中间，停车后把变速杆置于空档（安装自动变速器的轿车应把变速杆置于 P 位）。

拆卸前，将翼子板挡布放置在车的两旁和前端，如图 2-6 所示。

1）先断开负极电缆，然后断开正极电缆，拆卸蓄电池和蓄电池固定器，如图 2-7 所示。

2）排放出发动机润滑油与冷却液，冷却液可以通过松开散热器下水管夹箍放出，此过程需要用干净的容器收集冷却液，以防止污染环境和工作区域。

图 2-6 翼子板挡布的放置

图 2-7 蓄电池的拆卸

3）有些发动机罩必须被移开，在铰链位置做好标记，用来在装配时作为参考。

提示：当从发动机拆卸部件时，拆卸机构总成要比拆卸独立元件快，不必将发动机舱内所有的部件都拆卸下来。动力转向泵、空调压缩机、巡航控制伺服可以不用拆卸。

4）按图 2-8 所示方法拆卸排气总管连接螺栓。

图 2-8 拆卸排气总管连接螺栓

5）断开线束、真空管路。按图 2-9 所示做好标记，在发动机安装中以确保正确的连接。

6）降低车辆，拆下空气进气管道和空气滤清器总成，如图 2-10 所示。

7）释放燃油压力，步骤如下。

① 在中央配电盒里拆下燃油泵继电器。

② 尝试起动发动机。

③ 关闭点火开关。

④ 重新多次起动发动机，直至不能起动为止。

图 2-9 电子连接器和管道的标记

图 2-10 进气空气滤清器壳和管道系统的拆卸

当压力完全被释放后，断开供油管和回油管，从燃油轨道上拆下输油管和燃油压力调节器的回油管。为了防止燃油泄漏，要堵住燃油管。大部分新型汽车上在燃油管上使用快速接头。挤压弹性卡同时拉拔燃油管就能把快速接头拆开，如图 2-11 所示。

8）按图 2-12 所示方法从节气门体上断开节气门电缆。

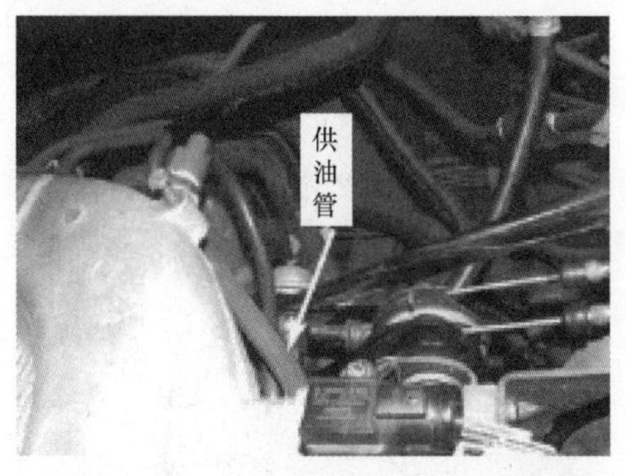

图 2-11 释放燃油压力断开供油管和回油管

图 2-12 断开节气门电缆

9）拆下所有的传动带。

10）拆下空调压缩机支架、动力转向装置、巡航控制执行器，以及其他连接在发动机体上的部件。识别所有被连接的线束或管道，并密封可能会泄漏出液体的管道。将这些附属部件放置在发动机舱的一边，并紧固在发动机舱内，如图 2-13 所示。

11）断开散热器上的连接管。

12）断开冷却风扇电动机连接器，拆下散热器座架。将散热器和冷却风扇作为一体移出，注意拆卸过程中要防止损坏，如图 2-14 所示。

图 2-13 附属部件的放置与紧固

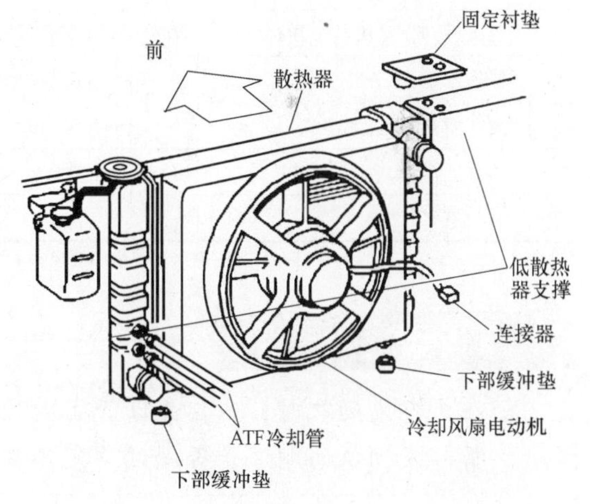

图 2-14 拆卸冷却风扇和散热器总成

13）断开空气流量计的电线插头，拔下各传感器及组件电线接头以及其他需要断开的线束和真空管并做好识别标记。在发动机的每一个传感器和执行器上可能会有独立的连接器，确保将它们区别开。

14）用起重机械吊起发动机，如图 2-15 所示。

15）当发动机微微吊起时，拆卸发动机的安装支架，断开发动机和变速器，如图 2-16 所示。

16）使用车架接触起重机械将车辆吊起。在这过程中，要不断检查发动机和车身是否有干涩，还要观察是否还有线束或管道仍连接在发动机上。

图 2-15 吊起发动机

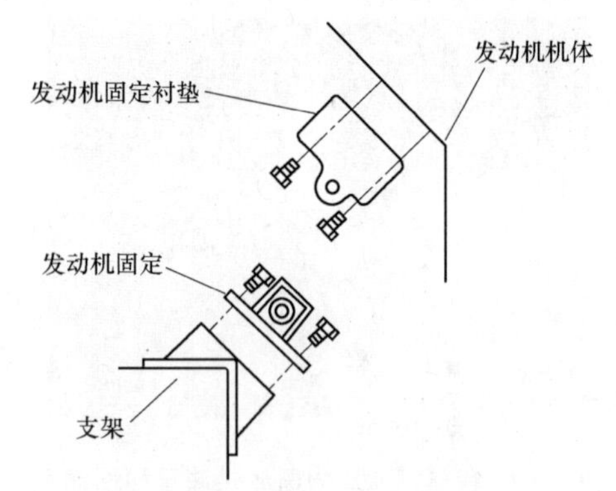

图 2-16 拆卸发动机支架

考 核

序号	考 核 内 容	配分	评 分 标 准	考核记录	扣分	得分
1	正确使用工具、仪器	10分	工具、仪器使用不当酌情扣分			
2	正确停车	20分	操作不当每次扣5分			
3	正确拆卸各线束连接器	20分	操作不当每次扣5分			
4	正确拆卸各连接管路	20分	操作不当每次扣5分			
5	正确拆卸发动机其余连接	20分	操作不当每次扣5分			
6	操作规范、整齐、不超时	10分	不规范扣5分,超时扣5分			
	遵守安全规范,无事故		不规范造成严重事故,此题按0分计			
7	总分	100分				
8	教师签字			年 月 日		

想一想,做一做

1. 在拆卸发动机时,为何先断开蓄电池负极?
2. 拆卸发动机的顺序是否必须固定不变?

模块3 气缸盖和配气机构的拆装与检修

项目3.1 发动机总成的解体

项目目的

1）熟悉发动机各组成零部件。

2）熟练掌握发动机总成的拆卸方法。

3）熟悉发动机总成的解体作业注意事项，避免人身伤害及财产损失。

项目内容

桑塔纳2000发动机总成的分解。

相关知识

1. 概论

内燃式发动机是将燃料和空气输入气缸内部进行燃烧，燃料的化学能通过热能转化为机械能的机器。汽车发动机使用石油提炼物作为燃料，为降低或消除燃料燃烧后产生的有害气体，国内外汽车生产企业都致力于燃料充分燃烧和排气净化的控制装置的开发工作。

汽车上广泛使用的内燃式发动机是往复活塞式内燃机，又称为发动机，具有单机功率大（0.6~16860kW）、热效率高（汽油机略高于0.3，柴油机达0.4左右）、体积小、质量轻、操作简单，便于移动和起动性能好等优点，被广泛应用于火车、工程机械、拖拉机、发电机组、船舶、坦克、排灌机械等动力装置上。

根据发动机不同的特征，可以有不同的分类方法。

1）根据使用燃料不同，发动机有汽油机、柴油机、天然气机等，目前汽车使用较多的是汽油机和柴油机。

2）按实现循环的行程数不同，发动机分为四冲程发动机和二冲程发动机。发动机内部每完成一次化学能向机械能的转变，称之为一个工作循环，活塞改变一次运动方向称为一个行程。四冲程发动机是指每个工作循环活塞往复移动四个行程，曲轴转两圈；二冲程发动机中每个工作循环活塞往复移动两个行程，曲轴转一圈。四冲程发动机主要用于汽车，二冲程发动机主要用于摩托车。

3）按冷却方式不同，发动机可分为水冷发动机和风冷发动机。水冷发动机以冷却液体为工作介质，一般用于功率相对较大的汽车发动机上；风冷发动机以空气为工作介质，一般用于功率较小的摩托车上。

4）按点火方式不同，发动机可分为压燃式发动机和点燃式发动机。压燃式发动机是利用气缸内空气被压缩后产生的高温，达到燃料自燃点而引起燃料自行燃烧，目前汽车发动机采用的柴油机大多数属于压燃式。点燃式发动机是利用火花塞发出的电火花强制点燃燃料，使燃料强行着火燃烧，如汽油机、煤气机。

5）按可燃混合气形成方法不同，发动机可分为外部形成混合气的发动机和内部形成混合气的发动机。外部形成混合气的发动机是燃料和空气在气缸外部先混合然后进入气缸，如汽油机。内部形成混合气的发动机是燃料在临近压缩终了时喷入气缸，在气缸内部与空气混合，如柴油机。

6）按进气方式不同，发动机可分为自然吸气式发动机和增压式发动机。自然吸气式发动机靠活塞下行的抽吸作用使空气或混合气进入气缸。增压式发动机是在发动机上加装了增压器，使进入气缸的气体预先经过压气机压缩后再进入气缸，发动机运行过程中，进入气缸的气体更多，增大了发动机的功率。

7）按气缸数目不同，发动机分为单缸发动机和多缸发动机。仅有一个气缸的发动机称为单缸发动机，一般用于摩托车上；有两个或两个以上气缸的发动机称为多缸发动机，汽车用发动机一般在三缸或三缸以上。

8）按气缸的排列型式不同，常见的有直列发动机和V型发动机。所有气缸中心线在同一垂直平面内的发动机称为直列发动机，多用于六缸以下及功率不太大的发动机；所有气缸呈两列布置，且两列气缸之间呈一定夹角的称为V型发动机，多用于六缸以上且功率较大的发动机上。

2. 汽油发动机总体结构

汽车发动机种类繁多，结构复杂，它是由许多机构和部件组成的复杂机器。现代汽车广泛采用的汽油发动机具体结构形式更是多种多样，但作为一种能量转化装置，可以认为它是由机体组、曲柄连杆机构、配气机构、燃料供给系统、点火系统、润滑系统、冷却系统和起动系统组成的，如图3-1所示。

(1) 机体组　机体组是发动机的骨架，支承着安装在发动机上的其他零部件，本身的一些部件又是曲柄连杆机构、配气机构、冷却系统和润滑系统的组成部分，在发动机工作过程中承受高温、高压作用。一般由油底壳、气缸体、气缸盖和气缸盖罩组成。

(2) 曲柄连杆机构　它利用活塞顶接受气缸内的燃气压力，并将其转变为曲轴的转矩而对外输出机械能。一般由活塞、连杆、曲轴、飞轮等组成。

(3) 配气机构　它按照发动机工作次序和工作循环的要求，按时开闭进、排气门，使新鲜空气

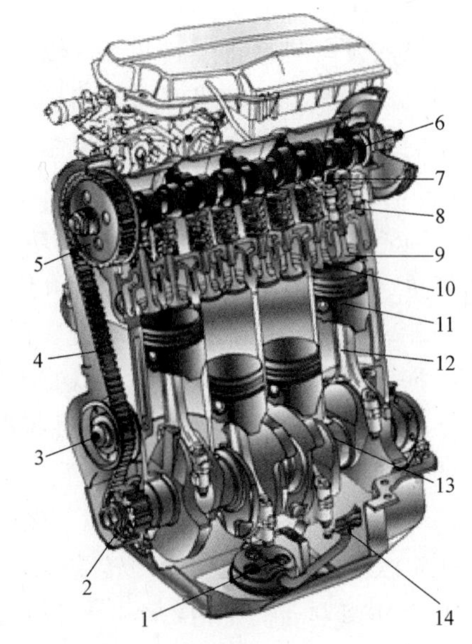

图3-1　汽车发动机的总体结构

1—机油集滤器　2—曲轴正时齿轮　3—正时齿带张紧轮　4—正时齿带　5—凸轮轴正时带轮　6—凸轮轴　7—摇臂　8—挺柱　9—进气门　10—排气门　11—活塞　12—连杆　13—曲轴　14—机油泵

进入气缸，及时排出燃烧后的废气。一般由气门组和气门传动组组成。

（4）燃料供给系统 它按照发动机工作次序和工作循环的要求，按时、定量地向发动机供给所工作需要的燃料，并将多余的燃料流回油箱，燃烧后的废气排出发动机。一般由空气滤清器、进气管、燃油箱、输油泵、燃油滤清器、喷油器、排气管和排气消声器等组成。

（5）点火系统 按照发动机工作循环的要求，以足够的点火能量，按时地点燃发动机气缸内的可燃混合气。一般由蓄电池、点火线圈、分电器和火花塞组成。

（6）润滑系统 它对发动机工作过程中有相对运动的零部件进行润滑、密封和清洁，同时具有一定的冷却、防锈蚀、液压、减振作用。一般由机油泵、机油滤清装置、限压阀、润滑油道组成。

（7）冷却系统 它用来保证发动机在任何工况下都能在合适的温度下工作。一般由冷却液泵、风扇、节温器、散热器、冷却液道和冷却液组成。

（8）起动系统 用于起动发动机，主要是指起动机及其附属装置。

3. 发动机的工作过程

汽车发动机能量的转化是在气缸内进行的，气缸内安装有活塞，当燃料在气缸内燃烧产生热量时，气体膨胀做功，推动活塞向下运动，活塞的下行通过连杆带动曲轴转动，从而对外输出机械能。随后，活塞在曲轴的带动下向上运动，燃烧后的废气被排出气缸。

活塞在气缸内往复运动的两个极端位置称为止点。活塞顶距离曲轴放置中心最远位置称为上止点，距离曲轴放置中心最近的位置称为下止点；上、下止点之间的距离称为活塞的行程 S。曲轴转动一圈，活塞上下往复运动四次，如图 3-2 所示。曲轴中心到活塞销中心的垂直距离称之为曲柄半径 R，与活塞行程 S 的关系为 $S=2R$。

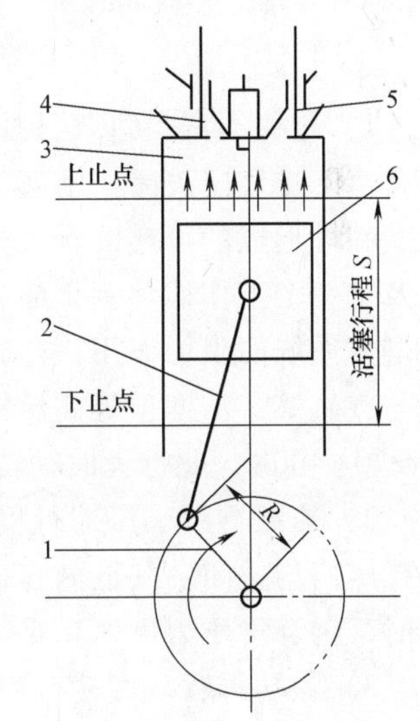

图 3-2 发动机示意图

1—曲柄 2—连杆 3—气缸 4—进气门 5—排气门 6—活塞

活塞在气缸内作往复运动，气缸内的容积不断变化。当活塞位于上止点位置时，活塞顶部与气缸盖内表面所形成的空间称为燃烧室，这个空间容积称为燃烧室容积。活塞处于下止点位置时，活塞顶上部的全部气缸容积称为气缸总容积。活塞从上止点移动到下止点所通过的空间容积称为工作容积，用 V_s 表示。如果发动机有若干个气缸，所有气缸工作容积之和称为发动机排量，用 V_{st}表示，则

$$V_{st}=V_s n=\frac{\pi D^2}{4\times10^6}sn$$

式中 D——气缸直径，单位为 mm；

s——活塞行程，单位为 mm；

n——气缸数。

气缸工作容积与燃烧室容积之和称为气缸总容积。气缸总容积与燃烧室容积的比值称为压缩比。压缩比表示了活塞从下止点移动到上止点时，气体在气缸内被压缩的程度，它是发动机的一个重要结构参数。压缩比越大，气体在气缸内受压缩的程度越大，压缩终点时气体的压力和温度越高，功率越大，但随着压缩比的增加，对发动机材料和结构要求也越高，压

缩比太高容易出现爆燃。由于燃料性质不同，不同类型的发动机对压缩比有不同的要求。柴油机要求较大的压缩比，一般为12~29，而汽油机的压缩比较小，一般为6~11。

（1）四冲程汽油机工作原理　四冲程发动机的工作循环是一个复杂的过程，可以用进气、压缩、做功和排气四个行程表示，如图3-3所示。每个工作行程中气缸内压力、温度都随着气缸容积的变化而变化。

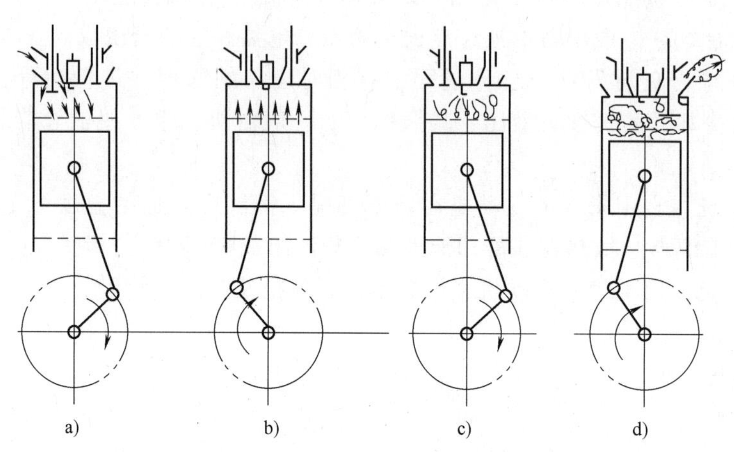

图3-3　四冲程发动机工作原理示意图

a）进气行程　b）压缩行程　c）做功行程　d）排气行程

1）进气行程。进气行程过程中，活塞在曲轴的带动下由上止点向下上止点移动，进气门开启，排气门关闭。活塞上方的容积增大，气缸内的气体压力下降，形成一定的真空度，在气缸外形成的可燃混合气被吸入气缸。当活塞移动到下止点时，气缸内充满了新鲜混合气以及上一个工作循环剩余的废气，此时在整个工作循环中，气缸内气体压力和温度最低。由于进气系统的阻力作用，此时气缸内气体压力为0.075~0.09MPa；流进气缸内的可燃混合气与气缸壁、活塞顶等高温机件表面接触并与前一循环留下的高温残余废气混合，温度升高到370~400K，此行程曲轴转过180°曲轴转角。

2）压缩行程。压缩行程过程中，活塞在曲轴的带动下由下止点移动到上止点，进气门和排气门均关闭。气缸内容积逐渐减小，气体被压缩，混合气压力与温度逐渐升高。压缩终了时，混合气压力可达0.6~1.2MPa，温度可达600~700K，此行程曲轴转过180°曲轴转角。

3）做功行程。做功行程过程中，进气门和排气门关闭，活塞到达上止点时，伸入气缸内的火花塞产生高压电火花点燃被压缩到燃烧室中的混合气；混合气剧烈燃烧，气缸内的温度、压力急剧上升，气缸内气体压力和温度均达到最高，最高压力可达5~9MPa，最高温度可达2200~2800K。高温、高压气体推动活塞向下移动，通过连杆带动曲轴旋转。随后，活塞在惯性和曲轴带动下继续下行，气缸容积增大，气体压力和温度下降，活塞到达下止点时，气缸内压力降至0.3~0.5MPa，温度降至1300~1600K，气缸内气体压力和温度均表现为先急剧上升而后下降，此行程曲轴转过180°曲轴转角。

4）排气行程。排气行程过程中，排气门打开进气门关闭，活塞在曲轴带动下从下止点移动到上止点，气缸内容积减小，废气被挤压出气缸，活塞到上止点附近时，排气行程结束。排气终了时，气缸内压力为0.105~0.115MPa，温度为900~1200K，此行程曲轴转过

180°曲轴转角。由于排气系统有阻力，且燃烧室也占有一定的容积，所以在排气终了，不可能将废气排净，这部分留下来的废气称为残余废气。残余废气不仅影响充气，对燃烧也有不良影响。

汽油机具有转速高、质量轻、噪声小、易起动等优点，在小汽车和小型货车上得到广泛应用。其缺点是压缩比小，燃油消耗率较高，经济性差。

（2）四冲程柴油机工作原理　柴油和汽油均由石油加热蒸馏获得，与汽油相比较，柴油黏度大，但其自燃温度低，故柴油机采用先将空气吸入气缸，在燃烧做功阶段将高压柴油喷入气缸即可自行燃烧。

四冲程柴油机的一个工作循环也经历进气、压缩、做功和排气四个行程。进气行程吸入气缸的是纯空气，压缩行程气缸内温度和压力均升高，压缩终了时，柴油机顶置喷油器将压力为 10MPa 以上高压柴油喷入气缸，与高温空气混合形成可燃混合气而燃烧，排气行程中将燃料燃烧后产生的废气排出气缸。

柴油机压缩比大，因此具有较好的燃油经济性和较大的输出功率，但其转速低、结构笨重、噪声大，一般大型货车、客车等采用柴油发动机。目前在能源受限的影响下，汽车生产企业正逐渐通过采用新材料、优化结构等手段克服柴油机的上述缺点，使柴油机应用范围向中、轻型货车扩展，国外一些发达国家小型汽车柴油化所占比例也在增加。

综上所述，四冲程发动机经过进气、压缩、做功和排气四个行程，只有做功行程实现了燃料化学能通过热能形式转化为机械能，活塞在气体压力下带动曲轴转动，其余三个行程活塞均是在曲轴带动下运动，消耗机械能为做功行程做准备。多缸发动机进气、压缩、排气行程所需要的能量由其他正处在做功行程的气缸提供；单缸发动机，能量由较大的飞轮提供，即在做功行程时，曲轴带动飞轮加速旋转，依靠飞轮的旋转惯性带动发动机完成其他 3 个行程。

在发动机运转的第一循环时，必须有外力使曲轴旋转完成进气、压缩行程，燃料在气缸内着火，完成做功行程，达到一定转速后，依靠曲轴和飞轮贮存的能量便可自行完成以后的行程，以后的工作循环发动机无须外力就可自行完成。每一个行程曲轴转半周，每一个工作循环，曲轴转两周。

设备、工具和材料准备

1）桑塔纳 2000 发动机总成。

2）拆装工作台、桑塔纳 2000 拆装专用工具。

操作步骤

1）拆卸油底壳，更换机油密封衬垫。

2）拆下机油泵，拆下机油粗滤器。

3）拆下气门罩盖，更换气门罩盖密封衬垫。

4）拆卸气缸盖及气缸盖衬垫。

5）拆卸离合器总成。

6）分解发动机零部件，发动机总成分解如图 3-4 所示。

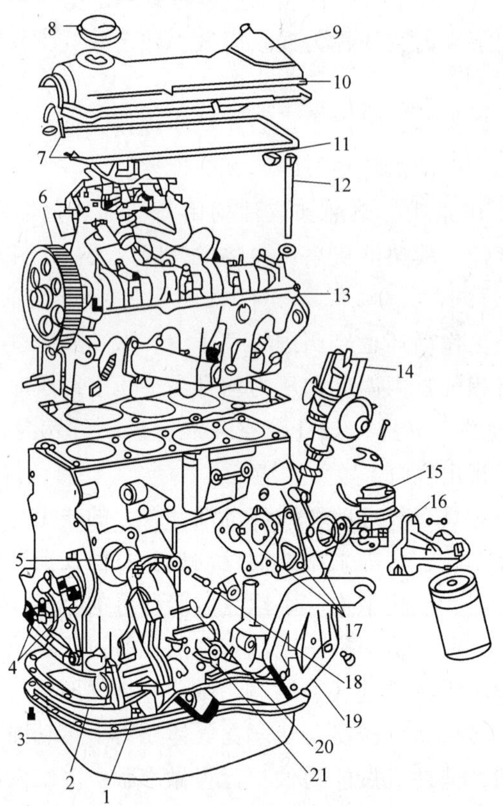

图3-4 发动机完成分解

1—冷却液泵 2—油底壳衬垫 3—油底壳 4—半圆键 5—密封圈 6—凸轮轴同步带轮 7—气门罩盖衬垫 8—加油口盖 9—气门罩盖 10—加强条 11—半圆塞 12—气缸盖螺栓 13—气缸盖 14—分电器 15—燃油泵 16—机油滤清器座 17—密封衬垫 18—冷却液泵紧固螺栓 19—发动机左支架 20—方型螺栓 21—螺栓

考 核

序号	考核内容	配分	评分标准	考核记录	扣分	得分
1	正确使用工具、仪器	20分	工具、仪器使用不当酌情扣分			
2	更换机油密封衬垫	20分	不换机油密封衬垫扣20分			
3	更换气门罩盖密封衬垫	20分	不换气门罩盖密封衬垫扣20分			
4	更换气缸盖衬垫	20分	不换气缸盖衬垫扣20分			
5	操作规范、整齐、不超时	20分	不规范扣5分，超时扣5分			
	遵守安全规范，无事故		不规范造成严重事故，此题按0分计			
6	总分	100分				
7	教师签字			年 月 日		

想一想，做一做

1. 发动机是如何实现能量转换的？
2. 简述发动机的工作过程。
3. 制作一个简单的热力发动机。

项目 3.2　正时传动装置的拆装与检修

项目目的

1）熟练掌握各种正时传动装置的拆装方法。
2）熟练掌握各种正时传动装置的安装方法。

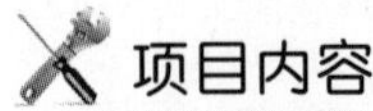

项目内容

8A-FE 发动机正时带的更换。

相关知识

发动机工作时，活塞位置和气门开度有严格的对应关系，以保证发动机获得良好的性能。凸轮轴与曲轴之间采用正时传动装置，为保证凸轮轴和曲轴的位置对应关系，在正时传动装置上刻有正时标记，装配时必须对正标记。曲轴和凸轮轴之间动力传动机构有齿轮式、链条式及带传动。

1. 齿轮传动机构

齿轮传动机构用于下置式和中置式凸轮轴的传动，如图 3-5 所示。汽油机一般只用一对正时齿轮，即曲轴正时齿轮和凸轮轴正时齿轮。柴油机需要同时驱动喷油泵，增加一个中间齿轮。为了保证齿轮啮合平顺，噪声低，磨损小，正时齿轮采用圆柱螺旋齿轮并用不同的材料制造。曲轴正时齿轮采用中碳钢制造，凸轮轴正时齿轮则采用铸铁或夹布胶木。

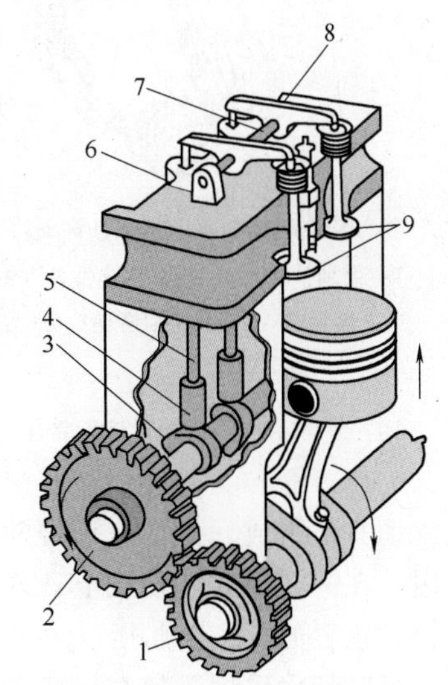

图 3-5　齿轮传动机构

1—曲轴正时齿轮　2—凸轮轴正时齿轮　3—凸轮轴　4—挺柱　5—推杆　6—摇臂座　7—摇壁轴　8—摇臂　9—气门

2. 链传动机构

链传动机构用于中置式和上置式凸轮轴的传动，尤其是上置式凸轮轴的高速汽油机采用链传动机构的很多，如图 3-6 所示。链条一般为滚子链，在链传动机构中装有导链板并在链条的松边设置了张紧器，工作时使链条保持一定的张紧度，不使其产生振动和噪声。这种传动的优点是布置容易，若传动距离较远时，还可以采用两级链传动。其缺点是结构质量较大，链的可靠性和耐久性不易得到保证。

3. 带传动机构

带传动是利用张紧在带轮上的柔性带进行运动或动力传递的一种机械传动。根据传动原理的不同，有靠带与带轮间的摩擦力传动的摩擦型带传动，也有靠带与带轮上的齿相互啮合传动的同步带传动。带传动具有结构简单、传动平稳、能缓冲吸振，可以在大的轴间距和多轴间传递动力，且其造价低廉、不需润滑、维护容易等特点，在近代机械传动中应用十分广泛。摩擦型带传动能过载打滑、运转噪声低，但传动比不准确；同步带传动可以保证传动同步，但对载荷变动的吸收能力差，高速运转有噪声。

根据用途不同，传动带的种类有一般工业用传动带、汽车用传动带、农业机械用传动带和家用电器用传动带。摩擦型传动带根据其截面形状的不同又分平带、V 带和特殊带（多楔带、圆带）等。

汽车用传动带有驱动带、空调压缩机带、动力转向带和正时带等，如图 3-7 所示。

1）驱动带：驱动带安装在水泵带轮和发电机带轮之间。

2）空调压缩机带：空调压缩机带安装在空调压缩机带轮和曲轴带轮之间。

3）动力转向带：空调压缩机带安装在水泵带轮和动力转向泵轮之间。

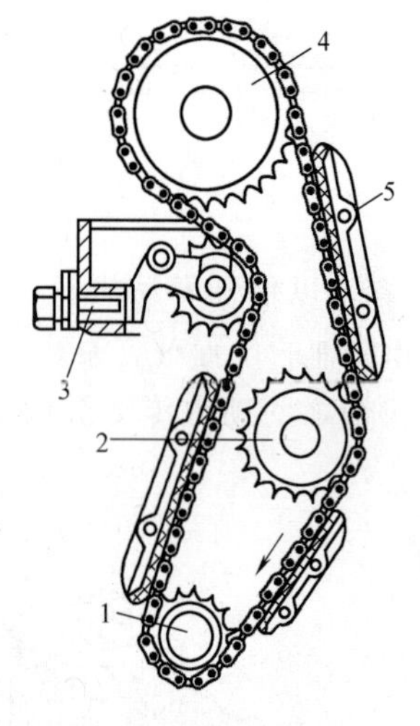

图 3-6 链传动机构

1—曲轴链轮 2—油泵驱动链轮 3—液压张紧装置 4—凸轮轴链轮 5—导链板

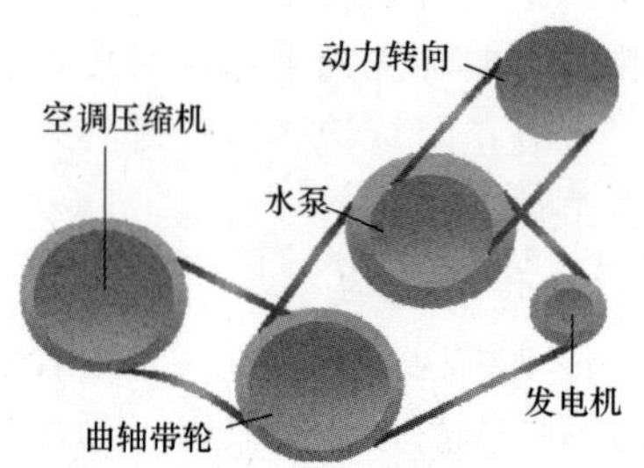

图 3-7 带传动机构

4）正时带：正时带通常用于凸轮轴顶置发动机中，具有动力传递平稳、噪音低、成本低、工作可靠和不需要润滑等优点。正时带在曲轴正时齿轮和凸轮正时齿轮之间工作，还可以驱动其他组成元件。齿形带伸长量小，适合有精确定时要求的传动。在汽车发动机上广泛采用。在一些老式发动机上，它还可以用于驱动连接分电器的中间轴，如图 3-8 所示。在双凸轮轴顶置的 V6 发动机上，一条单独的正时带可用于驱动四个凸轮轴和导轮，如图 3-9 所示。正时带也可用于带有平衡轴的发动机。齿形带由氯丁橡胶制成，中间夹有玻璃纤维，齿面有尼龙编织物。使用过程中应避免齿形带与水或机油接触，否则容易引起跳齿。为了确保传动可靠，安装方便，在齿形带传动机构中也设置由张紧轮与张紧弹簧组成的张紧器，使齿形带保持一定的张紧力。正时带不需要润滑油，事实上，过早破坏的原因之一就是润滑油或冷却液泄漏到正时带上。

图 3-8 驱动分电器轴的正时带

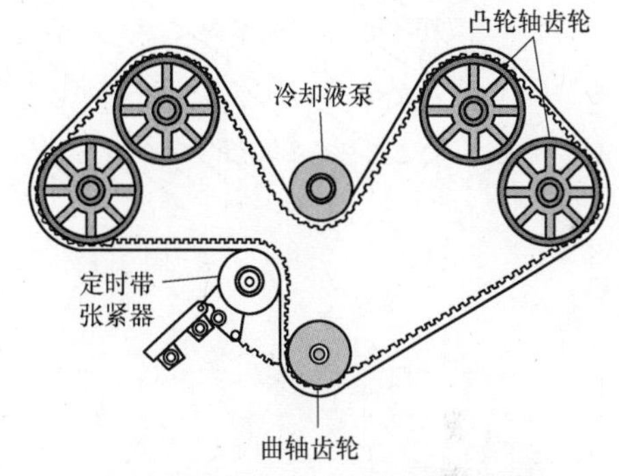

图 3-9 驱动四个凸轮轴的正时带

设备、工具和材料准备

1）8A-FE 发动机一台。

2）拆装工作台、工具、SST。

操作步骤

1. 8A-FE 发动机正时带的拆卸

1）如图 3-10、图 3-11 所示，拆下各分缸高压线，拆下固定分电器的两根螺栓，取下分电器总成。

图 3-10 拆下高压线

图 3-11 拆下分电器总成

2）如图 3-12 所示，拆下气门室盖上两条发动机曲轴箱通风管。

3）将发电机带防护罩拆下。

4）如图 3-13、图 3-14 所示，将水泵带轮的紧固螺栓松开，取下发电机带。

5）如图 3-15 所示，拆下水泵带与带轮。

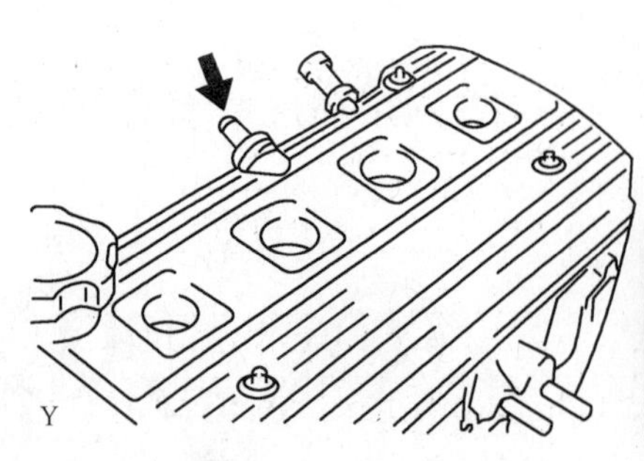

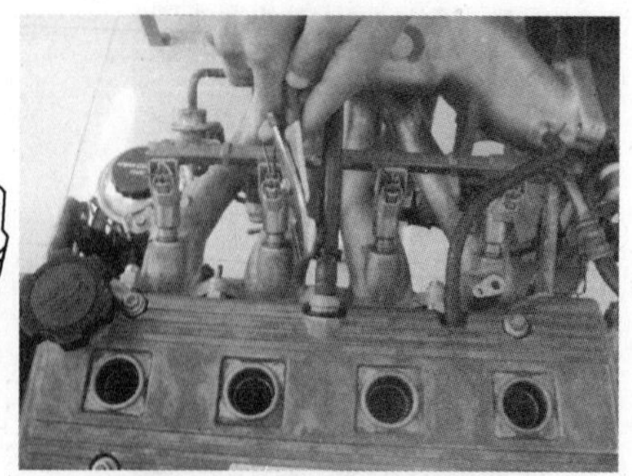

图 3-12 拆下发动机曲轴箱通风管

图 3-13 松开紧固螺栓

图 3-14 取下发电机带

6）如图 3-16 所示，拆下空调压缩机带。

图 3-15 拆下水泵带与带轮

图 3-16 拆下空调压缩机带

7）如图 3-17、图 3-18 所示，拆下气门室盖上的螺钉与垫片，取下气门室盖。

8）如图 3-19、图 3-20 所示，拆下正时带上罩螺钉与垫片，拆下正时带上罩。

9）转动曲轴，核对一缸上止点记号，如图 3-21 所示，将带轮槽口对准 1 号正时带罩上的正时标记“0”。

10）检查排气凸轮轴正时带轮“K”标记与第一道轴承盖上的正时标记是否对准，如图 3-22 所示。否则，将曲轴转动一周。

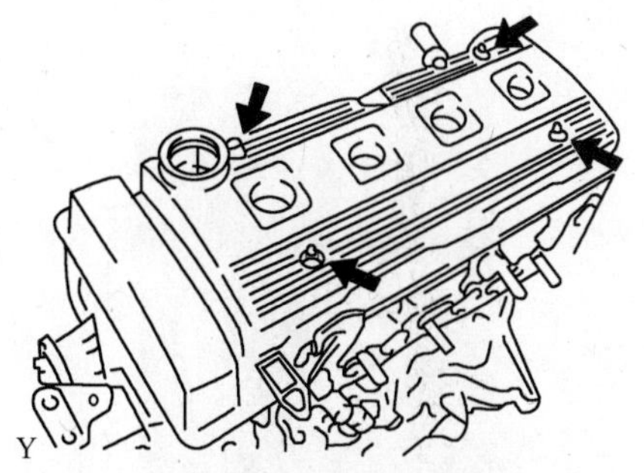

图 3-17　拆下气门室盖上的螺钉与垫片

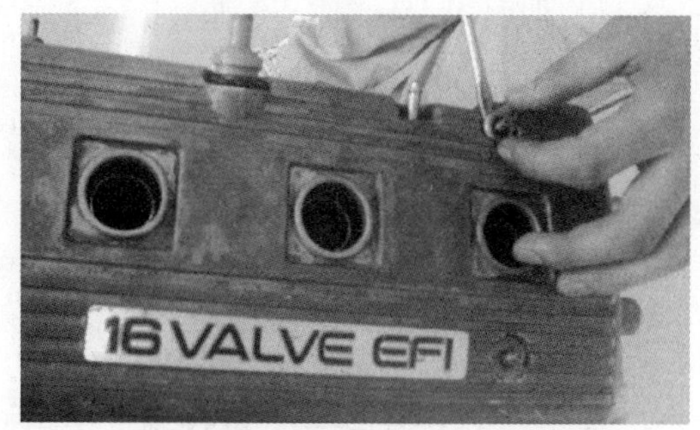

图 3-18　取下气门室盖

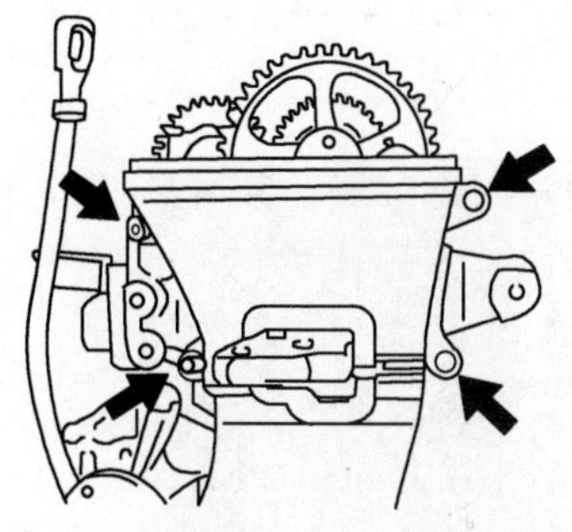

图 3-19　拆下正时带上罩螺钉与垫片

图 3-20　拆下正时带上罩

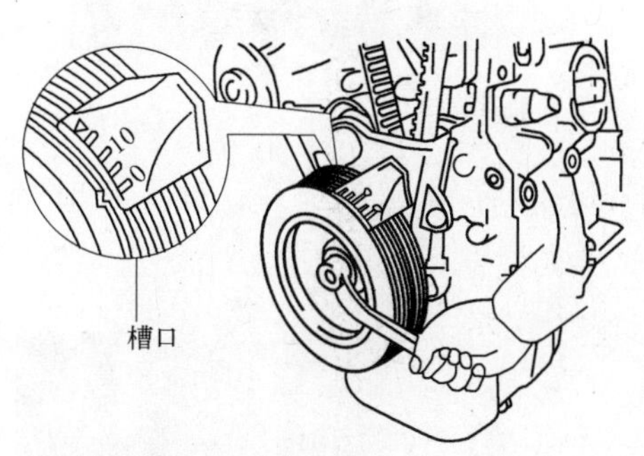

图 3-21　检查曲轴对一缸压缩上止点标记

图 3-22　排气凸轮轴正时带轮“K”标记与轴承盖的正时标记

11）如图 3-23、图 3-24 所示，拆下正时带中罩螺钉与垫片，拆下正时带中罩。

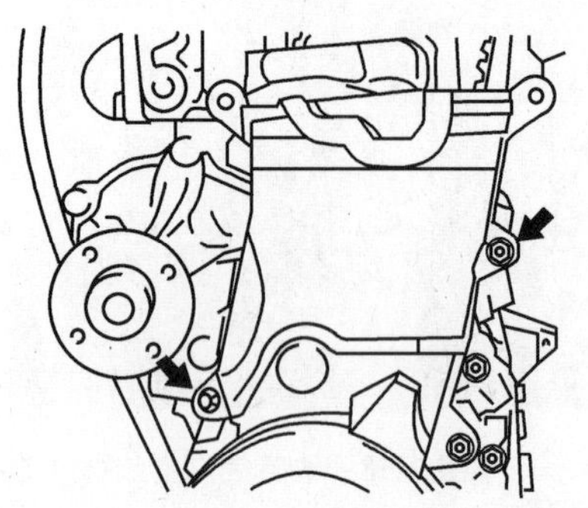
图 3-23 拆下正时带中罩螺钉与垫片

图 3-24 拆下正时带中罩

12）如图 3-25 所示，使用 SST 拆下曲轴带轮。

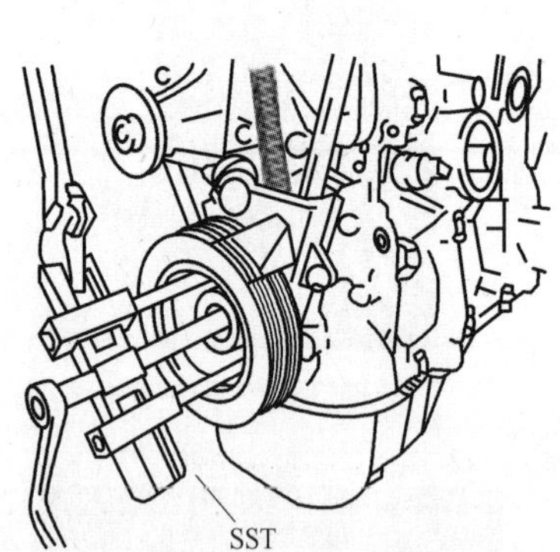

图 3-25 拆下曲轴带轮

13）如图 3-26、图 3-27 所示，拆下正时带下罩螺钉与垫片，拆下正时带轮正时带下罩。

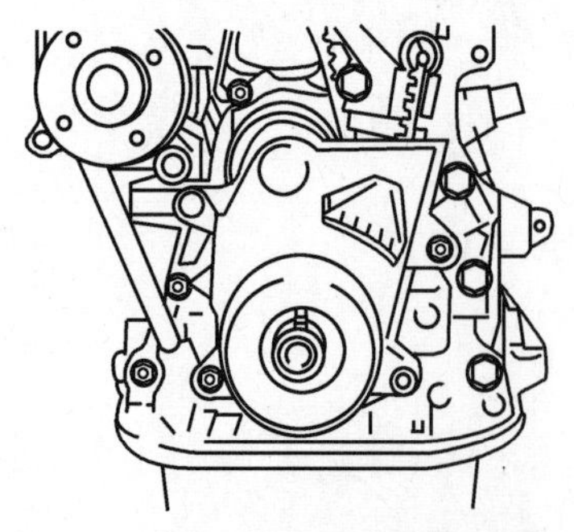
图 3-26 拆下正时带中罩螺钉与垫片

图 3-27 拆下正时带下罩

14）如图 3-28 所示，旋松正时带张紧轮安装螺栓，拆下张紧弹簧。

15）拆下正时带并检查有无裂纹、破损。如果重复使用正时带，在带上画一个方向箭头（按发动机旋转的方向），并在带轮和带上做出定位标记，如图 3-29 所示。

16）按与拆卸顺序相反的顺序进行安装。

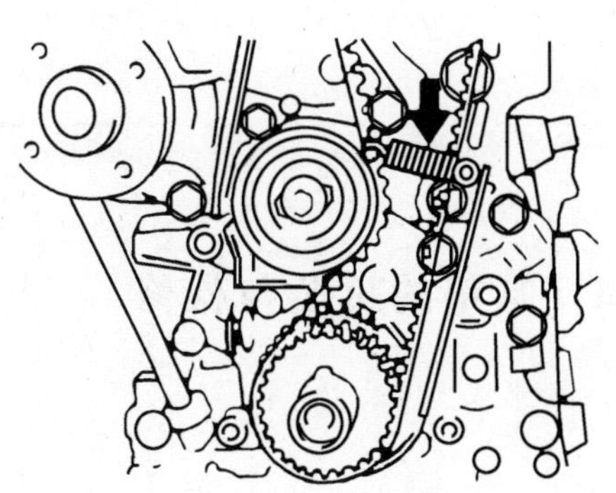

图 3-28　拆下张紧弹簧

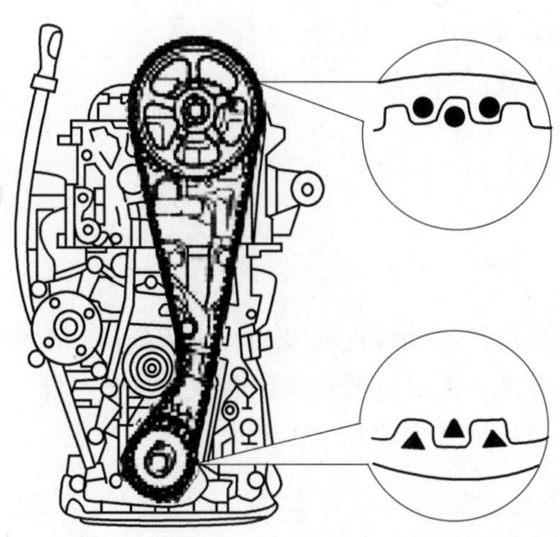

图 3-29　在带轮和带上做出定位标记

考　核

<table>
<tr><th>序号</th><th>考核内容</th><th>配分</th><th>评分标准</th><th>考核记录</th><th>扣分</th><th>得分</th></tr>
<tr><td>1</td><td>正确使用工具、仪器</td><td>10 分</td><td>工具、仪器使用不当酌情扣 10 分</td><td></td><td></td><td></td></tr>
<tr><td>2</td><td>曲轴正时标记</td><td>20 分</td><td>正时标记错误扣 20 分</td><td></td><td></td><td></td></tr>
<tr><td>3</td><td>凸轮轴正时标记</td><td>20 分</td><td>正时标记错误扣 20 分</td><td></td><td></td><td></td></tr>
<tr><td>4</td><td>曲轴带轮的拆卸</td><td>20 分</td><td>操作每错一步扣 5 分</td><td></td><td></td><td></td></tr>
<tr><td>5</td><td>正时带的检查与更换</td><td>20 分</td><td>操作每错一步扣 5 分</td><td></td><td></td><td></td></tr>
<tr><td rowspan="2">6</td><td>操作规范、整齐、不超时</td><td rowspan="2">10 分</td><td>不规范扣 5 分,超时扣 5 分</td><td></td><td></td><td rowspan="3"></td></tr>
<tr><td>遵守安全规范,无事故</td><td>不规范造成严重事故,此题按 0 分计</td><td></td><td></td></tr>
<tr><td>7</td><td>总分</td><td>100 分</td><td></td><td></td><td></td></tr>
<tr><td>8</td><td>教师签字</td><td colspan="3"></td><td colspan="3">年　月　日</td></tr>
</table>

想一想，做一做

正时带安装时要核对哪些标记？

项目3.3 气缸盖和气缸垫的拆装与检修

项目目的

1）熟练掌握气缸盖的拆装方法。

2）熟练掌握气缸盖的检查方法。

项目内容

1）8A-FE发动机气缸盖和气缸垫的拆装。

2）8A-FE发动机气缸盖的检查。

相关知识

1. 配气机构的功用

配气机构是发动机的进气和排气控制机构，四冲程汽油发动机采用气门式配气机构。配气机构按照发动机工作顺序和工作状况的要求，准时打开和关闭各气缸的进、排气门，使新鲜可燃混合气或空气能充分地进入气缸，做功后产生的废气能及时排出。当进、排气门关闭时要保证气缸具有良好的密封性能。

2. 配气机构的组成

气门式配气机构由气门组和气门传动组两部分组成。气门组控制进、排气通道，主要由进气门、排气门、气门导管、气门弹簧及弹簧座、气门锁片等组成。气门传动组按发动机的要求，准时驱动进、排气门开闭。气门传动组的基本组成根据配气机构的形式不同而不同，包括从正时齿轮直至气门之间的所有零件，主要有凸轮轴正时齿轮、凸轮轴、传动带（或传动链）及传动轮、摇臂及摇臂轴、推杆、挺柱等。四冲程发动机配气机构的零件组成如图3-30所示。

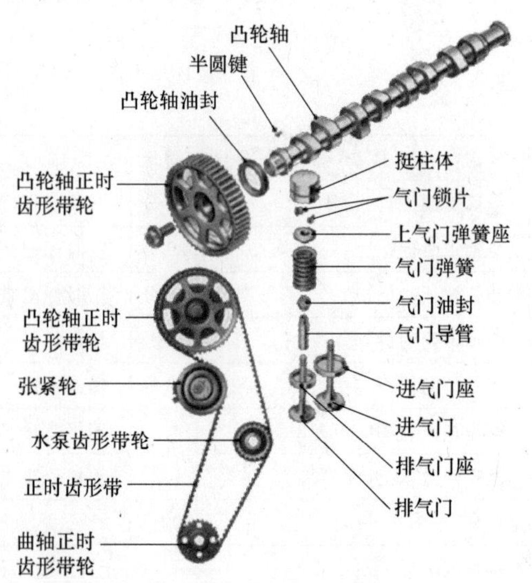

图3-30 四冲程发动机配气机构的零件组成

3. 配气机构的分类

按照凸轮轴传动方式的不同，其传动机构有齿轮式、链条式及齿形带式，如图3-31所示。按凸轮轴的布置位置，配气机构分为凸轮轴下置式、中置式和上置式三类，如图

3-32 所示；按气门的驱动形式分，配气机构分为摇臂驱动、摆臂驱动和直接驱动三种类型。按每缸气门数目，有二气门式、三气门式、四气门式和五气门式。

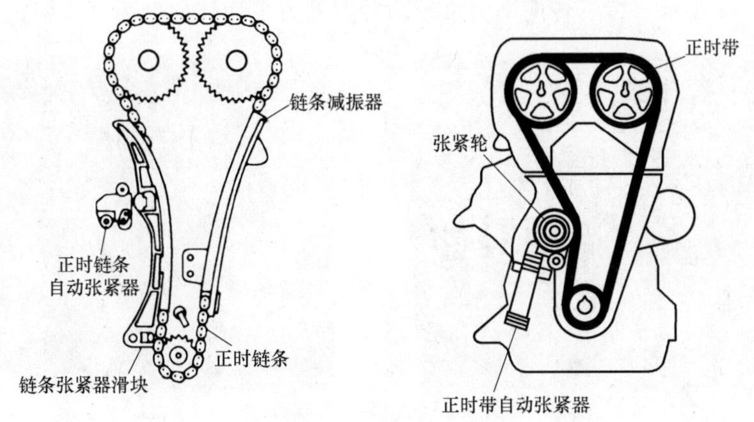

图 3-31　凸轮轴的传动方式

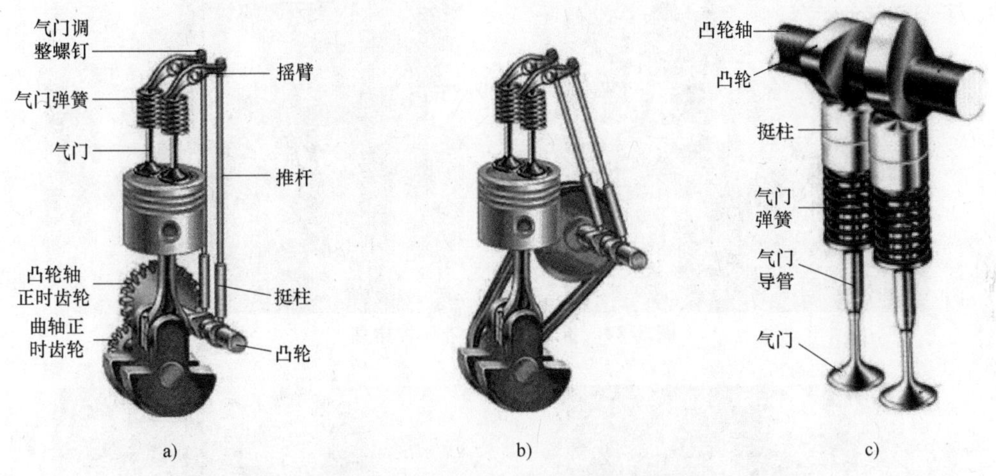

图 3-32　配气机构按凸轮轴的布置位置和气门的驱动形式分类

a）凸轮轴下置摇臂驱动式　b）凸轮轴中置摇臂驱动式　c）凸轮轴上置直接驱动式

设备、工具和材料准备

1）刀口形直尺、塞尺。

2）拆装工作台、工具。

技术标准及要求

最大翘曲变形：气缸体表面最大翘曲变形为 0.05mm；气缸盖不得有裂纹。

操作步骤

1）拆下两条发动机曲轴箱通风管、分电器和高压缸线。

2）如图 3-33 所示，拆下进气歧管。

3）如图 3-34 所示，拆下发电机带防护罩，拆下发电机带，以及发电机和发电机带松紧度调节支架。

4）如图 3-35 所示，拆下转向助力泵带、转向助力泵和转向助力泵支架。

图 3-33 拆下进气歧管

图 3-34 拆下发电机带和发电机

图 2-35 拆下转向助力泵

5）如图 3-36 所示，拆下空调压缩机带、空调压缩机和空调压缩机支架。

6）如图 3-37 所示，拆下排气管隔热罩，松开排气管下方与气缸盖相连的螺母拆下排气管。

7）拆卸发动机气门室盖，拆下发动机正时带上、中、下护罩和水泵带轮。

8）如图 3-38 所示，拆下正时带惰轮。

9）如图 3-39 所示，拆下 3 个横置发动机安装支架螺栓和发动机右侧安装支架。

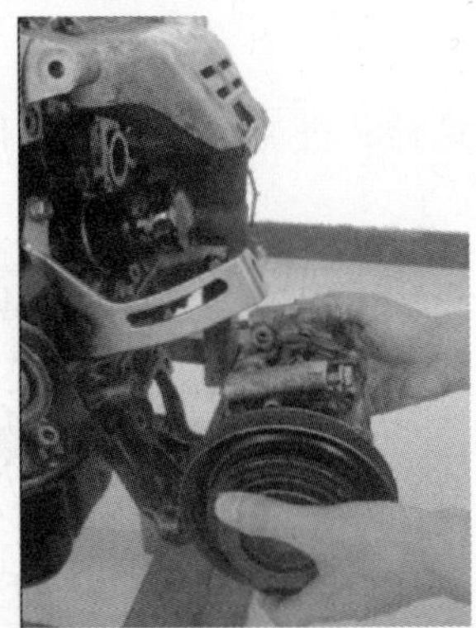

图 3-36　拆下空调压缩机

图 3-37　拆下排气管

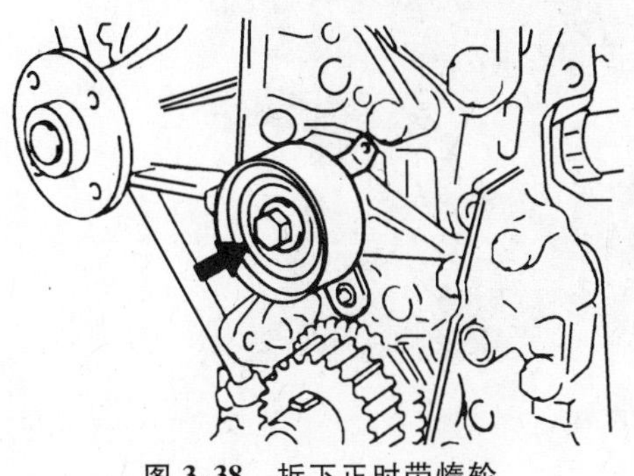

图 3-38　拆下正时带惰轮

图 3-39　拆下发动机安装支架

10）如图 3-40 所示，使用两把螺钉旋具，垫上抹布防止损坏拆下的曲轴正时带轮。

11）如图 3-41 所示，拆下曲轴正时带轮并从发电机支架上取下螺栓和 1 号发动机吊钩。

图 3-40　拆下曲轴正时带轮

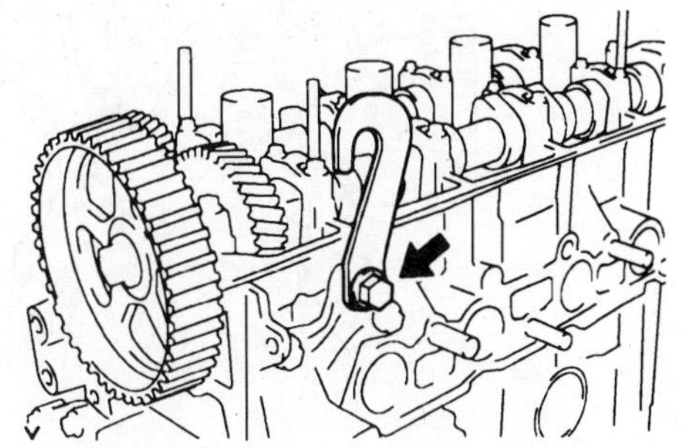

图 2-41　拆下 1 号发动机吊钩

12）如图 3-42 所示，拆下 3 个螺栓和 1 号发电机支架。

13）如图 3-43 所示，拆下机油尺导管，拆下 3 个螺栓和机油尺导管，拆下 O 形圈。

图 3-42 拆下 1 号发电机支架

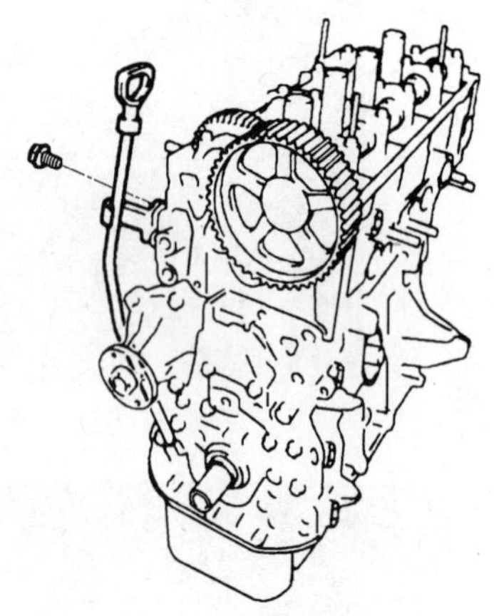

图 3-43 拆下机油尺导管

14）如图 3-44 所示，拆下 2 个螺栓和进水管，断开进水软管。拆下垫片，从水泵总成上拆下进水软管。

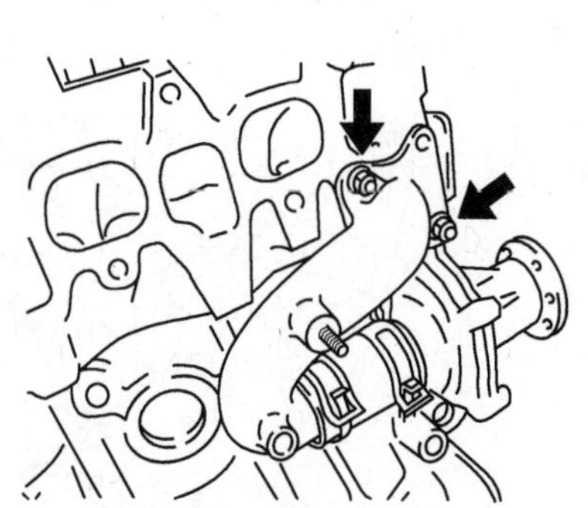

图 3-44 拆下进水管

15）如图 3-45 所示，拆下 3 个螺栓和水泵总成，拆下 O 形圈。

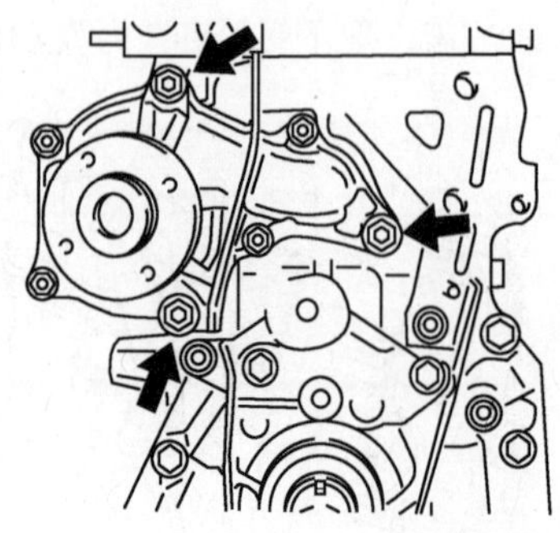

图 3-45 拆下水泵总成

16）拆卸气门传动组，如图3-46所示，拆下气缸垫。

图3-46　拆下气缸垫

17）气缸盖的检查。

① 如图3-47所示，使用刀口形直尺和塞尺，测量气缸体和歧管接触面翘曲变形。最大翘曲变形：气缸体表面最大翘曲变形为0.05mm，歧管表面最大翘曲变形为0.10mm，如果翘曲变形超过最大值，更换气缸盖。

② 检查裂纹，如果有裂纹，更换气缸盖。

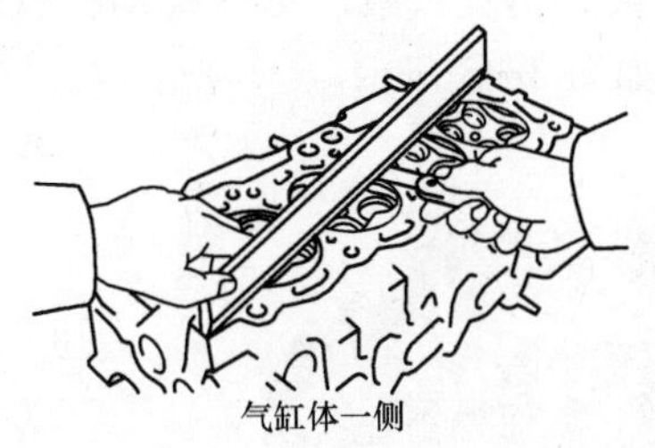

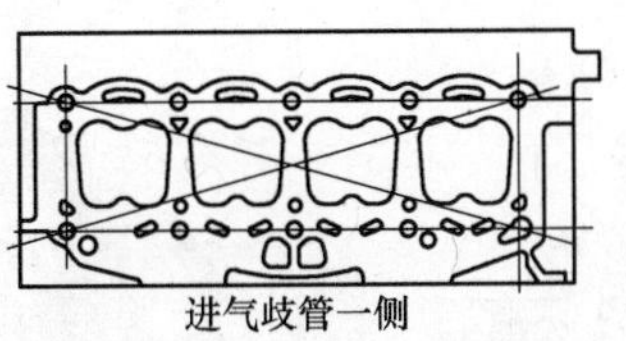

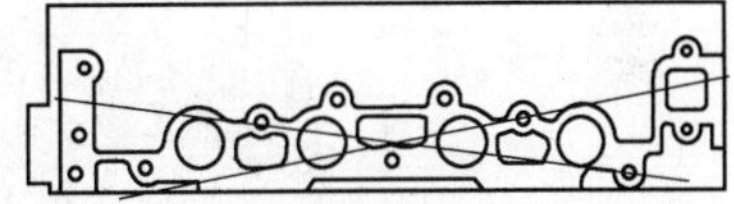

图3-47　检查平整度

考　核

<table>
<tr><th>序号</th><th>考核内容</th><th>配分</th><th>评分标准</th><th>考核记录</th><th>扣分</th><th>得分</th></tr>
<tr><td>1</td><td>正确使用工具、仪器</td><td>10分</td><td>工具、仪器使用不当酌情扣10分</td><td></td><td></td><td></td></tr>
<tr><td>2</td><td>螺栓的拆卸方法</td><td>40分</td><td>螺栓的拆卸顺序错误每处扣5分</td><td></td><td></td><td></td></tr>
<tr><td>3</td><td>气缸盖平面度的检查</td><td>40分</td><td>气缸盖平面度的检查错误每处扣5分</td><td></td><td></td><td></td></tr>
<tr><td rowspan="2">4</td><td>操作规范、整齐、不超时</td><td rowspan="2">10分</td><td>不规范扣5分，超时扣5分</td><td></td><td></td><td rowspan="2"></td></tr>
<tr><td>遵守安全规范，无事故</td><td>不规范造成严重事故，此题按0分计</td><td></td><td></td></tr>
<tr><td>5</td><td>总分</td><td>100分</td><td></td><td></td><td></td><td></td></tr>
<tr><td>6</td><td>教师签字</td><td colspan="3"></td><td colspan="3">年　月　日</td></tr>
</table>

想一想，做一做

1. 气缸盖变形后容易引起发动机哪些故障？
2. 哪些原因可引起发动机气缸盖变形？

项目3.4　气门传动组的拆装与检修

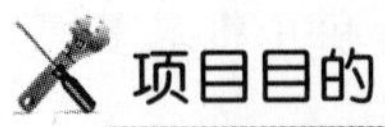

项目目的

1）熟练掌握气门传动组的拆装方法。

2）掌握凸轮轴的检修方法。

项目内容

8A-FE 发动机气门传动组的拆卸。

相关知识

发动机工作过程中，气门的开启依靠气门传动组驱动实现，气门驱动形式有摇臂驱动、摆臂驱动和直接驱动三种类型。

1. 摇臂驱动的配气机构

摇臂驱动的配气机构，曲轴带动凸轮转动，凸轮轴推动液压挺柱，液压挺柱推动摇臂，摇臂再驱动气门；或凸轮轴直接驱动摇臂，摇臂驱动气门，如图 3-48 所示。

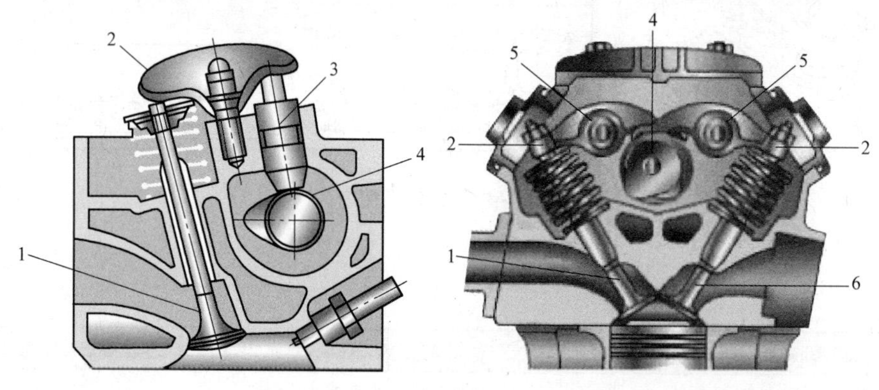

图 3-48 摇臂驱动的配气机构

1—排气门 2—摇臂 3—液压挺柱 4—凸轮轴 5—摇臂轴 6—进气门

2. 摆臂驱动的配气机构

摆臂驱动气门的配气机构比摇臂驱动式刚度更好，更有利于高速发动机，因此在汽车发动机上的应用广泛，如 CA4883、SH680Q、克莱斯勒 A452、奔驰 QM615、奔驰 M115 等发动机均为单上置凸轮轴（SOHC）摆臂驱动式配气机构；本田 B20A、日产 VH45DE、三菱 3G81、富士 EJ20 等发动机都是双上置凸轮轴（DOHC）摆臂驱动式配气机构，如图 3-49 所示。

3. 直接驱动的配气机构

在这种形式的配气机构中，凸轮通过吊杯形机械挺柱驱动气门或通过吊杯形液压挺柱驱动气门，如图 3-50 所示。与上述各种形式的配气机构相比，直接驱动的配气机构的刚度最大，驱动气门的能量损失最小，因此，在高度强化的汽车发动机上得到广泛的应用，如奥迪、捷达、桑塔纳、马自达 6、欧宝 V6、奔驰 320E，依维柯 8140.01 等均为直接驱动的配气机构。

气门传动组主要包括挺柱、推杆、摇臂、摇臂轴、凸轮轴、正时带轮和止推装置等零件。

（1）推杆　推杆处于挺柱和摇臂之间，其作用是将挺柱传来的运动和作用力传递给摇臂。

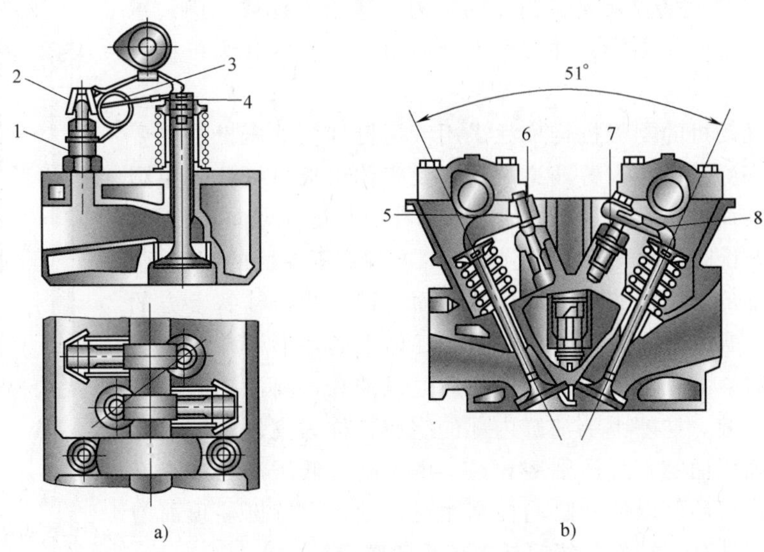

图 3-49 摆臂驱动的配气机构

a）单上置凸轮轴 b）双上置凸轮轴

1—摆臂支座 2、8—摆臂 3—弹簧扣 4—气门间隙调整块 5—气门间隙调整螺钉 6—锁紧螺母 7—摆臂支座

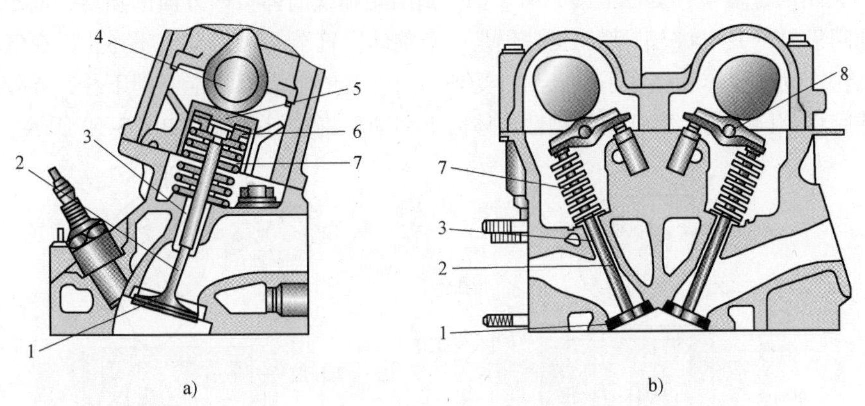

图 3-50 直接驱动的配气机构

a）单上置凸轮轴 b）双上置凸轮轴

1—气门座圈 2—气门 3—气门导管 4—凸轮轴 5—吊杯形机械挺柱 6—气门弹簧座 7—气门弹簧 8—吊杯形液压挺柱

在凸轮轴下置式配气机构中，推杆是一个细长杆件，加上传递的力很大，所以极易发生弯曲。因此，要求推杆有较好的纵向稳定性和较大的刚度。由中碳钢制成的实心推杆，两端的球头或球座与推杆锻成一个整体，如图 3-51a 所示；由硬铝棒制成的推杆，两端配以钢制支承，如图 3-51b 所示；推杆也可以用冷拔无缝钢管制造，两端焊上球头和球座，如图 3-51c 所示。

（2）摇臂 摇臂的一端压在气门杆上，另一端压在挺柱上作为摇臂的支点。摇臂的中间安装有滚轮，凸轮轴上的凸轮压在滚轮上，直接驱动凸轮，利用摇臂的杠杆作用，打开或关闭气门。

(3) 挺柱　挺柱的作用是将凸轮的推力传递给推杆或气门，承受凸轮旋转时传来的切向力，并传给发动机机体。挺柱分为机械挺柱和液压挺柱。

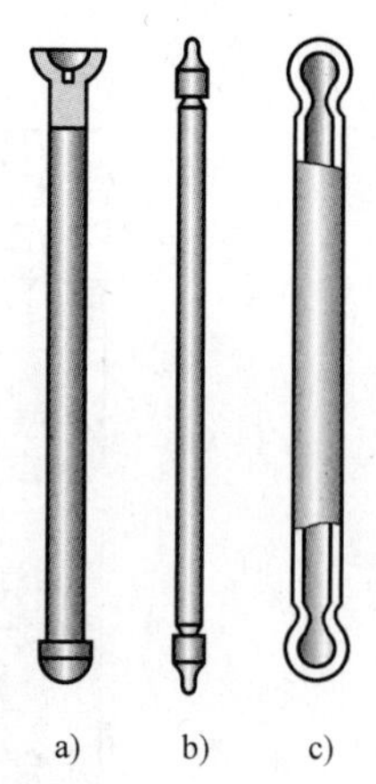

图 3-51　推杆
a) 中碳钢推杆　b) 硬铝棒推杆　c) 无缝钢管推杆

现代轿车发动机的配气机构广泛采用液压挺柱。液压挺柱主要由单向阀、活塞弹簧、带内置油道的活塞及壳体组成。挺柱体由圆桶和上端盖焊接而成，下端封闭的油缸外圆柱面与挺柱导向孔配合，内圆柱面与柱塞配合。球阀被补偿弹簧压靠在柱塞下端面的阀座上。

挺柱体内部的低压油腔通过挺柱顶背面的键形槽与柱塞上方的低压油道相通。当挺柱在运动过程中，挺柱体上的环形槽与缸盖上的斜油孔对齐时，缸盖油道内的润滑油通过量油孔、斜油孔和环形油槽进入低压油腔。柱塞下端油缸内部的空腔，称为高压油腔。当球阀打开时，高压油腔与低压油腔相通。由于高、低压油腔都充满了油液，补偿弹簧还可以使油缸与柱塞相对运动，保持挺柱顶面与凸轮紧密接触。油缸下端面与气门杆下端面紧密接触。

液压挺柱实现了气门零间隙，减小了配气机构工作时产生的撞击和噪声。气门及其传动件因温度升高而膨胀，凸轮或挺柱因磨损而缩短，都会由液压作用来自行调整或补偿。

在气门关闭的过程中，挺柱上移，由于仍受到凸轮和气门弹簧两方面的顶压，高压油腔仍保持高压，球阀仍处于关闭状态，液压挺柱仍是一个整体，直至气门完全关闭为止。在气门打开的过程中，凸轮推动挺柱体和柱塞下移，油缸受到气门弹簧的阻力而不能立即下移，导致高压腔油压升高，球阀将阀门关闭，挺柱成为刚性整体向下移动，将气门打开，如图 3-52 所示。

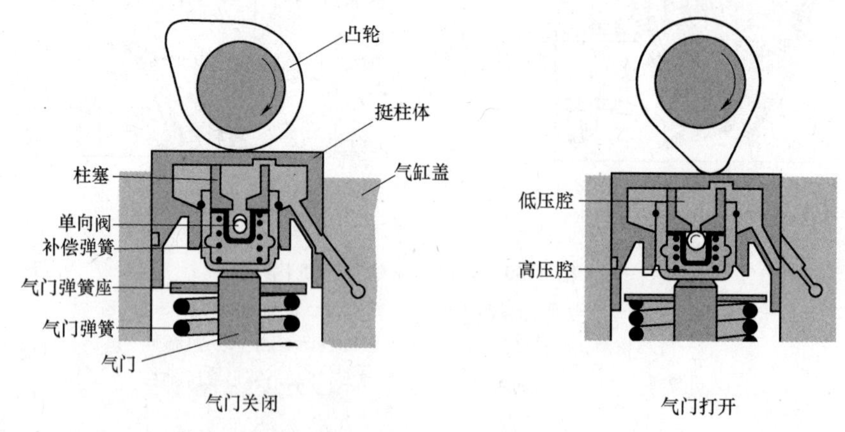

图 3-52　液压挺柱的工作原理

(4) 凸轮轴　凸轮轴用来驱动和控制各缸气门的开启和关闭，使其符合发动机的工作顺序、配气相位和气门开度的变化规律等要求。

凸轮轴承受周期性的冲击载荷，气门弹簧刚度很大，凸轮与挺柱或摇臂之间的接触面积很小，相对滑动速度也很高，因此，凸轮表面的接触应力很大，凸轮工作表面的磨损比较严重，并且会弯曲变形。凸轮的磨损及弯曲变形会造成配气相位的改变，气门升程的减少。因此凸轮轴应具有足够的硬度和耐磨性。

凸轮轴主要由凸轮、凸轮轴颈等组成，如图3-53所示。凸轮分为进气凸轮和排气凸轮，控制气门的开启与关闭。凸轮轴颈起支撑作用，安装在气缸盖上的凸轮轴颈轴承座孔内，用上瓦盖固定，轴颈座孔中有轴承瓦。凸轮轴的前端安装正时齿轮、链轮或传动带轮。凸轮轴上的限位装置限制凸轮轴工作时的轴向窜动。

图3-53　凸轮轴构造

设备、工具和材料准备

1）拆装工作台、工具。

2）V形架、百分表、外径千分尺。

操作步骤

1）如图3-54所示，用扳手夹持凸轮轴的六角头部分，并松开带轮螺栓，拆下带轮螺栓和凸轮轴正时带轮。

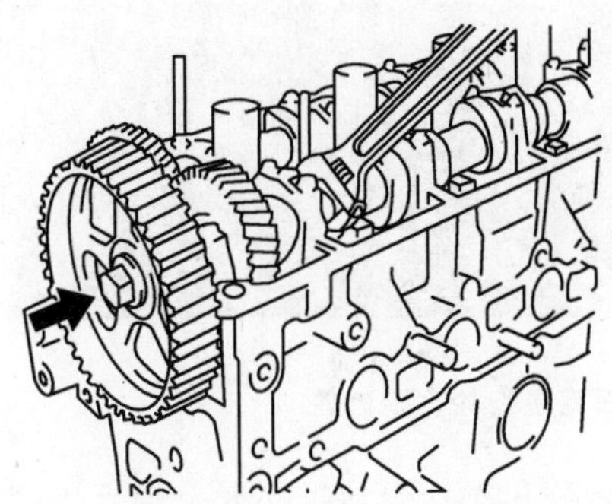

图3-54　拆卸凸轮轴正时带轮

2）如图3-55所示，转动凸轮轴的六角头部分将副齿轮小孔转上来（它定位主齿轮和副齿轮）。

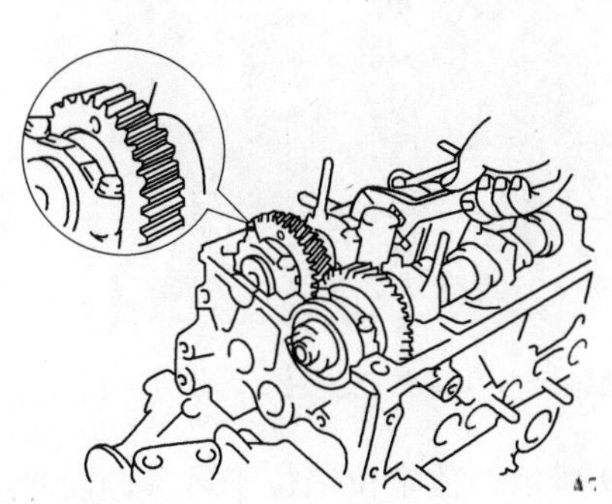

图3-55　转动凸轮轴使副齿轮小孔朝上

3）如图 3-56 所示，拆下进气凸轮轴 1 号轴承盖的两条螺栓，拆下进气凸轮轴 1 号轴承盖。

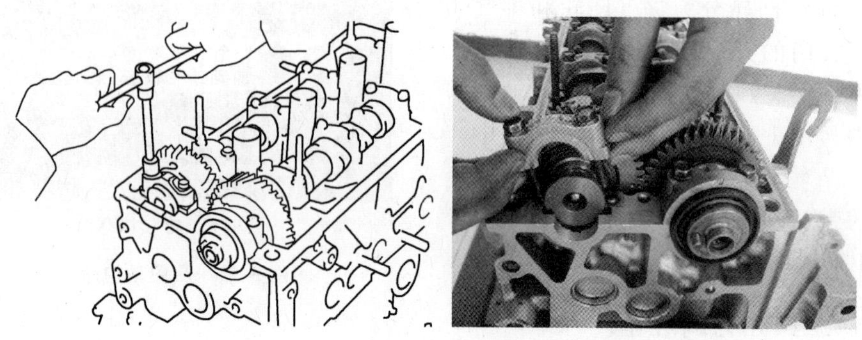

图 3-56 拆下进气凸轮轴 1 号轴承盖

4）如图 3-57 所示，使用维修螺栓固定主齿轮、副齿轮。

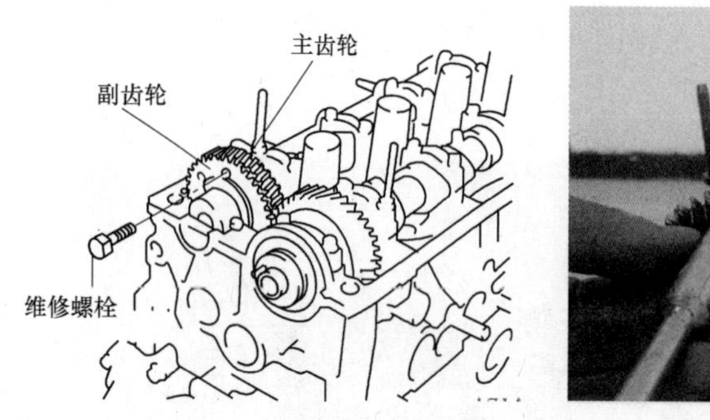

图 3-57 使用维修螺栓固定主齿轮、副齿轮

5）按从两边两道轴承盖向中间轴承盖的顺序分几次均匀地拧松 8 个轴承盖螺栓。

6）拆下 4 个轴承盖和进气凸轮轴，拆卸进气凸轮轴，图 3-58 为拆卸下的进气凸轮轴轴承盖和进气凸轮轴。

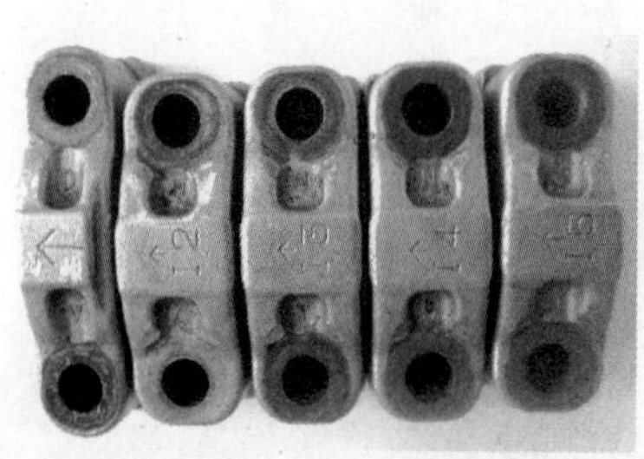

图 3-58 拆卸下的进气凸轮轴轴承盖和进气凸轮轴

7）转动排气凸轮轴的六角头部分，如图 3-59 所示，使定位销位于排气凸轮轴垂直中心线偏右的位置。使得排气凸轮轴的 1、3 号气缸凸轮的突起同时顶到各自的挺柱。拆下 1 号

轴承盖上的两个螺栓，取下凸轮轴定位油封和 1 号轴承盖。

8）按从两边到中间的顺序分 3 次均匀地旋松 8 个轴承盖螺栓。拆下 4 个轴承盖和 2 排气凸轮轴。图 3-60 为拆卸的排气凸轮轴和排气凸轮。注意，不要用工具或其他物体撬动和用力拆除凸轮轴。

9）如图 3-61 所示，按顺序取下 16 个挺柱。

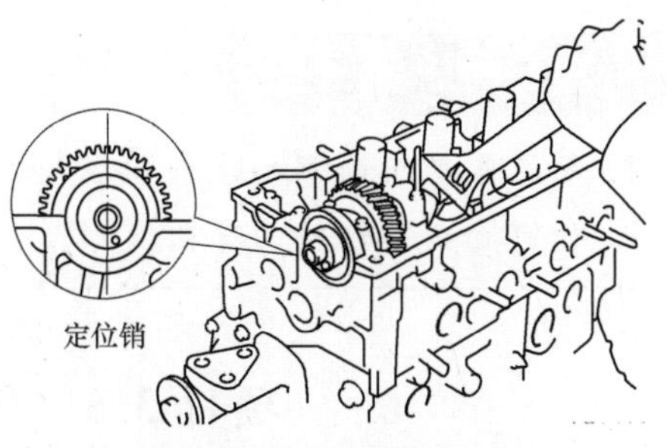

图 3-59　定位销的位置

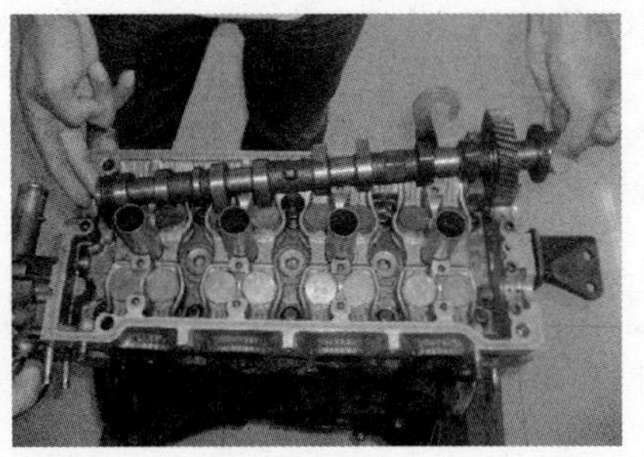

图 3-60　拆卸下的排气凸轮轴轴承盖和排气凸轮轴

图 3-61　拆卸 16 个挺柱

考　核

序号	考核内容	配分	评分标准	考核记录	扣分	得分
1	正确使用工具、仪器	10 分	工具、仪器使用不当酌情扣 10 分			
2	轴承盖的安装顺序	40 分	安装顺序错误每处扣 5 分			
3	凸轮轴正时标记的检查	40 分	正时标记错误扣 40 分			
4	操作规范、整齐、不超时	10 分	不规范扣 5 分，超时扣 5 分			
	遵守安全规范，无事故		不规范造成严重事故，此题按 0 分计			
5	总分	100 分				
6	教师签字			年　月　日		

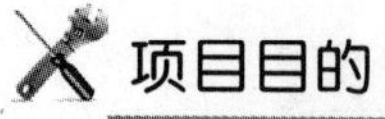

1. 气门传动组由哪些零件组成？
2. 如何检测凸轮轴的弯曲变形？

项目3.5 气门组的拆装与检修

项目目的

1）熟练掌握气门组的拆装方法。

2）掌握气门座圈的铰削及研磨工艺，以及气门与座圈的密封性检查。

项目内容

8A-FE发动机气门组的拆装与检查。

相关知识

气门组包括气门、气门座、气门导管、气门弹簧、气门弹簧座及锁紧装置等零件，如图3-62所示。

（1）气门　气门是燃烧室的组成部分，是气体进、出燃烧室通道的开关，承受冲击力、高温冲击、高速气流冲击。

气门工作在高温、高压、散热困难、腐蚀、润滑差以及要承受气体力、气门弹簧力、配气机构运动件的惯性力的作用等很差的条件下，因此气门制造要求严格，进气门一般用中碳合金钢制造，如铬钢、铬钼钢和镍铬钢等。排气门则采用耐热合金钢制造，如硅铬钢、硅铬钼钢、硅铬锰钢等。有些发动机为采用气门内部充注金属钠，以改善气门的导热性能。气门顶部主要有平顶、凹顶和凸顶三种形式，如图3-63所示。

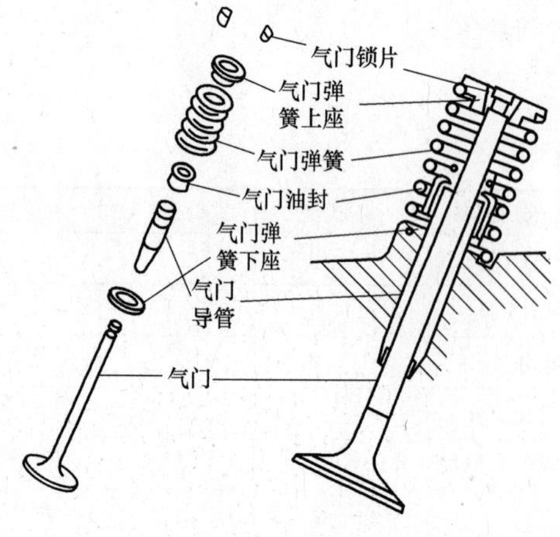

图3-62　气门组的结构

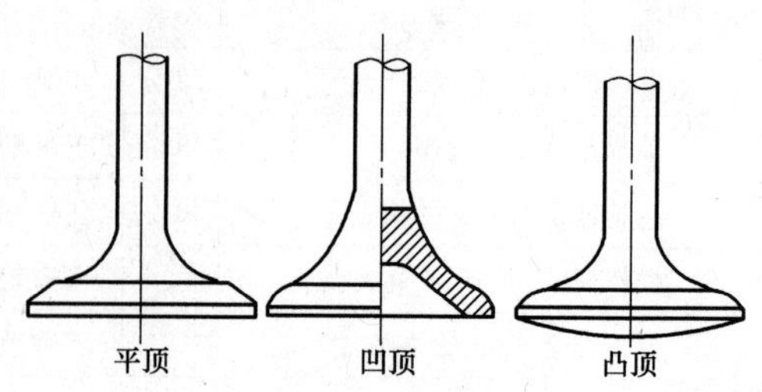

图3-63　气门顶部的形式

（2）气门座　气门座依靠内锥面与气门锥面的紧密贴合来密封气缸。气门座的温度很高，并且承受频率极高的冲击载荷，容易发生磨损。因此，铝质气缸盖和大多数铸铁气缸盖均镶嵌由合金铸铁或粉末冶金或奥氏体钢制成的气门座圈，用以延长气缸盖的使用寿命。

（3）气门导管　气门导管用以保证气门作直线往复运动，使气门与气门座或气门座圈能正确贴合，还将气门杆接受的热量部分传给气缸盖。气门导管的工作温度较高，而且润滑条件较差，靠配气机构工作时飞溅起来的机油来润滑气门杆和气门导管孔。

（4）气门弹簧　气门弹簧保证气门关闭时能紧密地与气门座或气门座圈贴合，并克服在气门开启时配气机构产生的惯性力，使传动件始终受凸轮控制而不致互脱离。气门弹簧一般为等螺距圆柱形螺旋弹簧、锥形弹簧或双弹簧。

设备、工具和材料准备

1）气门弹簧拆装钳。

2）拆装工作台、工具。

技术标准及要求

8A-FE发动机气门组主要性能指标如下：

1）气门导管标准直径为6.010~6.030mm。

2）进气门杆标准直径为5.974~5.985mm。

3）排气门杆标准直径为5.965~5.980mm。

操作步骤

1）如图3-64所示，使用气门弹簧拆装钳压缩气门弹簧，拆下两个锁片。拆下弹簧座、气门弹簧和进、排气门，按正确的顺序排列排气门、气门弹簧、弹簧座和锁片。

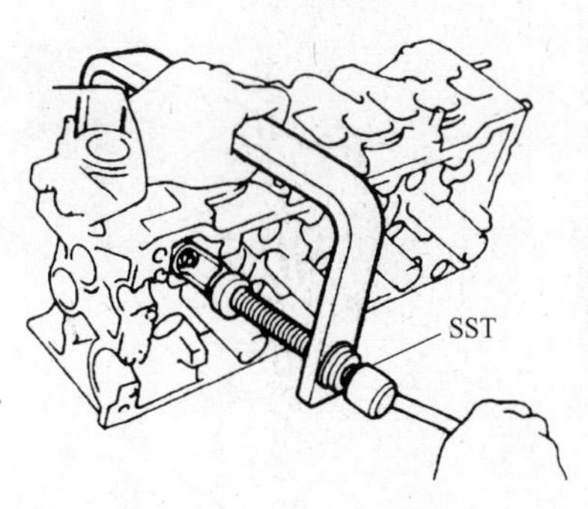

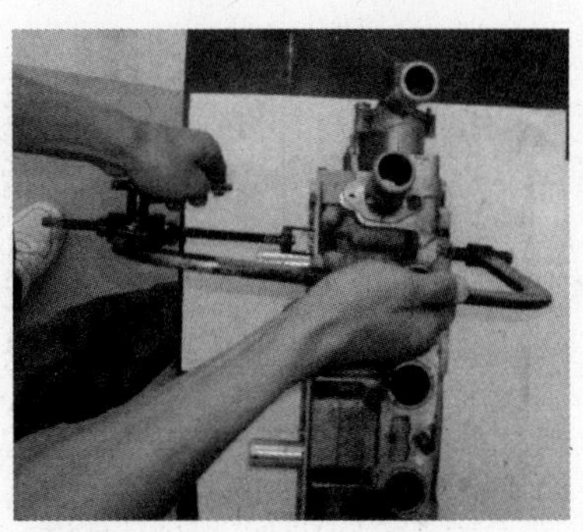

图3-64　拆卸进、排气门

2）使用尖嘴钳拆下气门杆油封，如图3-65所示。

3）如图3-66所示，使用压缩空气和磁棒，拆下弹簧座平垫圈。注意：要按正确的顺序摆放气门弹簧座平垫圈。

4）如图3-67所示，使用垫片铲刀，从气缸体结合表面清除所有垫片材，清洁气缸盖总成。

图 3-65 拆下气门杆油封

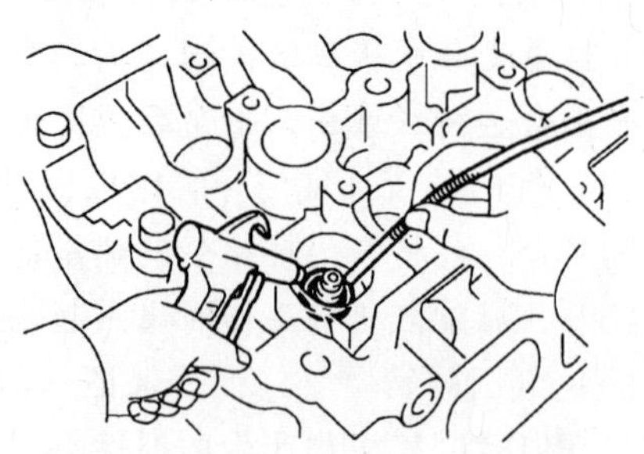
图 3-66 拆下气门弹簧座平垫圈

5）如图 3-68 所示，使用钢丝刷清除燃烧室内的积炭。

6）如图 3-69 所示，使用气门导管衬套刷和溶剂，清洁所有气门导管衬套。

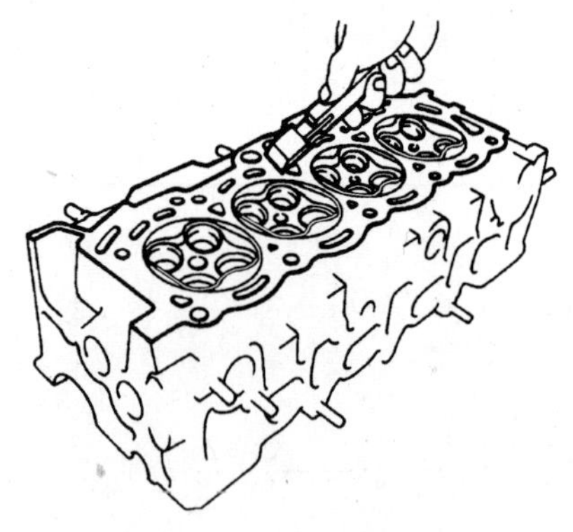
图 3-67 清洁气缸盖总成

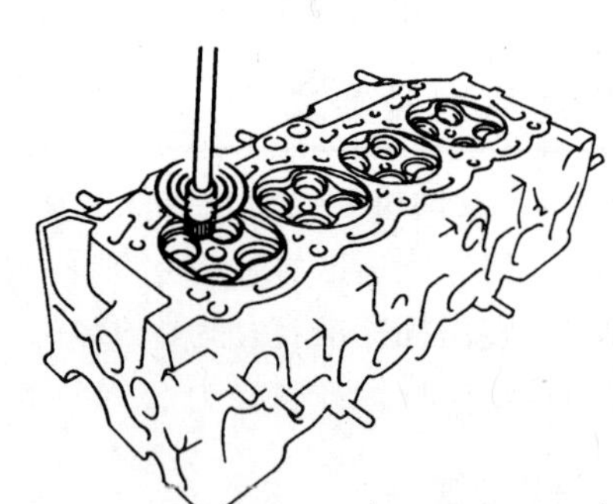
图 3-68 清除燃烧室积炭

7）如图 3-70 所示，使用软毛刷和溶剂，彻底清洁气缸盖。

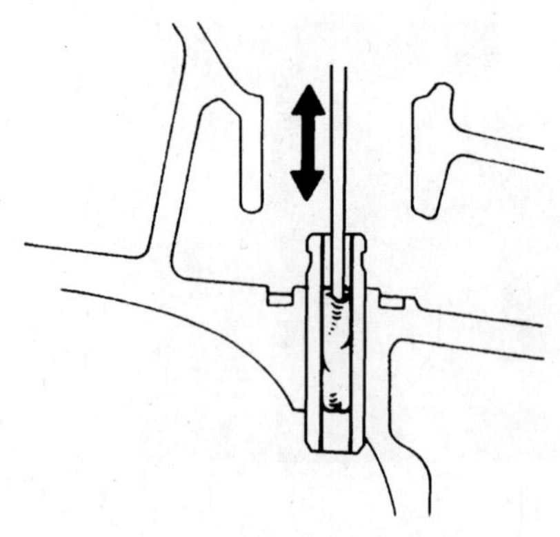
图 3-69 清洁气门导管衬套

图 3-70 清洁气缸盖

8）如图 3-71 所示，使用垫片铲刀，铲掉气门顶部的积炭；使用钢丝刷，彻底清洁气门。

9）检查气门导管游隙。

① 如图 3-72 所示，使用百分表测量导管直径。导管标准直径为 6.010~6.030mm。

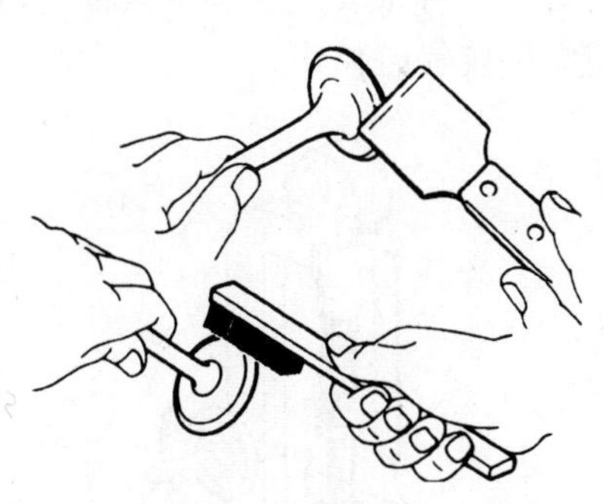

图 3-71　清洁气门

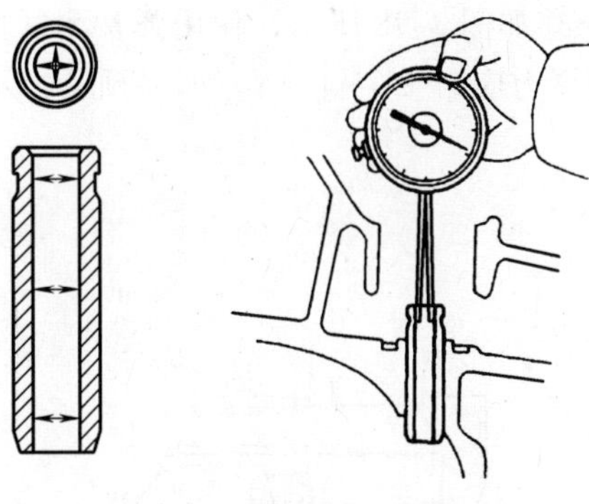

图 3-72　测量导管直径

② 如图 3-73 所示，使用千分尺测量气门杆直径。进气门杆标准直径为 5.974 ~ 5.985mm，排气门杆标准直径为 5.965 ~ 5.980mm。

③ 计算气门导管游隙，进气门最大游隙为 0.08mm；排气门最大游隙为 0.10mm，如果间隙大于最大值，则应更换气门和导管衬套。

气门导管游隙 = 气门导管直径测量值 - 气门杆直径测量值

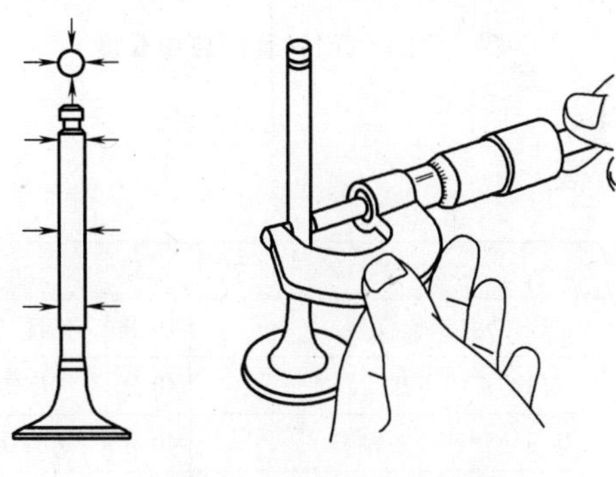

图 3-73　测量气门杆直径

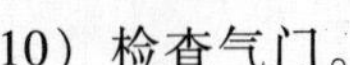

10）检查气门。

① 如图 3-74 所示，检查气门顶部边缘厚度，边缘标准厚度为 0.8 ~ 1.2mm，如果小于最小边缘厚度，则应更换气门。

② 如图 3-75 所示，检查气门全长，进气门标准长度为 87.45mm，排气门标准长度为 87.84mm；进气门最小长度为 86.95mm，排气门最小长度为 87.35mm，如果气门小于最小长度，则应更换气门。

11）检查气门弹簧。

① 如图 3-76 所示，使用钢角尺，测量气门弹簧的偏斜量，其最偏斜量为 2mm，如果偏斜量大于最大值，则应更换气门弹簧。

② 如图 3-77 所示，使用游标卡尺，测量气门弹簧的自由长度，其自由长度为 38.57mm，如果自由长度不符合标准，则应更换气门弹簧。

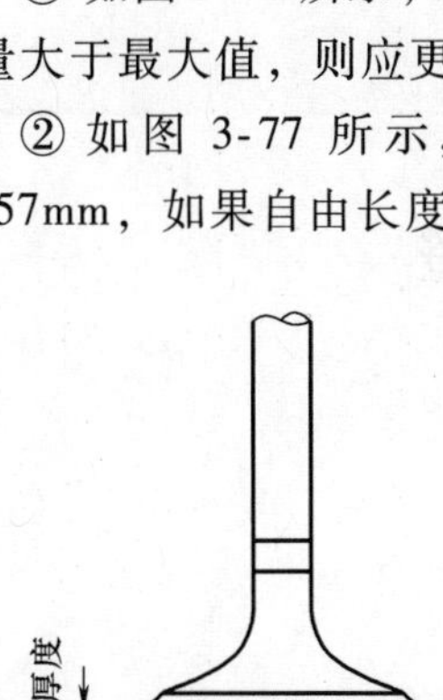

图 3-74　检查气门顶部边缘厚度

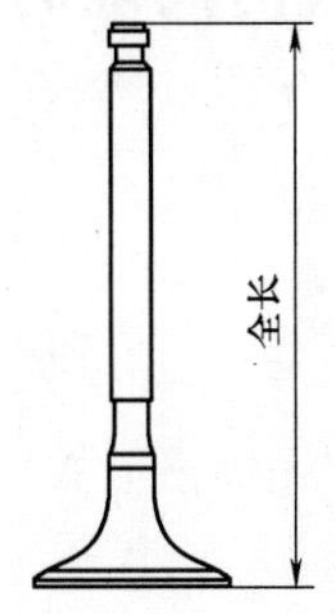

图 3-75　检查气门长度

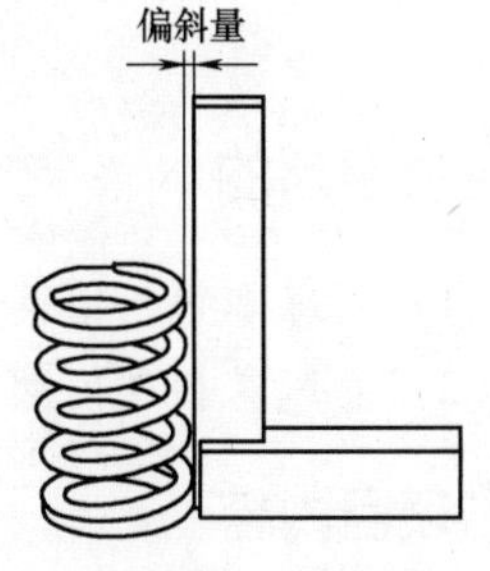

图 3-76　测量气门弹簧的偏斜量

③ 如图 3-78 所示，使用弹簧测试器测量弹簧预紧力，在标准安装长度下测量气门弹簧的预紧力应为 157~174N，如果预紧力不符合标准，则应更换气门弹簧。

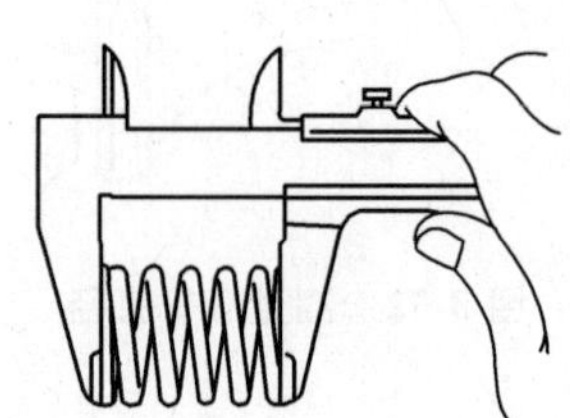

图 3-77 测量气门弹簧的自由长度

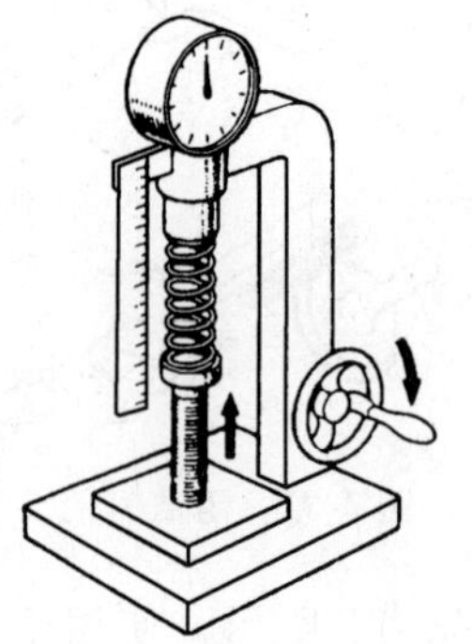

图 3-78 测量弹簧预紧力

考 核

序号	考核内容	配分	评分标准	考核记录	扣分	得分
1	正确使用工具、仪器	10分	工具、仪器使用不当酌情扣10分			
2	气门的更换方法	40分	气门的更换方法错误每处扣5分			
3	气门导管游隙的检查	40分	气门导管游隙的检查错误每处扣5分			
4	操作规范、整齐、不超时	10分	不规范扣5分,超时扣5分			
	遵守安全规范,无事故		不规范造成严重事故,此题按0分计			
5	总分	100分				
6	教师签字			年 月 日		

想一想，做一做

1. 气门组包含哪些零件？
2. 气门导管游隙过大可引起发动机哪些故障？

项目 3.6 气门间隙的检查与调整

项目目的

1）熟练掌握气门间隙的检查方法。
2）熟练掌握气门间隙的调整方法。

项目内容

8A-FE 发动机气门间隙的检测与调整。

相关知识

发动机工作时，气门受热后将产生一定的膨胀量，为弥补气门的受热膨胀，通常在发动机冷态装配（气门完全关闭）时，在气门与其传动机构中留有适当的间隙，这一间隙称为气门间隙。在凸轮轴通过摇臂间接驱动气门开启的配气机构中，气门间隙是指摇臂与气门杆尾部之间的间隙；在凸轮轴直接驱动气门开启的配气机构中，气门间隙是指凸轮与挺柱之间的间隙，如上海桑塔纳汽车发动机装用普通挺柱的配气机构。气门间隙的大小对发动机的工作和性能影响很大。如果气门间隙过小，发动机热态下可能因气门关闭不严而发生漏气，导致功率下降，甚至烧坏气门；如果气门间隙过大，传动零件之间以及气门和气门座之间产生撞击，加速磨损，使气门开启持续时间减少，气缸的充排气性能下降。气门间隙的大小由发动机制造厂根据试验确定，一般在冷态时，进气门间隙为 0.25~0.35mm，排气门间隙为 0.30~0.35mm。

设备、工具和材料准备

1）塞尺。

2）拆装工作台、工具。

技术标准及要求

8A-FE 发动机气门间隙主要性能指标：进气门的间隙为 0.15~0.25mm，排气门的间隙为 0.25~0.35mm。

操作步骤

1. 气门间隙的检测

将1缸置于压缩上止点位置，使用塞尺测量气门处于关闭状态时，气门挺杆和凸轮轴之间的间隙。记录各气门的间隙，并对超过标准的气门进行调整。

2. 气门间隙的调整

1）拆下调整垫片。

① 如图 3-79 所示，转动曲轴，把要调节气门对应的凸轮桃尖朝上，使气门挺杆的缺口朝向排气歧管一侧。

② 如图 3-80 所示，使用 SST（A），压下气门挺杆，在凸轮轴和气门挺杆之间放置 SST（B），拆下 SST（A）。

提示：使用带标记“11” SST（B）的一侧。

③ 如图 3-81 所示，用螺钉旋具和磁棒拆下调整垫片。

2）按计算调整垫片的厚度并加以更换。

① 如图 3-82 所示，使用千分尺，测量拆下的垫片厚度。

② 按标准值计算新垫片的厚度，即

进气 $N = T + (A - 0.20\text{mm})$

排气 $N = T + (A - 0.30\text{mm})$

式中 T——拆下调整垫片的厚度；

A——测量的气门间隙；

N——新调整垫片的厚度。

③ 选择一个厚度尽可能接近计算值的新垫片，调整垫片的厚度从 2.55mm（有 16 级尺寸，每级增加 0.05mm）增加到 3.30mm。

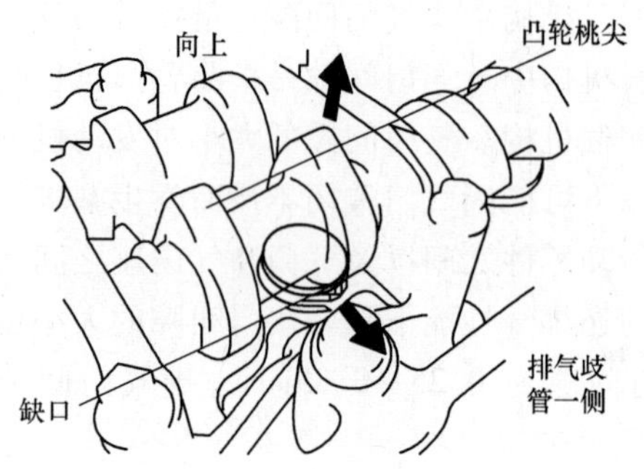

图 3-79 调节气门挺杆的缺口朝向排气歧管一侧

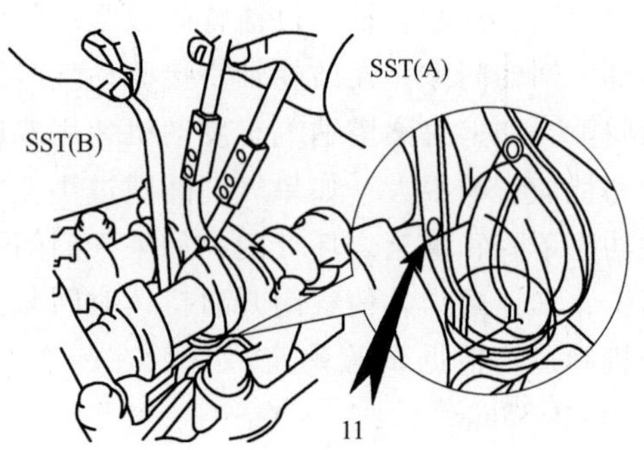

图 3-80 压下气门挺杆

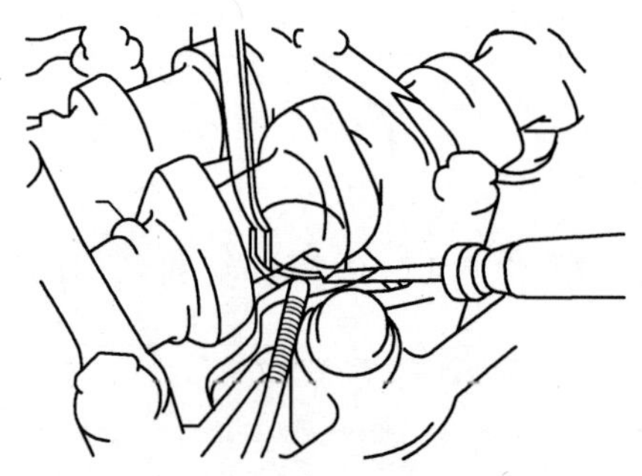

图 3-81 拆下调整垫片

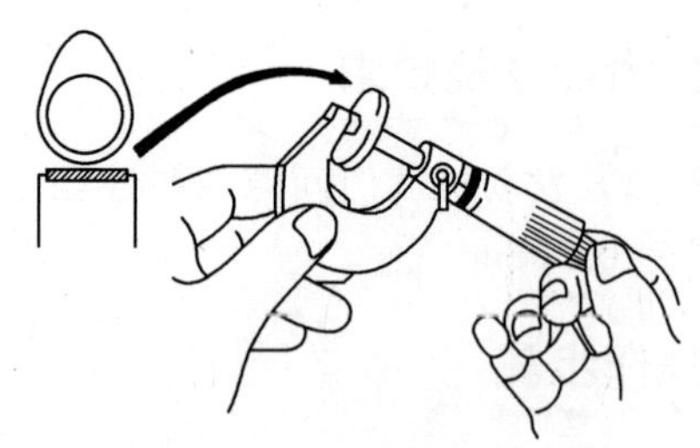

图 3-82 测量垫片厚度

考 核

序号	考核内容	配分	评分标准	考核记录	扣分	得分
1	正确使用工具、仪器	10分	工具、仪器使用不当酌情扣 10 分			
2	气门间隙的检查	40分	错误每处扣 5 分			
3	气门间隙的调整	40分	错误扣 40 分			
4	操作规范、整齐、不超时	10分	不规范扣 5 分，超时扣 5 分			
	遵守安全规范，无事故		不规范造成严重事故，此题按 0 分计			
5	总分	100分				
6	教师签字			年 月 日		

想一想，做一做

对于多缸发动机，如何确定其气门间隙调整顺序？

模块4 气缸体和曲柄连杆机构的拆装与检修

项目 4.1　气缸体和曲柄连杆机构的拆卸

项目目的

1）了解曲柄连杆机构的工作原理和工作过程。

2）熟练掌握曲柄连杆机构的拆卸方法。

项目内容

曲柄连杆机构的拆卸。

相关知识

1. 曲柄连杆机构概述

曲柄连杆机构是发动机实现能量转换的主要机构，主要由机体组、活塞连杆组和曲轴飞轮组组成，如图 4-1 所示。燃料在高压下燃烧产生的热能，作用在活塞顶上，推动活塞进行往复运动，活塞力通过连杆作用在曲轴上，转变为曲轴的扭矩，向外输出机械能。

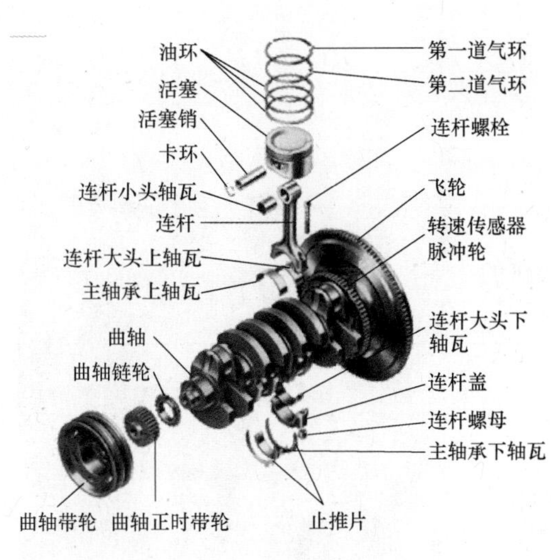

图 4-1　曲柄连杆机构的组成

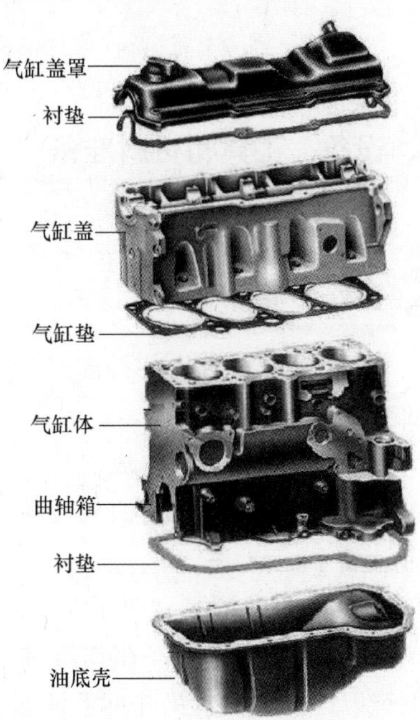

图 4-2　机体组的组成

2. 机体组

机体组由气缸体、气缸盖、气缸盖罩、气缸衬垫、主轴承盖以及油底壳等组成，是曲柄连杆机构、配气机构和发动机各系统主要零部件的装配基体，如图 4-2 所示。气缸盖用来封闭气缸顶部，并与活塞顶和气缸壁一起形成燃烧室。另外，气缸盖和机体内的水套和油道以及油底壳又分别是冷却系统和润滑系统的组成部分。

机体应具有足够的强度和刚度，而且应耐磨损和耐腐蚀，并对气缸进行适当的冷却，以免发动机工作过程中产生的热量对气缸体造成损坏和变形。气缸体也是最重的零件，应该力求结构紧凑、质量轻，以减小整机的尺寸和质量。

油底壳的主要功用是贮存润滑油并封闭曲轴箱。油底壳受力很小，一般采用薄钢板冲压而成，如图 4-3 所示，其形状决定于发动机的总体布置和机油的容量，一般家庭用小汽车油箱的容积为 50~70L。在有些发动机上，为了加强油底壳内机油的散热，采用了铝合金铸造的油底壳，在壳的底部还铸有相应的散热肋片。

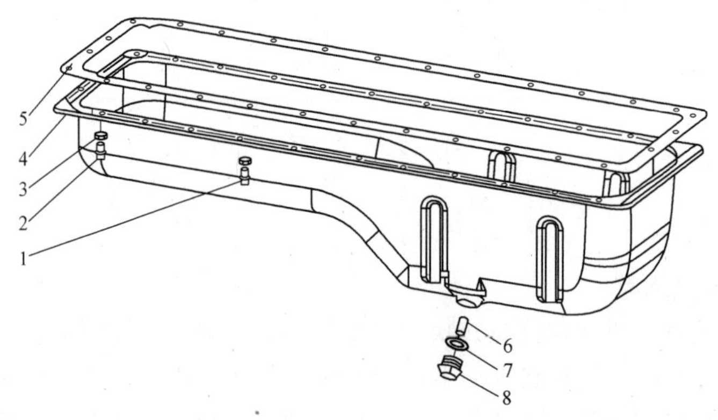

图 4-3 油底壳

1、2—螺栓 3—垫圈 4—油底壳 5—密封垫 6—放油螺塞磁铁 7—组合密封垫圈 8—螺塞

设备、工具和材料准备

拆装工作台、工具及压力机。

操作步骤

1）按照配气机构的拆卸步骤完成气缸盖以前的拆卸。

2）拆卸油底壳分总成。

① 翻转发动机，使油底壳朝上，拆下飞轮，如图 4-4 所示。

图 4-4 拆下飞轮

② 如图 4-5 所示，拆下 19 个螺栓和两个螺母。

③ 如图 4-6 所示，在气缸体和油底壳之间插入 SST 铲刀，铲掉密封垫并拆下油底壳。

3）如图 4-7 所示，拆下两个螺栓、两个螺母、机油滤清器和垫片，拆下机油滤清器分总成。

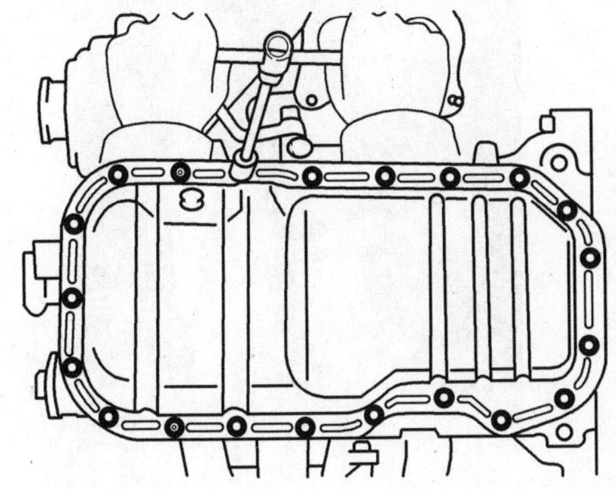

图 4-5 拆卸油底壳螺栓

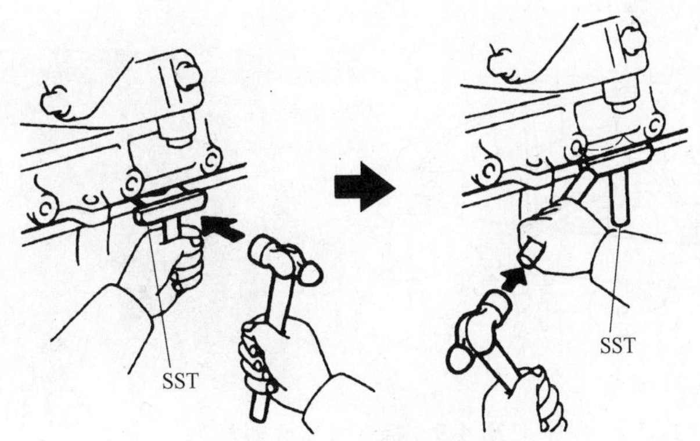

图 4-6 铲掉油底壳密封垫

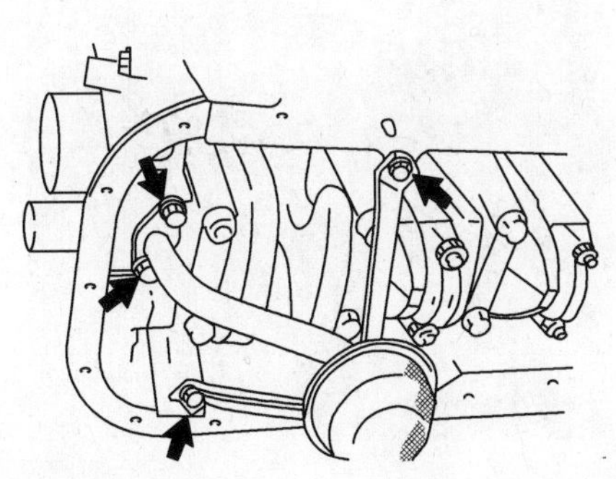

图 4-7 拆下机油滤清器分总成

4）如图 4-8 所示，从机油泵拆下 7 个螺栓，用一个塑料锤子轻轻敲击机油泵体，拆下机油泵总成。

5）如图 4-9 所示，使用螺钉旋具和锤子，敲出机油泵油封，更换油泵螺栓。

6）如图 4-10 所示，拆下 6 个螺栓、座圈和垫片，取下发动机后油封座。

7）如图 4-11 所示，使用螺钉旋具和锤子，敲出发动机后油封，更换发动机后油封。

图 4-8 拆下机油泵总成

图 4-9 拆下机油泵油封

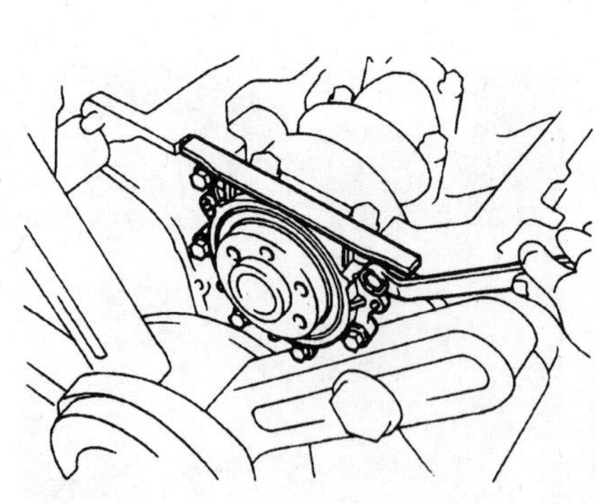

图 4-10 拆下发动机后油封

8）如图 4-12 所示，拆下连杆大头的连杆轴承盖，并逐缸将连杆与活塞取下。

注意：拆下各缸的活塞时，应观察是否有缸号的标记，活塞或连杆上有无安装标记，若无则应做记号。

9）如图 4-13 所示，拆下曲轴主轴承盖及轴瓦取下曲轴；拆下后应将上、下轴瓦分开、依次按顺序摆放。

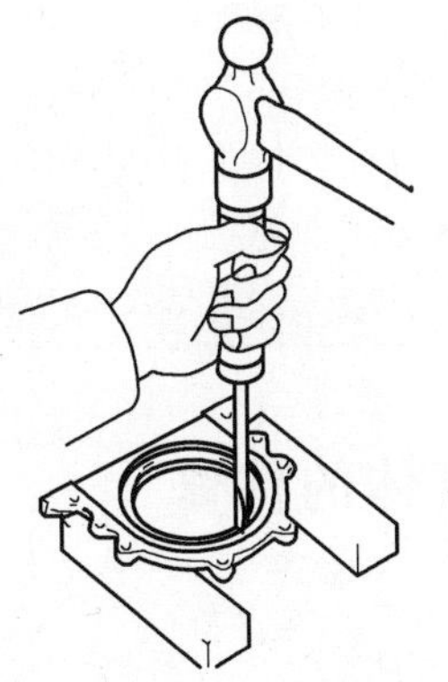
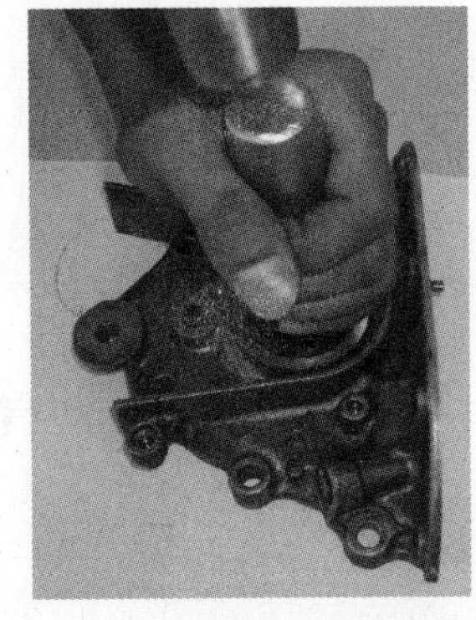

图 4-11　拆下发动机后油封

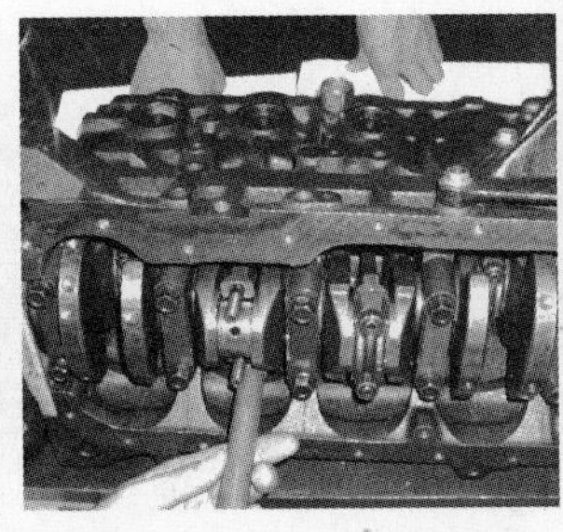
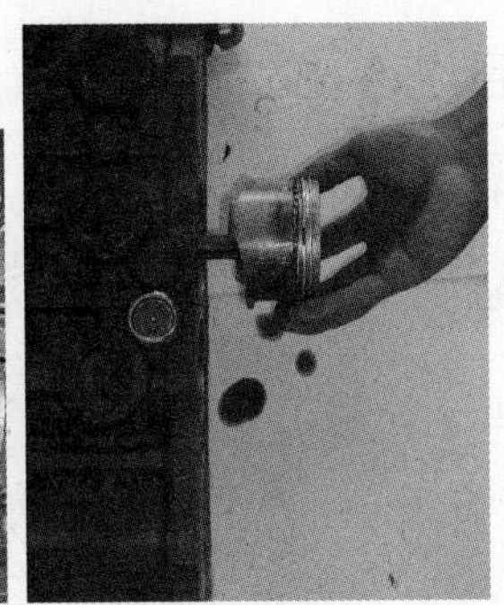

图 4-12　拆下各缸的活塞连杆组

图 4-13　拆下曲轴

考　核

<table>
<tr><th>序号</th><th>考核内容</th><th>配分</th><th>评分标准</th><th>考核记录</th><th>扣分</th><th>得分</th></tr>
<tr><td>1</td><td>正确使用工具、仪器</td><td>10 分</td><td>工具、仪器使用不当酌情扣 10 分</td><td></td><td></td><td></td></tr>
<tr><td>2</td><td>正确取下油底壳</td><td>40 分</td><td>错误每处扣 5 分</td><td></td><td></td><td></td></tr>
<tr><td>3</td><td>正确取下曲轴</td><td>40 分</td><td>错误每处扣 5 分</td><td></td><td></td><td></td></tr>
<tr><td rowspan="2">4</td><td>操作规范、整齐、不超时</td><td rowspan="2">10 分</td><td>不规范扣 5 分,超时扣 5 分</td><td></td><td></td><td rowspan="2"></td></tr>
<tr><td>遵守安全规范,无事故</td><td>不规范造成严重事故,此题按 0 分计</td><td></td><td></td></tr>
<tr><td>5</td><td>总分</td><td>100 分</td><td></td><td></td><td></td><td></td></tr>
<tr><td>6</td><td>教师签字</td><td colspan="3"></td><td colspan="2">年　月　日</td></tr>
</table>

1. 曲柄连杆机构包含哪些零件?

2. 曲轴在拆装的过程中应注意哪些问题?

项目 4.2 气缸体的检修

项目目的

熟练掌握气缸体的检修方法。

项目内容

气缸体的检修。

相关知识

1. 气缸体与曲轴箱

水冷式发动机的气缸体和曲轴箱铸为一体，称为气缸体，它是发动机运动件及附件的主要装配基体，并且保持各元件之间准确的相对位置。

气缸体上半部有若干个圆柱形空腔，为活塞在其中运动导向，称为气缸，如图 4-14 所示。气缸体下半部为支撑曲轴的上曲轴箱，有支撑曲轴的主轴承座孔及曲轴运动的空间。在气缸体侧壁上加工有主油道，前后壁和中间隔板上也有油道，为相对运动部件进行润滑；在气缸体壁上还加工有冷却液道，以便冷却液将发动机多余的热量带走，保持发动机的正常工作温度。有些发动机还有凸轮轴轴承座孔。气缸体的上、下平面用来安装气缸盖和下曲轴箱。

图 4-14 气缸体

2. 气缸体的形式

按气缸体与油底壳安装平面位置不同，气缸体通常分为平分式（又称为无裙式）、龙门式（又称为有裙式）和隧道式三种，如图 4-15 所示。

（1）平分式气缸体 油底壳安装平面与曲轴旋转中心在同一高度，机体高度小、重量轻、结构紧凑，便于加工及拆卸，但刚度和强度差，多用于中小型发动机，在家庭用小汽车上广泛采用。

（2）龙门式气缸体 油底壳安装平面低于曲轴的旋转中心，强度和刚度较好，但工艺性差、结构笨重、加工困难。

（3）隧道式气缸体 曲轴的主轴承孔为整体式结构，结构紧凑，刚度和强度好，但加工困难、工艺性差、曲轴拆卸不方便，常用于机械负荷较大的柴油机。

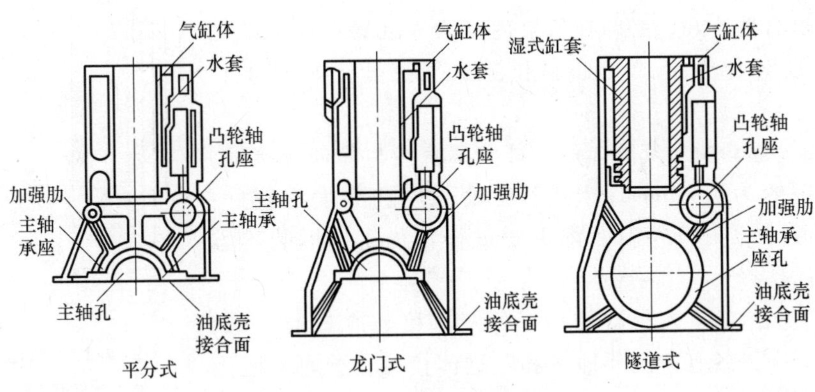

图 4-15　气缸体的结构

3. 气缸的排列形式

气缸的排列形式决定了发动机的外形尺寸和结构特点以及汽车的总体布置。按照气缸的排列方式不同，气缸体分为直列式、V 型、VR 型和水平对置式四种，如图 4-16 所示。

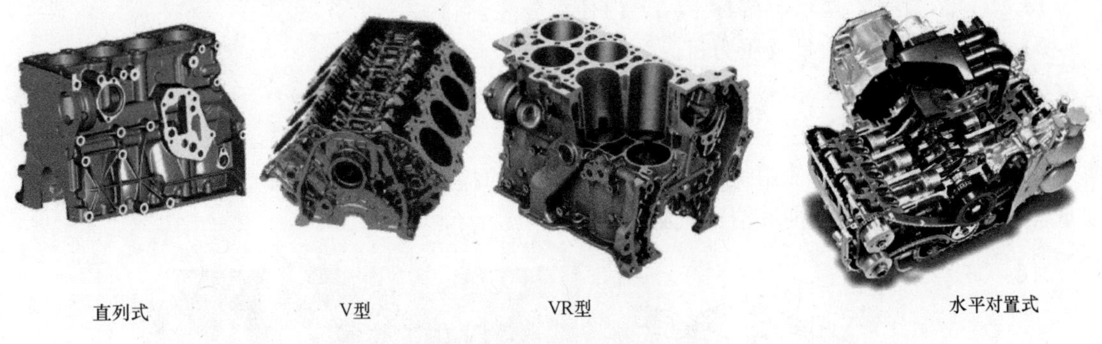

图 4-16　气缸的排列形式

1）直列式发动机：各个气缸排成一列，一般垂直布置。采用直列式缸体的发动机长度和高度较大，多用于六缸以下的发动机。

2）V 型发动机：气缸排成两列，左右两列气缸中心的夹角不大于 180°，多数为 90°。

3）VR 型发动机：缸体外形尺寸不变，增大了发动机缸径，使排量增大。VR 型发动机气缸也排成两列，但左右两列气缸中心夹角较小，气缸偏移量较大。VR 型发动机形状复杂，加工困难，一般用于排量较大并且采用缸内喷射燃油发动机，安装在高档车辆上，如奥迪 S8、宝马、奔驰等。

4）水平对置式发动机：发动机高度比其他形式的发动机要小得多，一些轿车（赛车、跑车）和大型客车总布置更为方便。

4. 气缸与气缸套

气缸工作表面直接与高温高压气体相接触，并且活塞在其中作高速往复运动时，气缸壁工作表面又要承受很大的侧压力，因此，气缸必须耐高温、耐磨损、耐腐蚀和具备较高的耐疲劳强度。因此一般采用灰铸铁、优质合金铸铁或铝合金制造。

大部分发动机在气缸内镶入气缸套形成工作表面。有些采用优质合金铸铁缸体、负荷比较轻、缸径不大的汽油机，在气缸体上直接加工出气缸内壁。铝合金缸体耐磨性不好，必须在气缸内镶入气缸套形成气缸工作表面。气缸套分为干式气缸套和湿式气缸套，如图 4-17 所示。

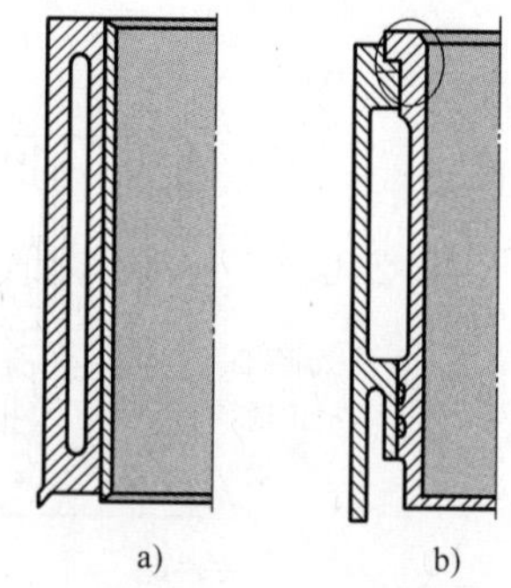

图 4-17 气缸套分类

a）干式气缸套 b）湿式气缸套

1）干式气缸套装入气缸体后，外壁不直接与冷却液接触，壁厚较薄，一般为 1~3mm。干式气缸套强度和刚度都较好；但加工比较复杂，内、外表面都需要进行精加工，拆装不方便，散热不良。

2）湿式气缸套装入气缸体后，外壁直接与冷却液接触，气缸套仅在上、下各有一圆环地带和气缸体接触，壁厚一般为 5~9mm。它散热良好，冷却均匀，加工容易，通常只需要精加工内表面，而与水接触的外表面不需要加工，拆装方便；但其强度和刚度都不如干式气缸套好，而且容易产生漏水现象，应该采取防漏措施。

设备、工具和材料准备

1）刀口形直尺、塞尺、游标卡尺、内径百分表。

2）拆装工作台、工具及压力机。

操作步骤

1）如图 4-18 所示，使用垫片铲刀，从气缸体的接触表面清除所有垫片，清洁气缸体分总成。用软毛刷和溶剂，彻底清洁气缸体。

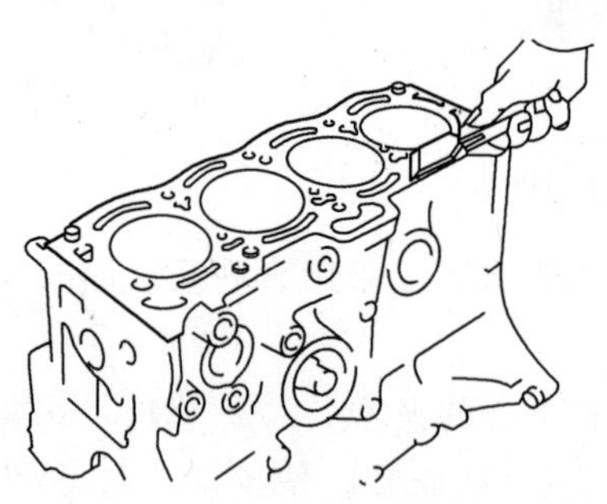

图 4-18 清洁气缸体分总成

2）如图 4-19 所示，使用刀口形直尺和塞尺，测量气缸体和气缸盖接触面翘曲变形，检查气缸体平整度。气缸体允许最大翘曲变形量为 0.05mm，如果翘曲变形量超过最大值，则应更换气缸体。标准气缸孔径有 3 级尺寸，分别标记“1”“2”和“3”，这个标记打在气缸体上面。

3）检查气缸垂直划痕。如果存在深度划痕，则应重新镗削所有 4 个气缸。如果必要，可更换气缸体。

4）检查气缸直径。

① 测量位置。如图 4-20 所示，气缸直径的测量位置是：

A 点，即第一道活塞环气缸壁处，约距气缸上端 10mm。

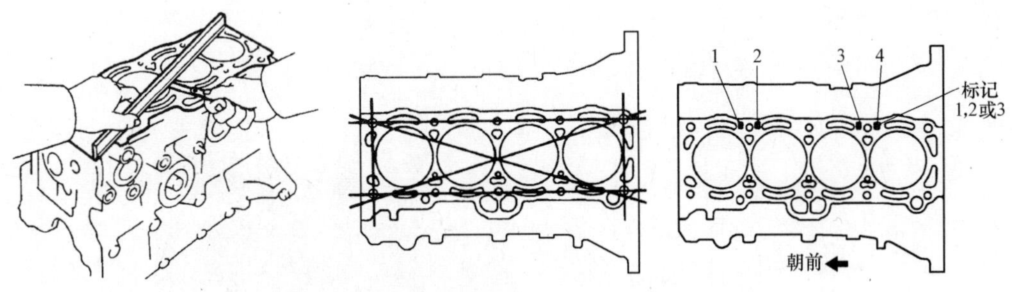

图 4-19 检查气缸体平整度

B 点，即活塞行程中间部位的横断面。

C 点，即最下边一道油环所接触处的横断面（气缸套下端以上 10mm 左右处）。

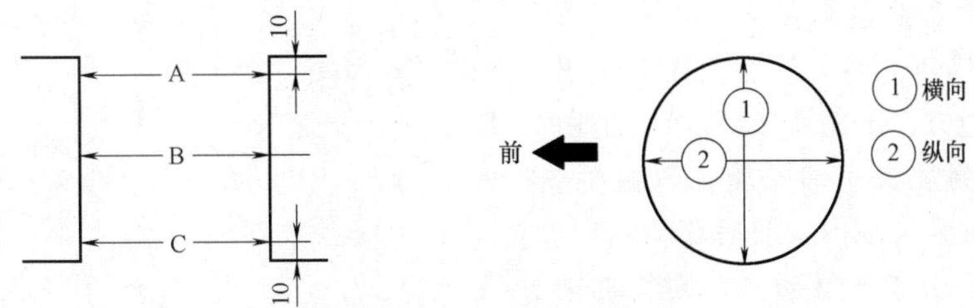

图 4-20 气缸直径的测量位置

② 如图 4-21 所示，用游标卡尺测量气缸标准直径。

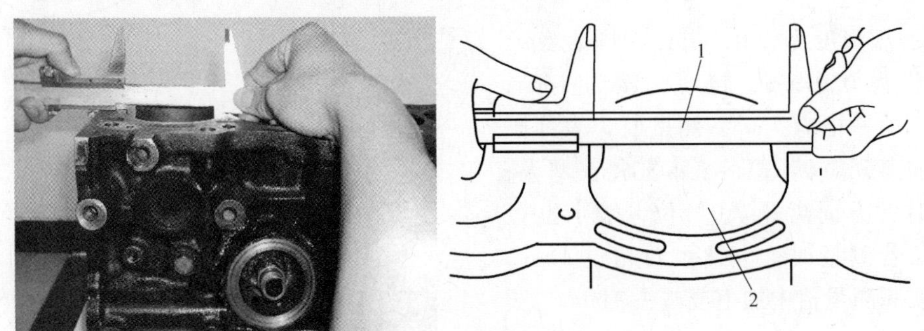

图 4-21 测量气缸标准直径

1—游标卡尺 2—气缸

③ 安装内径百分表。

a. 百分表的杆部插入内径百分表杆上端的孔内，当表杆与传动杆接触，表针有少量顶动即可，并使微分表面与活动测杆同一方向，同锁紧螺母把百分表固定。

b. 测量气缸的标准尺寸、选择合适的接杆，装上后，暂不拧紧固定螺母。如图 4-22 所示，把外径千分尺调到被测气缸的标准尺寸，将装好的内径百分表放入千分尺。稍微旋动接杆，使内径百分表指针转动 2mm，使内径百分表有 2mm 的压缩余量。

c. 如图 4-23 所示，使指针对准刻度零处，扭紧接杆的固定螺母。为使测量正确，重复校零一次。

④ 气缸的测量。

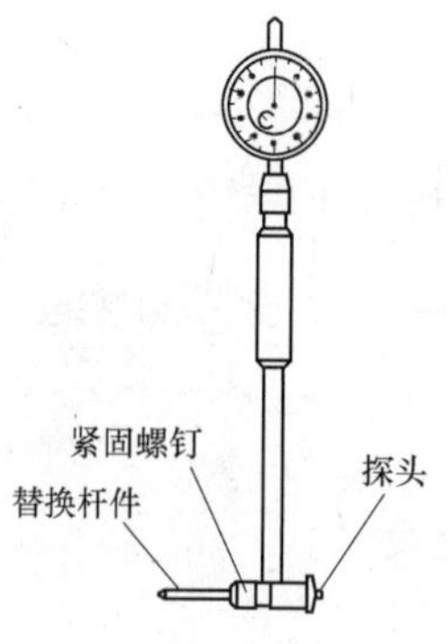

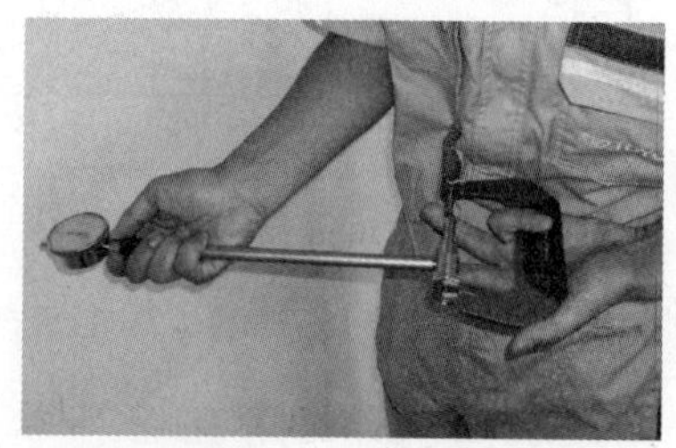

图 4-22 校对内径百分表

a. 用净软布擦净缸套表面。

b. 拿住隔热套，另一只手托住管子下部靠近本体的地方，如图 4-24 所示，把内径百分表活动测量头一端先压入气缸后，再使接杆一端进入气缸内，前后摆动。

c. 使内径百分表的活动测杆同气缸轴线保持垂直。当前后摆动的表针指示到最小数字时，即表示活动测杆已垂直于气缸轴线。

d. 表盘刻度为 100，指针在圆表盘上转动一格为 0.01mm，转动一圈为 1mm；小指针移动一格为 1mm。测量时，表针顺时针方向离开“0”位，表示缸径在增大；表针逆时针方向离开“0”位，表示缸径在减小。若测量时，小针移动超过 1mm，则应在实际测量值中加上或减去 1mm。

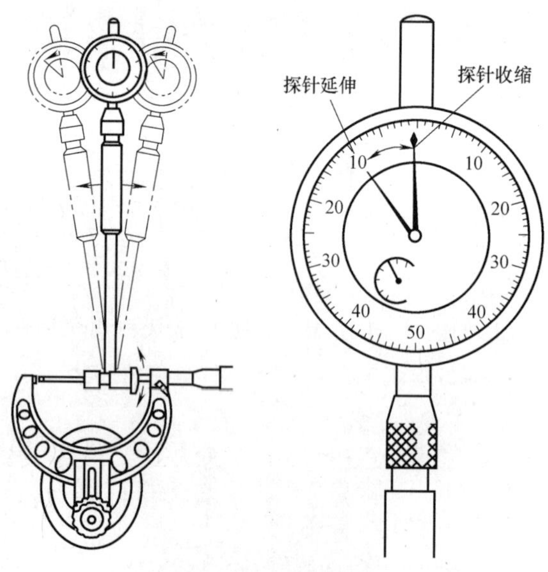

图 4-23 指针校零

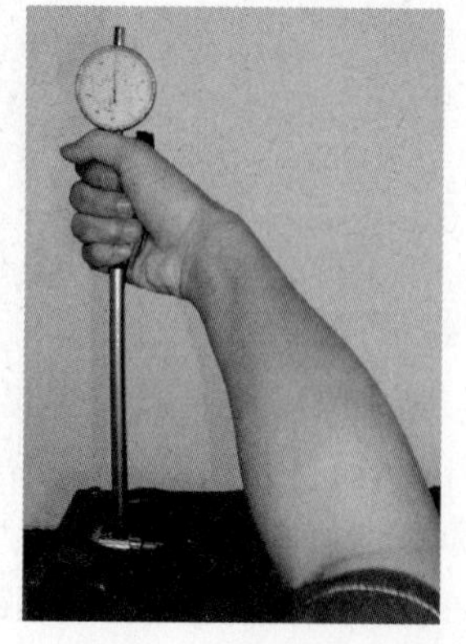

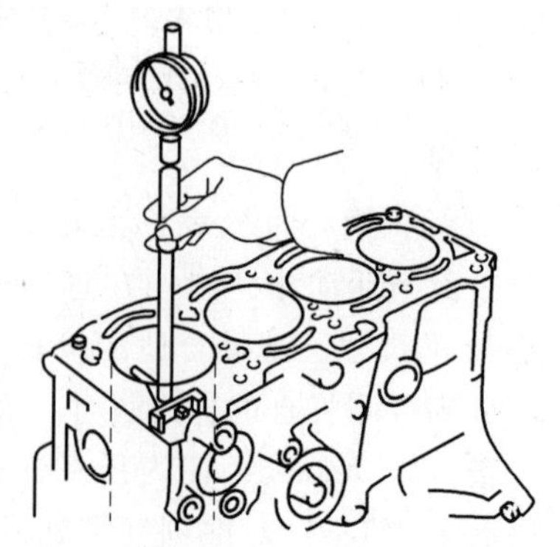

图 4-24 气缸的测量

⑤ 数据记录与计算：将气缸测量数据记录在表 4-1 中，并计算出圆度误差、圆柱度误

差和最大磨损量。

a. 圆度误差：被测气缸同一横截面上不同方向测得的最大与最小直径差值的 1/2 即为该横截面的圆度误差。三个横截面中最大的圆度误差即为该缸的圆度误差。

b. 圆柱度误差：被测气缸三个横截面中任意方向所测得的最大与最小直径差值的 1/2 即为该缸的圆柱度误差。

c. 最大磨损量：被测气缸三个横截面中任意方向所测得的最大直径与标准直径的差值。

表 4-1　气缸测量值记录表

测量部位		1 缸	2 缸	3 缸	4 缸
上	纵向				
	横向				
中	纵向				
	横向				
下	纵向				
	横向				
圆度误差					
圆柱度误差					
最大磨损量					

考　核

序号	考 核 内 容	配分	评 分 标 准	考核记录	扣分	得分
1	正确使用工具、仪器	10 分	工具、仪器使用不当酌情扣 10 分			
2	正确测量气缸体的平整度	40 分	错误每处扣 5 分			
3	正确测量气缸的内径	40 分	错误每处扣 5 分			
4	操作规范、整齐、不超时	10 分	不规范扣 5 分，超时扣 5 分			
	遵守安全规范，无事故		不规范造成严重事故，此题按 0 分计			
5	总分	100 分				
6	教师签字			年　月　日		

想一想，做一做

1. 气缸体变形的原因有哪些？
2. 气缸磨损的原因有哪些？

项目 4.3　活塞连杆组的检修

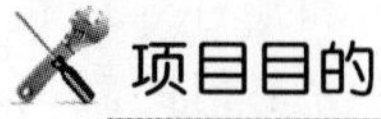

项目目的

1）了解活塞连杆组的结构及工作过程。

2）掌握活塞连杆组的检修方法。

项目内容

活塞连杆组的检修。

相关知识

1. 活塞连杆组的组成

活塞连杆组主要由活塞组和连杆组组成，如图4-25所示。活塞组主要由活塞、活塞销和活塞环组成；连杆组主要由连杆、连杆盖、连杆轴瓦、连杆螺栓和连杆衬套组成。活塞顶与气缸盖共同组成燃烧室，燃料燃烧的压力作用在活塞顶上，通过活塞销传递给连杆，推动连杆进行往复运动，连杆推动曲轴做旋转运动，对外输出机械能。

2. 活塞

（1）活塞　在发动机工作过程中，活塞顶部与气缸盖、气缸壁共同组成燃烧室，同时，活塞还要承受气体压力，并将此力通过活塞销传给连杆，以推动曲轴旋转。

在发动机工作过程中，活塞是受力和受热等条件最严酷的零件之一，作用在活塞上的有气体力和往复惯性力。同时，活塞顶部与高温燃气直接接触，使活塞顶部的温度很高。活塞在侧压力的作用下沿气缸壁面高速滑动，由于润滑条件差，因此摩擦损失大，磨损严重。

（2）活塞顶部、头部和裙部　活塞的基本结构分为顶部、头部和裙部三部分，如图4-26所示。活塞顶部是燃烧室的组成部分。活塞头部是指活塞顶到最后一道油环槽下端面之间的部分。在活塞头部加工有用来安装气环和油环的气环槽和油环槽。在油环槽底部还加工有回油孔或横向切槽，油环从气缸壁上刮下来的多余机油，经回油孔或横向切槽流回油底壳。活塞裙部指最后一道油环槽下端以下部分，裙部为活塞在气缸内做往复运动提供导向并承受侧压力。

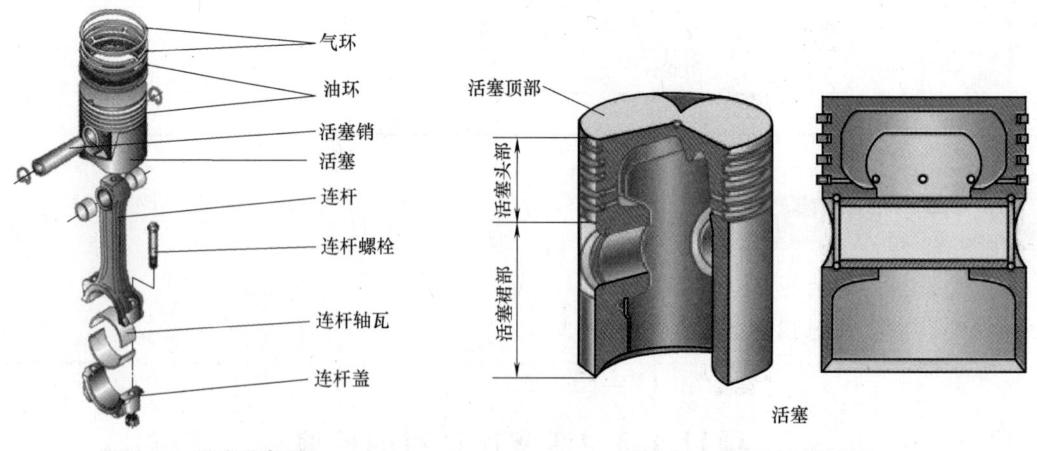

图4-25　活塞连杆组　　图4-26　活塞的基本结构

（3）活塞销座及活塞销　活塞销座在活塞裙部的上部，活塞通过活塞销和连杆连接起来。大部分活塞销座孔内接近外端的位置制造有安装卡环的槽，用以限制活塞销的轴向窜动。

活塞销是一个厚壁空心圆柱，在高温下承受较大的冲击载荷，润滑条件较差。活塞销与活塞销座孔及连杆小头的连接有全浮式和半浮式两种，为减少磨损和受力，一般多采用全浮式连接方式，如图4-27所示。

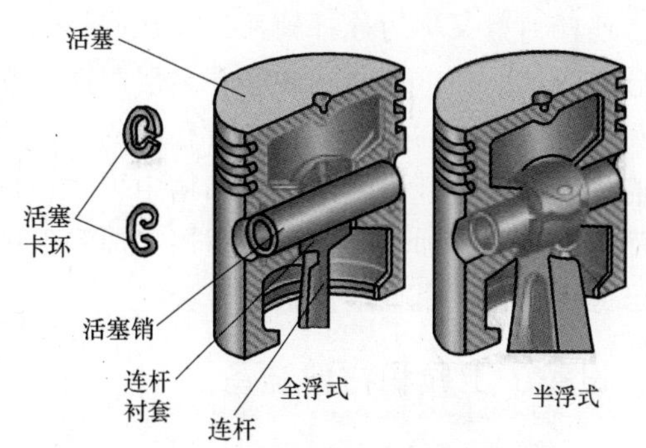

图4-27　活塞销的连接方式

采用全浮式连接方式的活塞销能在连杆小头、销座孔中自由转动，三者间可相对运动。而半浮式连接采用连杆小头与活塞销固定，活塞销在活塞座孔内自由转动。

（4）活塞环　发动机工作过程中，活塞承受的热负荷较大，为保证活塞在气缸内高速往复运动，活塞和气缸壁之间必须有合理的间隙，同时，活塞和气缸壁间又要防止高压燃气的泄漏。活塞环安装在活塞环槽内，用来密封活塞与气缸壁之间的间隙，防止窜气和窜油，同时使活塞的往复运动更圆滑。发动机工作时，活塞环跟随活塞在气缸中进行往复运动。

活塞环分为气环和油环两种。气环保证活塞与气缸壁间的密封，防止高温、高压的气体漏入曲轴箱；同时，将燃烧的部分热量传递给气缸壁，由冷却液带走，有效防止了活塞的高温。油环通常有整体式和组合式两种结构形式，如图4-28所示。整体式油环没有背压，为提高油环对气缸壁的压力，并增加刮油次数，在油环的外圆上切有环形槽，槽底开有可供回油的小孔或小槽。

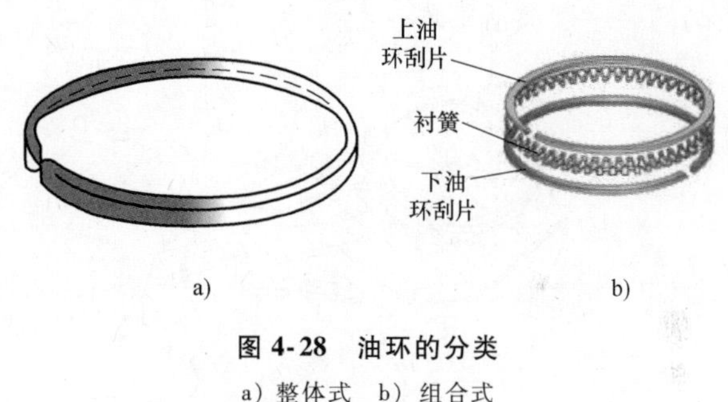

图4-28　油环的分类
a）整体式　b）组合式

组合式油环一般由刮油钢片和弹性衬簧组成，有效防止了发动机内的机油窜入燃烧室，同时刮除气缸壁上多余的机油，使气缸壁上涂一层均匀的机油膜，减小活塞与气缸壁的磨损。

3. 连杆

连杆的作用是将活塞承受的力传给曲轴，推动曲轴转动，从而使活塞的往复运动转变为曲轴的旋转运动。

连杆由连杆小头、连杆身和连杆大头等组成。连杆小头上安装有活塞销，以连接活塞。连杆小头与活塞销一般采用全浮式连接方式，工作时连杆小头与活塞销做相对运动，因此在连杆小头孔中装有铜衬套，以减弱磨损。连杆小头与活塞销之间的润滑采用压力润滑方式，在连杆身内钻有纵向压力油道，通过高压润滑油进行润滑。

连杆杆身一般做成工字形，此结构可以在满足强度和刚度的基础上减小质量。

连杆大头与曲轴的连杆轴颈相连，同曲轴一起做旋转运动，为了便于安装，连杆大头一般做成分开式，与杆身切开的一半称为连杆盖，连杆盖依靠连接螺栓与连杆组装为一体。

连杆螺栓是一个经常承受交变载荷的重要零件，连杆大头在安装时必须紧固可靠。连杆螺栓必须以维修手册规定的拧紧力矩，分2~3次均匀地拧紧。

连杆轴承又称为连杆轴瓦，装在连杆大头内，保护曲轴的连杆轴颈和连杆大头孔。轴瓦剖分成两半，在上面浇注减摩合金层制成，连杆轴承装入连杆大头时有一定的过盈量，能使轴瓦均匀地紧贴在孔壁上，具有很好的承载能力和导热能力。轴瓦上的定位凸键，分别嵌入在连杆大头和连杆盖上的相应凹槽中，防止连杆轴承在工作中发生转动或轴向移动。连杆轴承瓦内表面上还加工有油槽，用以贮油和保证可靠润滑。连杆轴承采用的减摩合金材料主要有巴氏合金、铜铅合金和铝基合金。

设备、工具和材料准备

1）拆装工作台、工具。

2）千分尺、塞尺、活塞环拆装钳、SST、连杆校正器。

操作步骤

1. 活塞连杆组的拆卸

1）拆下活塞环组。如图4-29所示，使用活塞环拆装钳，拆下两个气环和油环。注意按正确的顺序摆放活塞环。

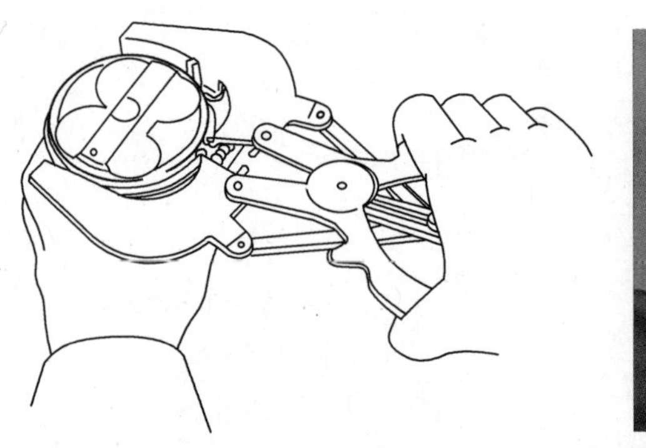

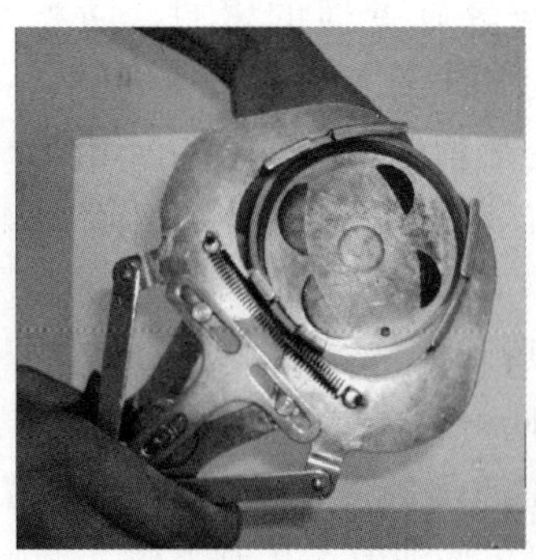

图4-29 拆卸活塞环组

2）如图4-30所示，使用SST从活塞中压出活塞销，拆下连杆。

3）如图4-31所示，使用垫片铲刀从活塞顶面清除所有积炭；使用环槽清洁工具或旧活塞环，清洁活塞环槽；使用溶剂和刷子，彻底清洁活塞。

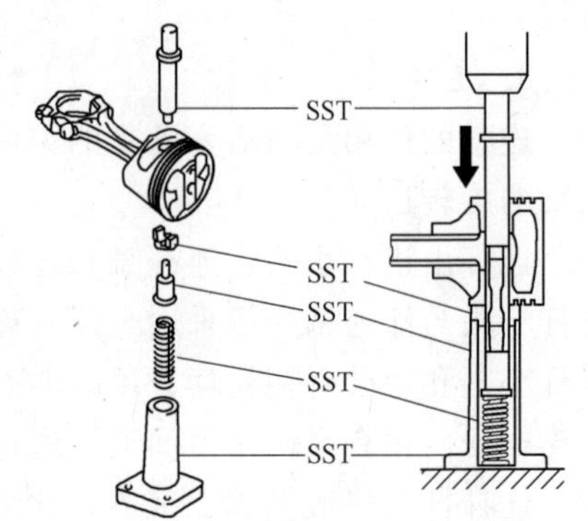

图4-30 拆下带活塞销

2. 活塞连杆组的检查

1）检查气缸与活塞之间的间隙。

① 如图4-32所示，使用千分尺，在与销孔轴线垂直的方向距离活塞顶28.5mm处测量活塞头部直径。

② 计算气缸与活塞之间的间隙，用按横向测量气缸筒直径减去活塞直径。

2）检查活塞环槽间隙。如图4-33所示，使用塞尺测量活塞环与活塞环槽侧壁的间隙，8A发动机第一道气环间隙为0.040~0.080mm，第二道气环间隙为0.030~0.070mm，如果间隙超过最大值，则应更换活塞。

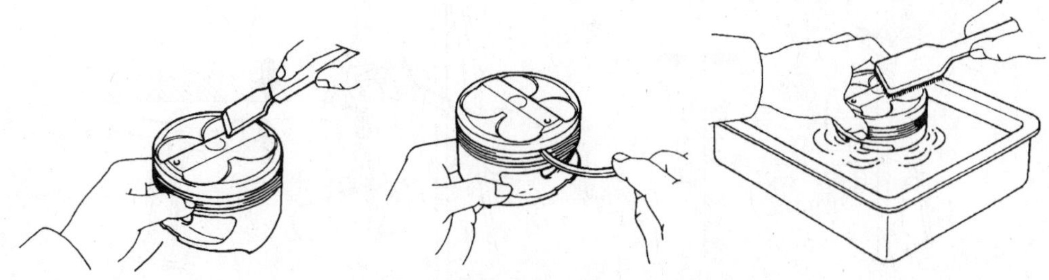

图 4-31　清洁带活塞销的活塞分总成

3）检查活塞环端隙。如图 4-34 所示，把活塞环插入气缸筒，使用活塞，推入活塞环到距气缸体顶面 97mm 处，使用塞尺测量端隙。8A 发动机第一道气环标准端隙为 0.250～0.450mm，第二道气环标准端隙为 0.035～0.060mm，油环的标准间隙为 0.15～0.500mm。如果端隙超过最大值，则应更换活塞环。

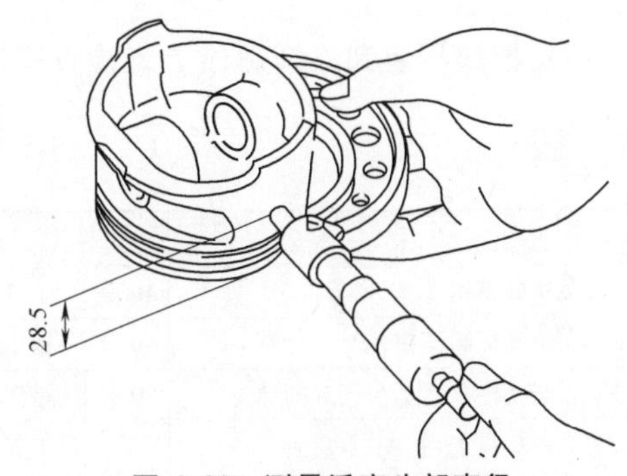

图 4-32　测量活塞头部直径

4）检查连杆弯曲与扭曲。如图 4-35 所示，使用连杆校正器和塞尺，检查连杆变形。8A 发动机两岸最大弯曲为 0.05mm/100mm，最大扭曲为 0.05mm/100mm。如果弯曲和扭曲超过最大值，则应更换连杆总成。

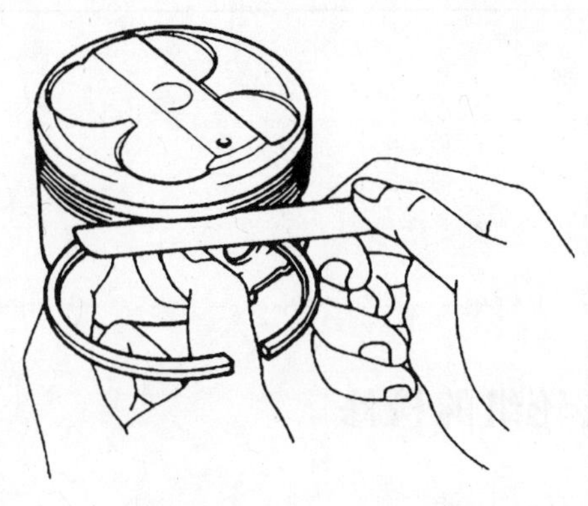

图 4-33　检查活塞环槽间隙

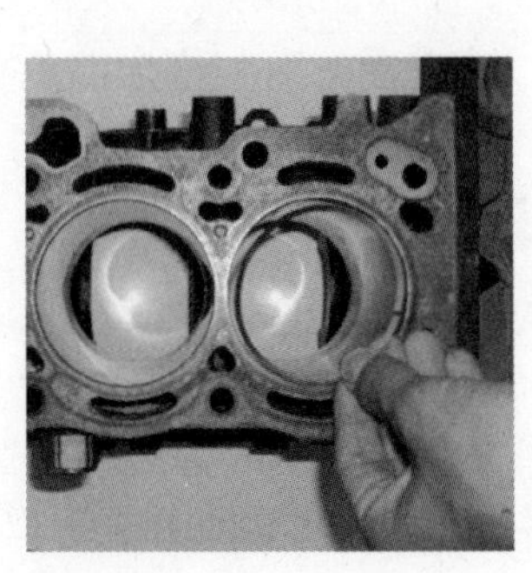

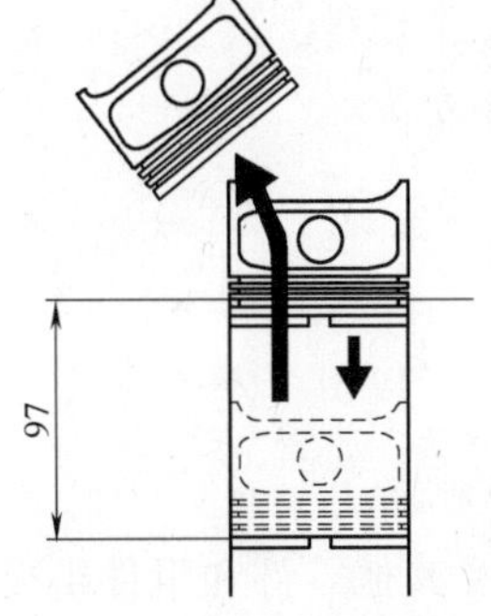

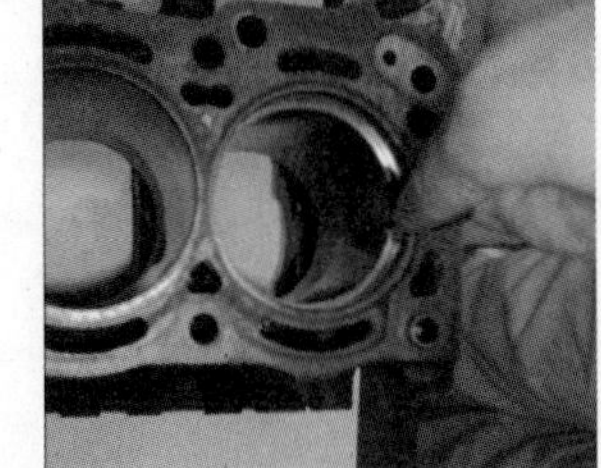

图 4-34　检查活塞环端隙

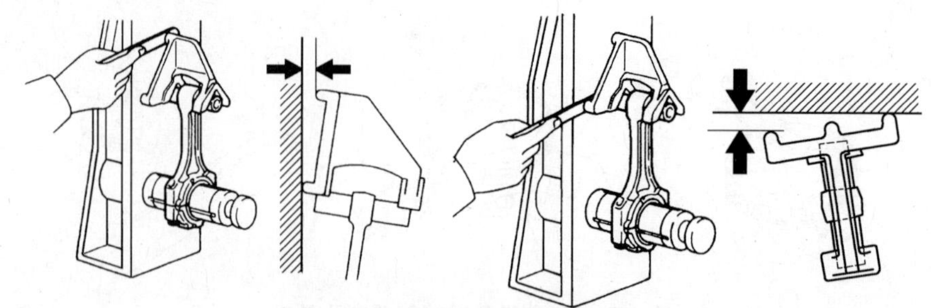

图 4-35 连杆弯曲与扭曲检查

5）把螺母装到连杆螺栓上，检查能用手容易地将螺母拧到底。

考 核

序号	考核内容	配分	评分标准	考核记录	扣分	得分
1	正确使用工具、仪器	10分	工具、仪器使用不当酌情扣10分			
2	正确拆卸活塞环	40分	错误每处扣5分			
3	正确检测活塞与气缸间隙	40分	错误每处扣5分			
4	操作规范、整齐、不超时	10分	不规范扣5分，超时扣5分			
	遵守安全规范，无事故		不规范造成严重事故，此题按0分计			
5	总分	100分				
6	教师签字			年 月 日		

想一想，做一做

1. 如何对活塞磨损情况进行检测？
2. 活塞与气缸选配的目的是什么？

项目 4.4 曲轴飞轮组的检修

项目目的

1）了解曲轴飞轮组的结构及工作过程。
2）熟练掌握曲轴飞轮组的检修方法。

项目内容

曲轴飞轮组的检修。

相关知识

曲轴飞轮组主要由曲轴、飞轮及其他零件和附件组成。零件、附件的种类和数量取决于发动机的结构和性能要求，如图 4-36 所示。一些小汽车上的曲轴飞轮组安装有转速传感器脉冲轮、曲轴正时齿轮。

1. 曲轴

曲轴将连杆传来的气体冲击力转变为转矩，用来驱动汽车传动系统和发动机的配气机构以及空调压缩机、发电机等辅助装置。

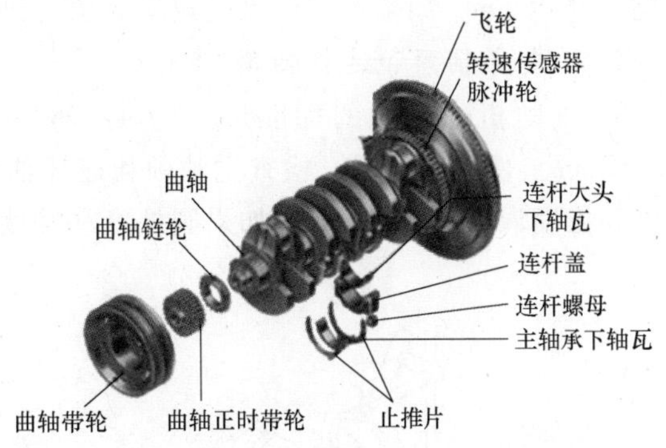

图 4-36　曲轴飞轮组

发动机曲轴有整体式和组合式两种形式，组合式曲轴用于大型发动机。

小型汽车广泛采用整体式曲轴，主要由前端轴、主轴颈、连杆轴颈、曲柄、曲拐、平衡重和后端凸缘等组成。前端轴安装驱动配气机构的正时齿轮和驱动辅助装置的传动带轮，后端凸缘用于安装飞轮，如图 4-37 所示。

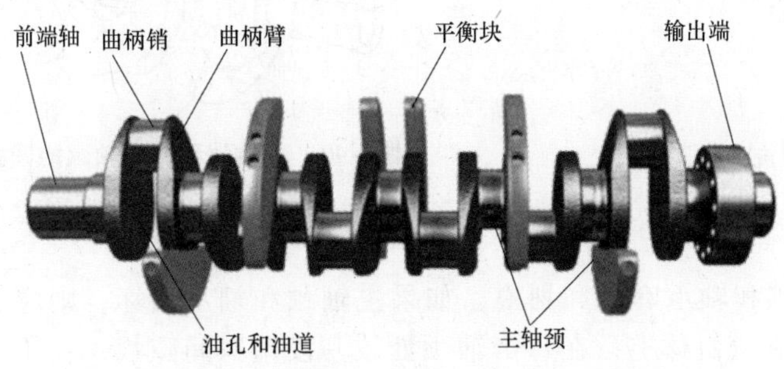

图 4-37　整体式曲轴

2. 飞轮

飞轮是转动惯量很大的盘形零件，其作用如同一个能量存储器，它的结构如图 4-38 所示。

在做功行程中发动机活塞传输给曲轴的能量，除对外输出外，还有部分能量被飞轮吸收，在排气、进气和压缩三个行程中，飞轮将其储存的能量释放出来得以补偿这三个行程所消耗的功，从而使曲轴的转速不会产生太大的波动，保持了工作过程中的基本稳定。

飞轮的轮缘上镶嵌有供起动发动机用的飞轮齿圈，当起动发动机时，起动机齿轮与飞轮齿圈啮合，带动曲轴旋转。

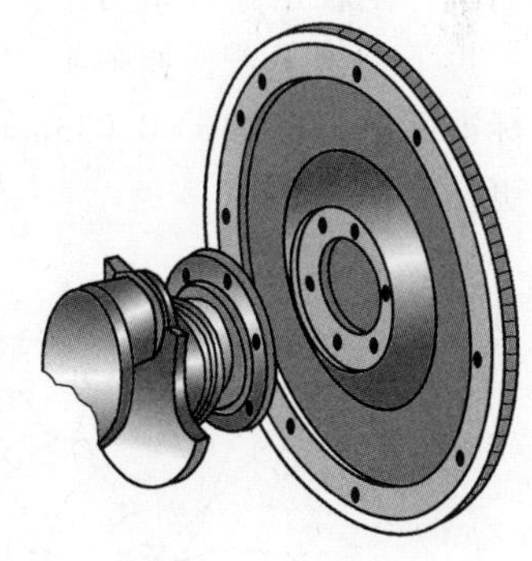

图 4-38　飞轮的结构

设备、工具和材料准备

1）拆装工作台、工具。

2）V 形架、带磁座百分表、外径千分尺。

操作步骤

1. 曲轴圆度的检查

如图 4-39 所示，把曲轴放在 V 形架上，使用百分表测量中间轴颈的圆度。其最大圆度误差为0.06mm，如果圆度误差超过最大值，则应更换曲轴。

2. 检查主轴颈和连杆轴颈

8A发动机主轴颈的标准尺寸为47.982~48.000mm，连杆轴颈标准尺寸为47.745~47.755mm。使用千分尺，检查主轴颈和连杆轴颈的圆柱度和锥度，如图4-40所示。最大圆柱度和锥度误差为0.02mm，如果圆柱度和锥度误差超过最大值，则应更换曲轴。

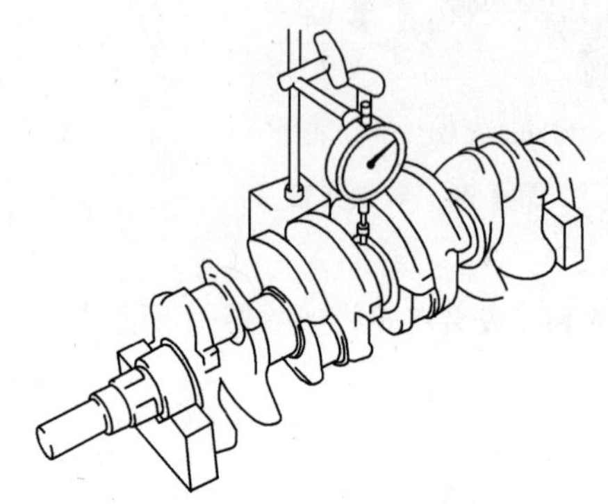

图4-39 检查曲轴圆度

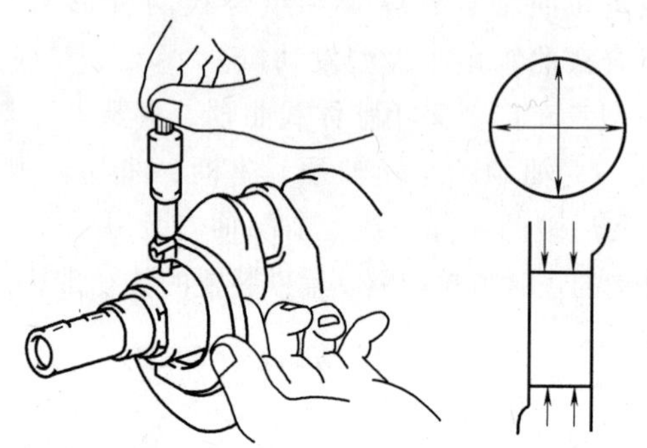

图4-40 主轴颈和连杆轴颈的圆柱度和锥度检查

3. 检查曲轴轴向间隙

检查每个主轴颈和轴承麻点和划痕，如果主轴颈和轴承损坏，则应更换轴承。如图4-41所示，把曲轴放在气缸体上，在每个轴颈处放一段塑料间隙规，在主轴承盖螺栓的螺纹和螺栓头下面涂一点机油，按从中间到两边的顺序，分几次均匀拧紧主轴承盖螺栓，但不转动曲轴。主轴承盖拧紧力矩为60N·m。

拆下主轴承盖，如图4-42所示，在最大厚度处测量塑料间隙规。丰田8A发动机曲轴周向标准间隙为0.015~0.033mm，最大曲轴轴向标准间隙为0.10mm。如果超过最大间隙，则应更换曲轴主轴颈。

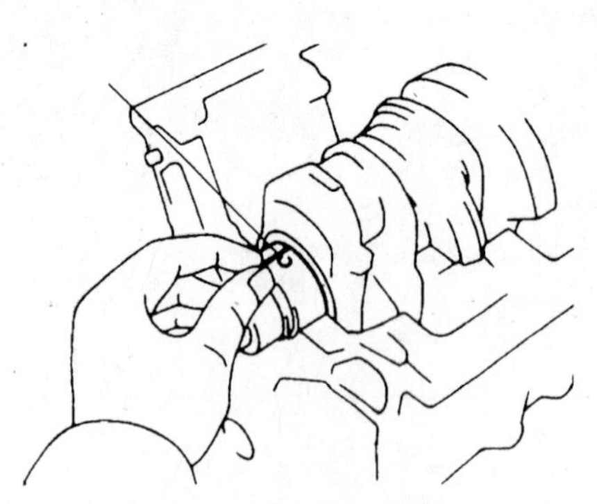

图4-41 放置塑料间隙规

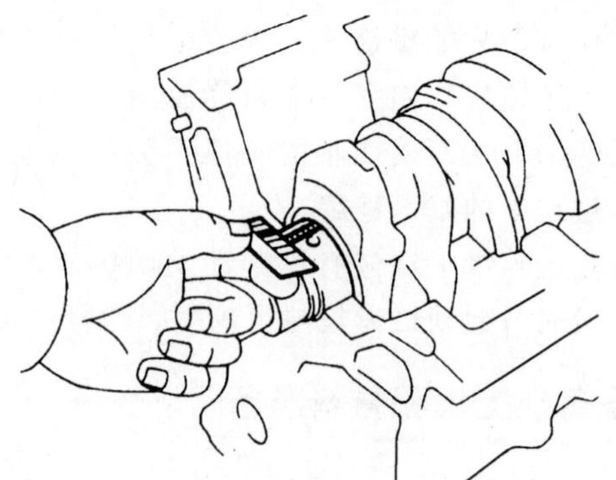

图4-42 读取曲轴主轴颈轴向间隙

4. 检查曲轴轴向间隙

如图4-43所示，使用百分表，用螺钉旋具前后撬动曲轴测量曲轴轴向间隙。曲轴轴向标准间隙为0.020~0.220mm，最大轴向间隙为0.30mm。如果止推间隙超过最大值，则应成套更换止推垫片。

图 4-43　检查曲轴轴向间隙

考　核

序号	考核内容	配分	评分标准	考核记录	扣分	得分
1	正确使用工具、仪器	10 分	工具、仪器使用不当酌情扣 10 分			
2	正确测量曲轴轴径	40 分	错误每处扣 5 分			
3	正确测量曲轴周向间隙	20 分	错误每处扣 5 分			
4	正确测量曲轴轴向间隙	20 分	错误每处扣 5 分			
5	操作规范、整齐、不超时	10 分	不规范扣 5 分，超时扣 5 分			
	遵守安全规范，无事故		不规范造成严重事故，此题按 0 分计			
6	总分	100 分				
7	教师签字			年　月　日		

想一想，做一做

1. 如何对曲轴弯曲变形进行检测？
2. 如何对曲轴扭转变形进行检测？

项目 4.5　气缸体和曲柄连杆机构的装配

项目目的

1）了解曲柄连杆机构的结构和工作原理。

2）熟练掌握曲柄连杆机构的装配方法。

项目内容

曲柄连杆机构的装配。

相关知识

汽车行驶到一定里程，发动机的整体性能下降，我们可以通过进气系统真空度、发动机气缸压力和漏气率的检查结果确定汽车发动机机体的性能。

1. 进气系统真空度检查

（1）进气系统真空度检查的意义　进气歧管真空度是汽油机的重要诊断参数之一，可用真空表进行检测。检测前应将发动机预热至正常工作温度，然后将真空表软管连接到节气门后方的专用接管上，保持发动机按规定怠速无负荷运转，读取真空表上的读数和指示状态。

影响电控燃油喷射发动机性能的主要因素有进气系统密封性、点火性能及空燃比，其中进气系统密封性所产生的影响尤为关键。进气系统密封性的检测可以用测量气缸压力、测量气缸漏气量（或漏气率）、测量曲轴箱窜气量和测量进气管真空度等4种方法实现。

利用真空表检测进气管真空度来判断发动机故障的方法一般不为人所充分利用，其原因是未充分认识到真空表的使用价值，尤其是没有从机理上探明它能够反映的各种现象。进气管真空度的大小可用 $\Delta P_x=P_0-P_x$（P_0 为进气管压力）来表示，它是发动机各缸进气时对进气管形成的负压总和，其负压值的高低及稳定性的好坏与工作气缸的数量、发动机的转速、进气系统的密封性、点火性能的好坏及空燃比（A/F）的好坏程度成正比，而与节气门的开度成反比。

转速的高低和节气门开度的大小，两者均直接影响空燃比及燃烧条件。ΔP_x 及波动幅度反映了汽油机工况的好坏。例如，当节气门开度（或转速）一定时，若点火性能变坏，燃烧条件随之恶化，转速下降，ΔP_0 降，继而又影响喷油量和 A/F 的大小，如此相互反馈形成连锁反应，如图4-44所示。进气系统密封性、点火性能、空燃比等因素变化时，ΔP_0 受其影响产生相应变化，ΔP_0 的高低了决定汽油机性能的好坏。

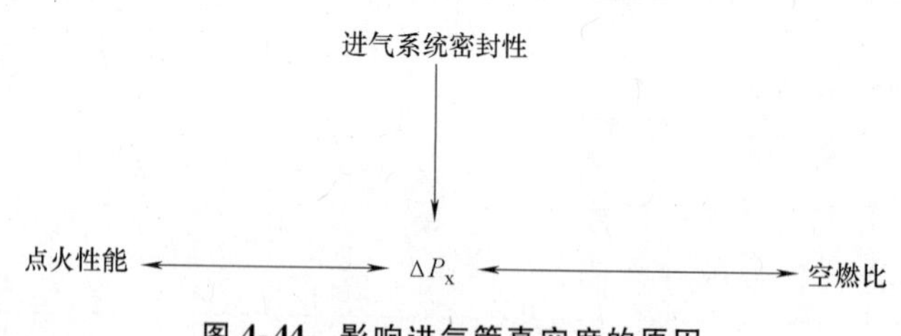

图4-44　影响进气管真空度的原因

（2）真空表的使用　如果随意改变节气门的开度（急加速或急减速）就会获取真空度的变化值，根据这些数值的变化，就可分析和判断发动机存在的故障。

（3）进气歧管真空度检测与分析　让发动机在海平面高度下怠速运转，根据真空表读数及其指示状态进行分析与判断。注意：海拔每增加1000m，真空表读数相应降低约10kPa。

1）若真空表指针稳定地指示在57~71kPa，说明发动机密封良好；快速启闭节气门，若真空表指针能随之在7~84kPa灵敏摆动，说明进气管真空度对节气门开度变化的随动性较好，则进一步说明发动机密封良好。

2）若真空表指针有规律地跌落3~23kPa，且摆幅不大，则说明气门与气门座密封不良，同时可能伴随有回火（进气门漏气）、放炮（排气门漏气）现象。

3）若真空表指针在17~57kPa且大幅摆动，可能是气缸垫烧损漏气所至。

4）若真空表读数低于正常值，快速开启节气门，真空表指针迅速下降，几乎为0；而且当节气门关闭时，指针不能回复到84kPa，则说明活塞与气缸之间密封不良，同时可能出现排气管冒蓝烟（烧机油）现象。

2. 发动机密闭性检查（气缸压力）

（1）发动机气缸密闭性的检测　气缸压缩压力是发动机的重要诊断参数。气缸压力过高会造成发动机工作粗暴、过热、爆燃等现象，而气缸压力过低将导致发动机难以起动，甚至不能起动、怠速不稳、无力、油耗增加、排放超标等故障，因此气缸密封性的好坏是判断发动机技术状况的重要依据。

（2）影响气缸密封性的主要原因　气缸、气缸盖、气缸垫、活塞、活塞环及进排气门的工作状况将直接影响气缸的密封性，具体原因如下。

1）气缸盖端面磨损、变形，气缸盖螺栓松动造成密封不良。

2）气缸垫损坏造成漏气，往往伴随有漏水、漏油。

3）气缸、活塞、活塞环磨损过大，活塞环对口、弹性下降、断裂将导致向下窜气，将向上窜油；气缸裂纹将造成漏气、漏水。

4）气门、气门座工作面磨损、烧蚀、积炭导致密封不良。

5）气门间隙或配气正时调整不当。

（3）发动机气缸压力测试的意义　发动机的气缸压力反映了气缸的密封性，是发动机的动力性能指标之一，其数值对发动机性能的影响巨大。缸压数值不正常将会导致混合气燃烧不良、燃料消耗上升、功率下降、发动机起动困难、汽车动力性能下降等严重问题。该数值也是发动机故障诊断和决定采取何种修理方案的重要依据。汽车修理标准就明确规定气缸缸压值下降达到25%是发动机进行大修的重要标志之一。因此，发动机气缸压力测试具有重要的实践意义。

（4）测试原理　发动机气缸压力测试所采用的仪器是气缸压力表，如图4-45所示。该表是一种气体专用压力表，它一般由表头、导管、单向阀和接头组成。气缸压力表在外形各异，但其原理是一致的。表头驱动元件是一根扁平的弯曲成圆圈状的管子，一端为固定端，另一端为活动端。活动端通过杠杆、齿杆机构带动指针运动，在表盘上显示出压力数值的大小。

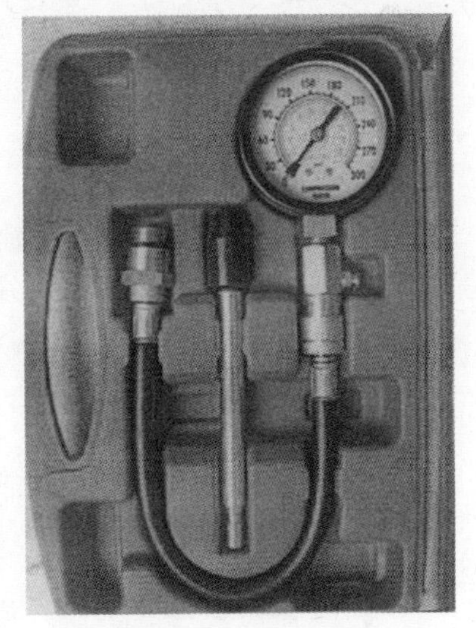

图4-45　气缸压力表

（5）气缸压力的检测方法　以捷达轿车发动机为例，测量气缸压力时，发动机机油温度至少为30℃，具体步骤如下。

1）拔下点火线圈及火花塞高压线，用专用扳手拧下火花塞。

2）将加速踏板踩到底，使节气门全开。

3）将气缸压力表或其专用检测仪装入火花塞孔。

4）用起动机带动发动机运转，直至气缸压力表或检测仪显示的压力值不再上升，记录此值。

捷达轿车发动机气缸压缩压力值应为1～1.3MPa，压力极限值为0.75MPa，各缸间压力差最大允许值为0.3MPa。

设备、工具和材料准备

1）拆装工作台、工具。

2）气缸压力表。

操作步骤

装配曲柄连杆机构前，将机体组、曲轴飞轮组、活塞连杆组清洗干净，并用压缩空气吹干清洗液。

1. 安装曲轴轴承

如图4-46所示，对准轴承凸起和缸体的凹槽，装上5个上轴承，上轴承有一个油槽和油孔与机体油道相通，对准轴承凸起和主轴承盖的凹槽，装上5个下轴承，并在凸轮轴轴承座上涂上机油。

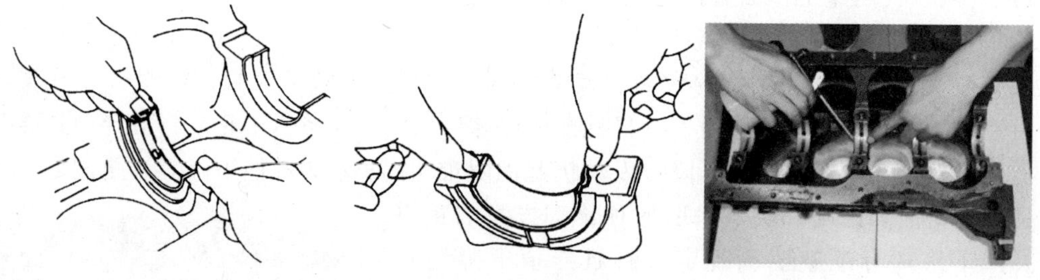

图4-46 安装曲轴轴承

2. 安装曲轴止推垫片

如图4-47所示，在缸体3号轴颈位置安装两个上止推垫片，带油槽的一面朝外，在3号轴承盖上安装两个下止推垫片，带油槽的一面朝外。

图4-47 安装曲轴止推垫片

3. 安装曲轴

如图4-48所示，在正确的位置安装5个曲轴轴承盖。每个轴承盖有代号和向前标记，在主轴承盖螺栓的螺纹和螺栓头下面涂一薄层机油。按从中间到两边的顺序分几次均匀拧紧

10 个主轴承盖螺栓。曲轴主轴颈螺栓的标准力矩为 60N·m。安装完毕后曲轴应该转动灵活，并检查曲轴止推间隙。

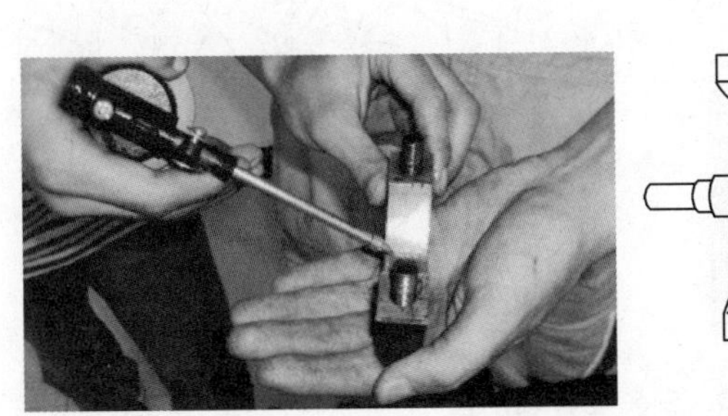
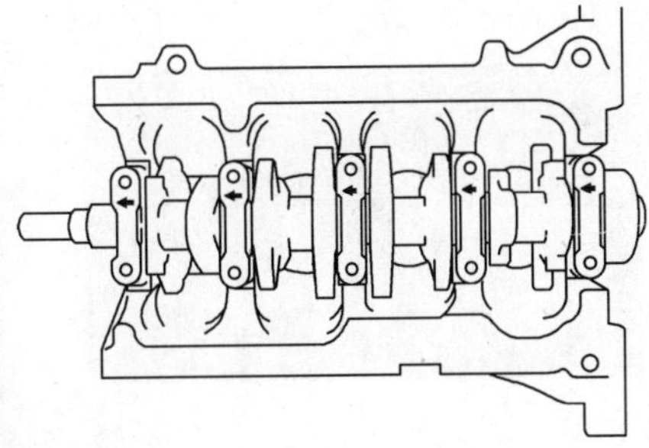

图 4-48　安装曲轴

4. 安装连杆分总成

1）如图 4-49 所示，在活塞环槽和连杆大头涂上机油，用一段软管套在连杆螺栓上，防止损伤曲轴。

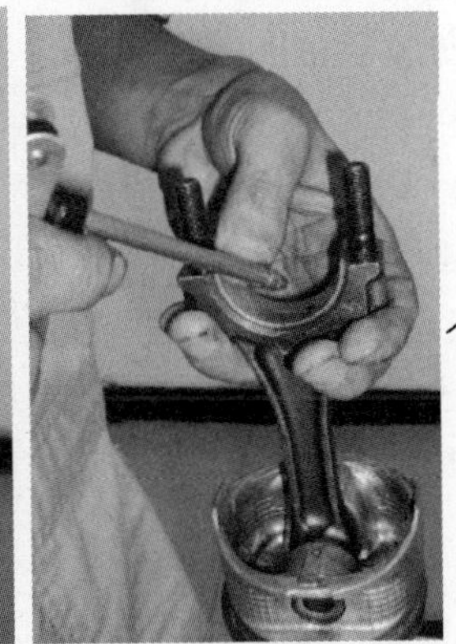
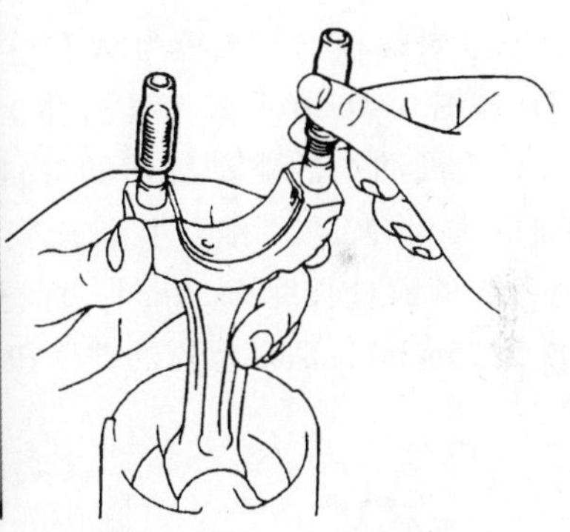

图 4-49　活塞连杆涂机油并套好连杆螺栓

2）如图 4-50 所示，使用活塞环收紧器，按图 4-51 所示的活塞环开口位置和活塞安装位置把活塞和连杆总成推入各自的气缸，活塞的前标记朝前。

图 4-50　使用活塞环收紧器

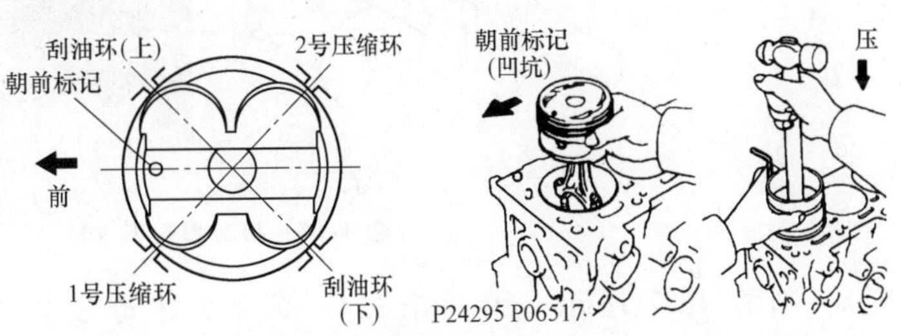

图 4-51　活塞环开口位置和活塞安装位置

3）匹配连杆盖和连杆的号码，安装连杆盖，如图 4-52 所示，前标记朝前，在连杆盖螺母下方涂一薄层机油，分几次交替拧紧螺母。连杆螺栓拧紧扭矩为 29N·m。

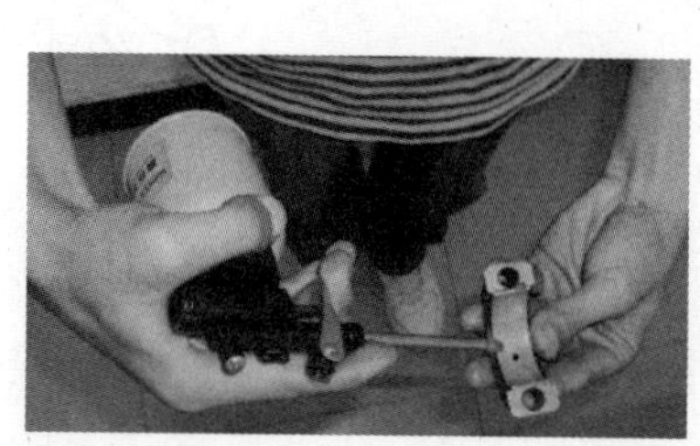

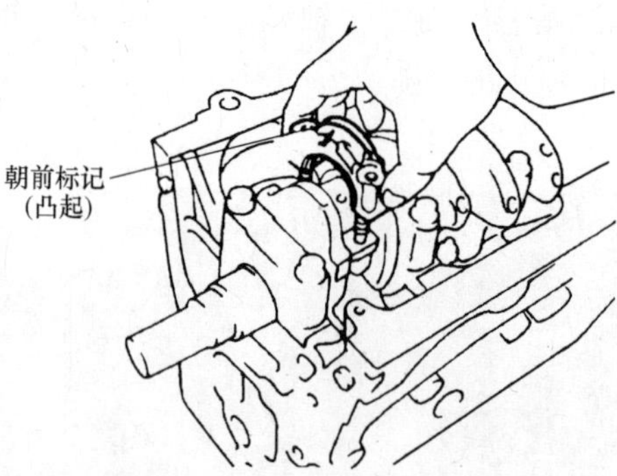

图 4-52 安装连杆轴承盖

4）如图 4-53 所示，用油漆在螺母和连杆螺栓上做标记。

5）如图 4-54 所示，将螺母拧紧 90°，检查曲轴转动灵活。

6）如图 4-55 所示，在后油封接触面上涂上密封胶，更换新垫片用 6 个螺栓安装后油封座圈。后油封螺栓拧紧扭矩为 9.3N·m。

7）如图 4-56 所示，在气缸体上安装一个新垫片，使机油泵的驱动转子的花键齿与油泵侧曲轴的大齿啮合。用 7 个螺栓安装机油泵（标记为 A 的螺杆长度为 35mm，标记为 B 的螺杆长度为 25mm），油泵螺栓的拧紧扭矩为 22N·m。

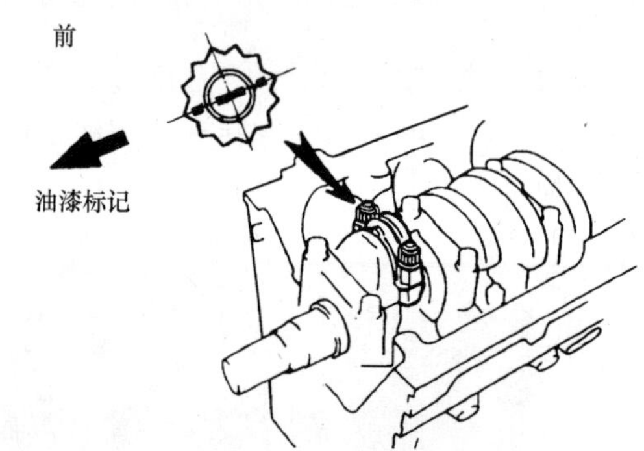

图 4-53 螺母和连杆螺栓上做标记

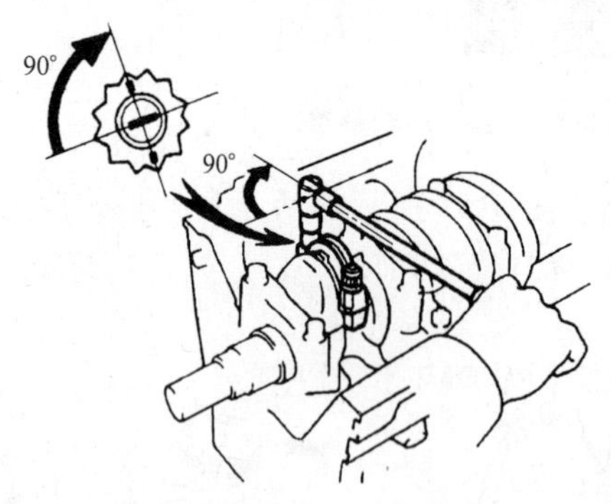

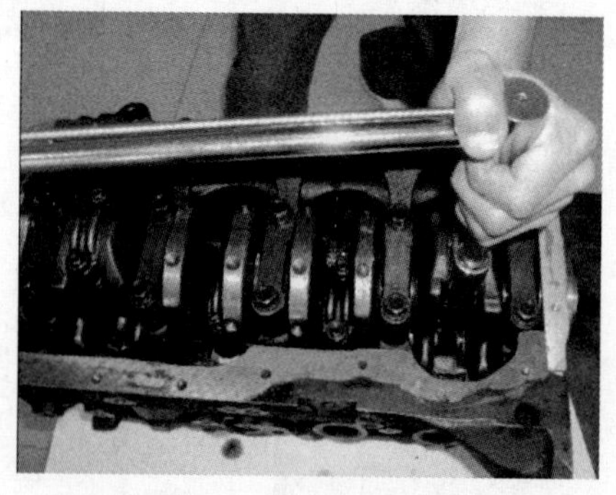

图 4-54 将螺母拧紧 90°

8）如图 4-57 所示，用两个螺栓和两个螺母安装新垫片和滤清器。拧紧扭矩为9.3N·m。

9）如图 4-58 所示，将密封填料涂在油底壳上。用 19 个螺栓和两个螺母安装油底壳。油底壳螺栓拧紧扭矩为 4.9N·m。

10）按前述方法 8A-FE 发动机气门传动组的安装步骤完成后续的任务。

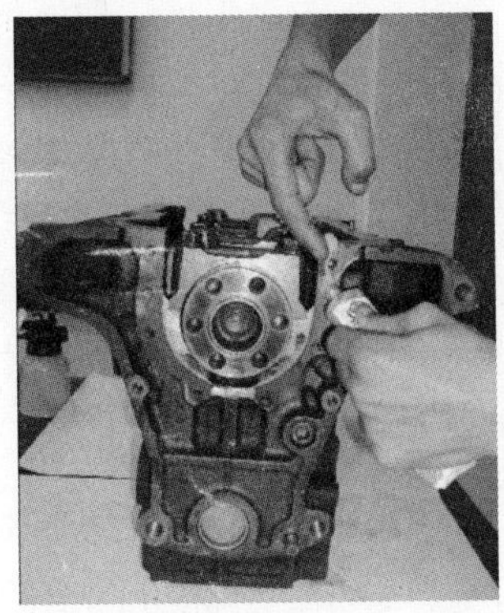
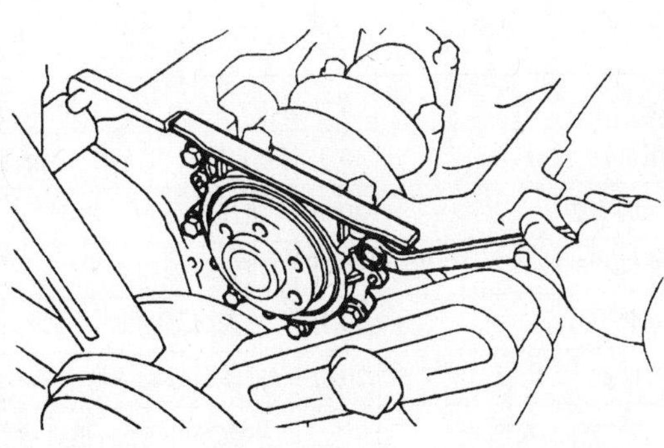

图 4-55 安装发动机后油封座圈

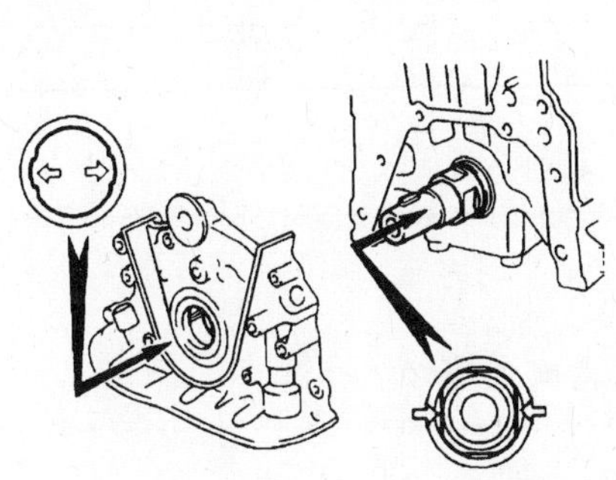
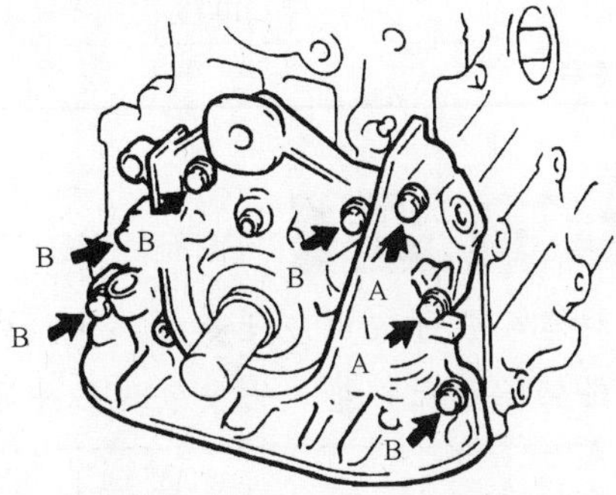

图 4-56 安装机油泵总成

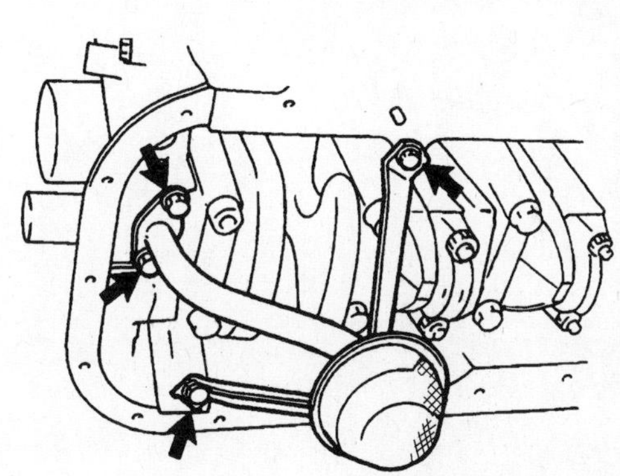
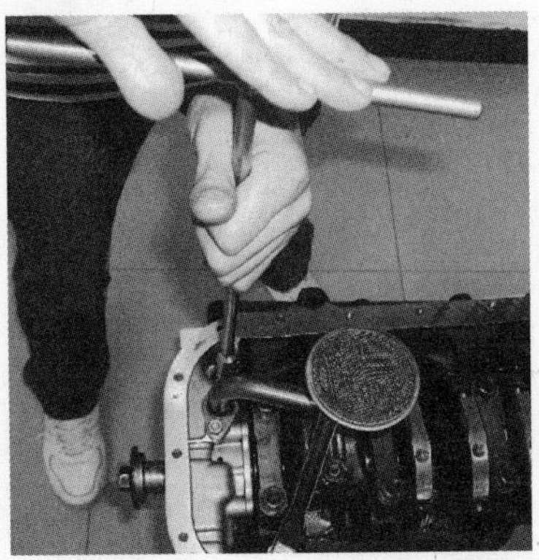

图 4-57 安装机油滤清器分总成

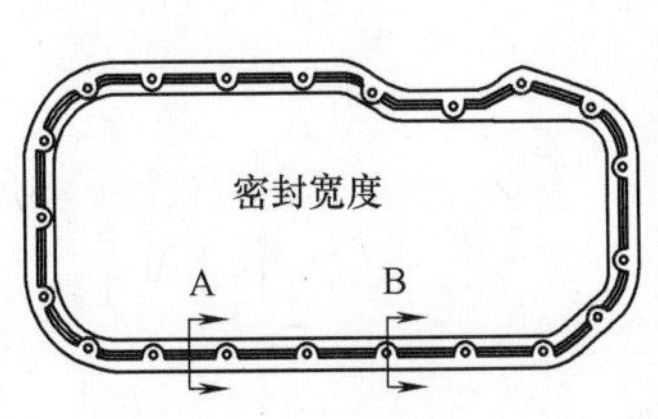

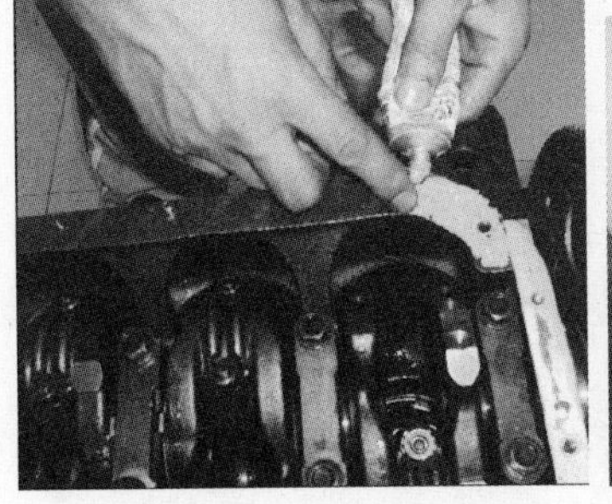

图 4-58 安装油底壳分总成

考 核

序号	考核内容	配分	评分标准	考核记录	扣分	得分
1	正确使用工具、仪器	10分	工具、仪器使用不当酌情扣10分			
2	曲轴轴承的安装	20分	错误每处扣5分			
3	曲轴止推垫片的安装	20分	错误每处扣5分			
4	连杆的安装	20分	错误每处扣5分			
5	灵活性的检查	20分	错误每处扣5分			
6	操作规范、整齐、不超时	10分	不规范扣5分,超时扣5分			
	遵守安全规范,无事故		不规范造成严重事故,此题按0分计			
7	总分	100分				
8	教师签字			年 月 日		

想一想,做一做

1. 连杆在安装过程中应注意哪些事项?
2. 曲轴轴承和止推垫片的安装过程中应注意哪些事项?

模块5 冷却系统的拆装与检修

项目 5.1　冷却系统的拆装

项目目的

1）了解冷却系统的结构及工作原理。

2）熟练掌握冷却系统的拆装方法。

项目内容

冷却系统的拆装。

相关知识

汽车发动机的水冷系统均为强制循环水冷系统，即利用水泵提高冷却液的压力，强制冷却液在发动机中循环流动。发动机水冷系统主要由水泵、散热器、冷却风扇、节温器、膨胀水箱、发动机机体和气缸盖中的水套以及其他附加装置等组成，如图 5-1 所示。

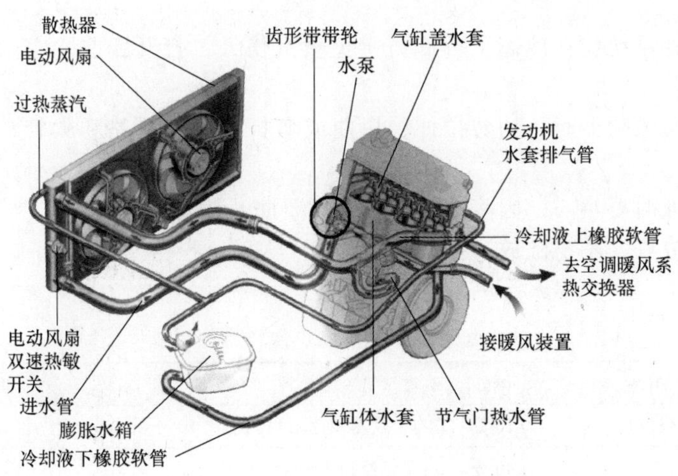

图 5-1　发动机水冷系统的组成

水泵由发动机带轮驱动，水泵出水口与气缸体相连，进水口与散热器和气缸体相连。散热器安装在发动机的最前端，散热器下部的出水管与水泵连通，进水口与气缸体相连。节温器安装在气缸盖的出水口内通过橡胶软管与散热器的上水室相通，一些发动机的节温器安装在水泵的进水口处，发动机工作过程中，根据气缸体或冷却液的温度控制冷却液的流向，使冷却液在气缸体、水泵、散热器等构成的循环路线流通。散热器上还安装有双热敏开关，控制电动风扇的工作时刻。电动风扇在散热器的后面，将迎面来的空气流强力的从前向后吸，冷却液携带的热量在流过散热器的过程中被空气流带走。

发动机上有2~4个水温传感器，将冷却液温度信号传递给发动机电子控制单元(ECU)，作为喷油和点火的修正信号，水温传感器还将水温信号传递给仪表盘上的水温表，显示即时水温，便于驾驶人观察。

设备、工具和材料准备

1）拆装工作台、工具。

2）冷却液收集盘。

操作步骤

1）排放冷却液。

① 将空调暖风控制阀全开，暖风开关拨到“暖气”位置。

② 在发动机下放置一个收集盘，打开冷却液储液罐盖（必须在冷机时进行，热机时不能操作）。

③ 将水泵大循环进口水管的卡箍松开，拉出冷却液软管，放出冷却液，并用容器收集好，以便以后使用。注意：水泵有三个进口，即自散热器出液口来的称为大循环进口，自暖风出液口进入水泵的称为第二进口，小循环时的水泵进口。

2）拆卸散热器总成。

3）拆卸水泵总成。

注意事项如下：

① 发动机冷却系统应在冷态下拆卸，避免蒸汽伤人，打开膨胀水箱盖时，应用抹布包住盖子慢慢开启。

② 拆卸和安装散热器时，切勿拉伸、扭曲或弯折制冷剂管路和软管，以免损坏这些管路及冷凝器。

③ 放出冷却液时要小心，因冷却液有毒，故要防止中毒。

④ 零件要摆放好，不要乱放。

考 核

序号	考核内容	配分	评分标准	考核记录	扣分	得分
1	正确使用工具、仪器	10分	工具、仪器使用不当酌情扣10分			
2	正确排放冷却液	40分	错误每处扣5分			
3	正确拆卸散热器及水泵	40分	错误每处扣5分			
4	操作规范、整齐、不超时	10分	不规范扣5分，超时扣5分			
	遵守安全规范，无事故		不规范造成严重事故，此题按0分计			
5	总分	100分				
6	教师签字			年 月 日		

想一想，做一做

1. 简述冷却系统的工作原理。
2. 简述不正常冷却对发动机的影响。

项目 5.2　水泵的拆装与检修

项目目的

1）了解水泵的结构和工作原理。
2）熟练掌握水泵的拆装与检修方法。

项目内容

桑塔纳 2000 水泵的拆装与检修。

相关知识

水泵的功用是对冷却液加压，强制冷却液在冷却系统中循环流动。水泵由曲轴通过传动带驱动，转速随着发动机转速的升高而升高，一些发动机的水泵由凸轮轴直接驱动。

汽车发动机广泛采用离心式水泵，它具有体积小、出水量大、工作可靠等优点。离心式水泵的构造如图 5-2 所示，主要由泵壳、泵盖、叶轮、水泵轴、轴承和水封等组成。

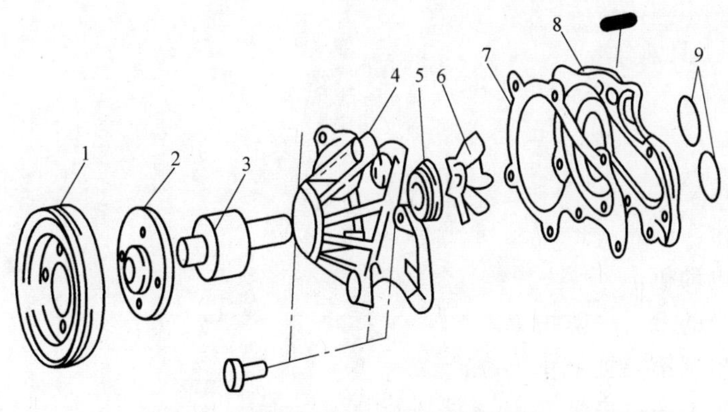

图 5-2　离心式水泵的构造

1—风扇带轮　2—带轮毂　3—水泵轴和轴承　4—泵壳
5—水封　6—叶轮　7—衬垫　8—泵盖　9—密封圈

泵壳的前半部分为水泵轴的轴承座孔，后半部分为叶轮工作室，泵壳上设有大循环进水口和小循环水管接头。泵盖和衬垫用螺钉安装在泵壳后面，用来封闭叶轮工作室。在泵盖上设有出水孔，水泵安装后出水孔与位于气缸体水套内的分水管相通。

水泵轴通过轴承支承在泵壳内。进口汽车发动机装用的水泵，水泵轴与轴承多数为不可分解的整体结构。国产汽车发动机装用的水泵，水泵轴一般采用两个球轴承支承，两轴承间用隔套定位。轴承后面的水泵轴上装有挡水圈，以防水封漏水时浸湿轴承而破坏其润滑性能，漏出的水被挡水圈挡住后可由泄水孔漏出。

桑塔纳2000发动机水泵由水泵体、水泵壳体、叶轮、水泵轴及轴承、水封等组成，如图5-3所示。叶轮固定在水泵轴上，水泵壳体安装在发动机缸体上。

发动机工作时，冷却系统内充满冷却液，曲轴通过带传动驱动水泵轴并带动叶轮，从而使水泵腔内的冷却液也一起转动。在离心力作用下，冷却液被甩向叶轮边缘，由与叶轮成切线方向的出水口泵出。同时，叶轮中心部位形成一定的真空，将散热器冷却液经进水口吸入泵腔，使整个冷却系统内的冷却液循环流动。叶轮由铸铁或塑料制造，叶轮上通常有6~8个径向直叶片或后弯叶片。水泵壳体由铸铁或铝铸制，进、出水管与水泵壳体铸成一体。

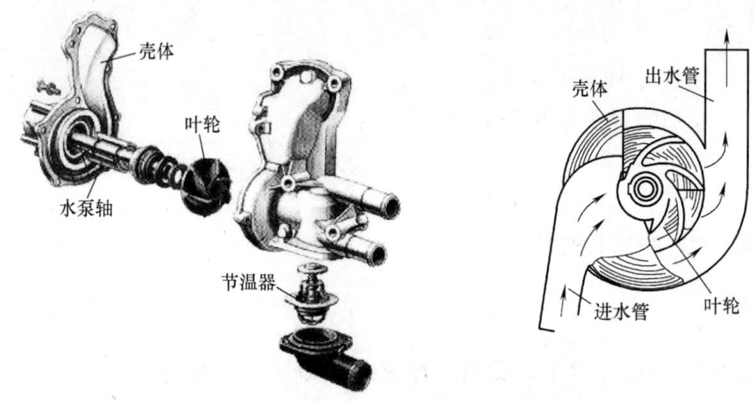

图5-3 桑塔纳2000发动机水泵的结构

设备、工具和材料准备

拆装工作台、工具。

操作步骤

1）排放冷却液。

2）拆卸驱动带。

3）拆卸散热电动机。

4）拆下齿形带的上、中防护罩。

5）将曲轴调整到第一缸上止点位置。

6）拆下凸轮轴上的齿形带。

7）旋下螺栓，拆下齿形带后防护罩。

8）旋下水泵，小心地将其拉出。

考 核

序号	考核内容	配分	评分标准	考核记录	扣分	得分
1	正确使用工具、仪器	10分	工具、仪器使用不当酌情扣10分			
2	正确拆卸水泵	40分	错误每处扣5分			

（续）

序号	考核内容	配分	评分标准	考核记录	扣分	得分
3	正确进行水泵的维修	40 分	错误每处扣 5 分			
4	操作规范、整齐、不超时	10 分	不规范扣 5 分，超时扣 5 分			
	遵守安全规范，无事故		不规范造成严重事故，此题按 0 分计			
5	总分	100 分				
6	教师签字			年　月　日		

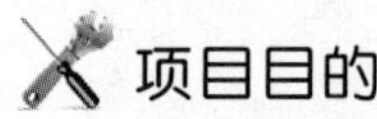

1. 简述水泵的类型和工作原理。
2. 简述发动机温度过高和水泵之间的关系。

项目 5.3　节温器的拆装与检修

项目目的

1）了解节温器的结构和工作过程。

2）熟练掌握节温器的拆装与检修方法。

项目内容

桑塔纳 2000 节温器的拆装与检修。

相关知识

节温器的功能是根据发动机冷却液温度的变化，自动控制通过散热器冷却液的流量，调节冷却系统对发动机的冷却强度。它一般安装在气缸盖上的出水口，有些安装在水泵的进水口位置。

节温器有折叠式节温器和蜡式节温器，目前多数发动机所采用的节温器基本都是蜡式节温器，它具有工作可靠、结构简单、坚固耐用、制造方便、容易大量生产、成本低等优点，其结构如图 5-4 所示。蜡式节温器的支架与定位凸缘铆接成一体，推杆的一端固定在支架的中心处，另一端插入橡胶管的中心孔中。橡胶管与节温器外壳之间形成的腔体内装有精制石蜡。为提高导热性，石蜡中常掺有铜粉或铝粉。常温时，石蜡呈固态，弹簧将主阀门推向上方，使主阀门关闭；而副阀门随着主阀门上移，离开阀座，小循环通路打开，如图 5-5a 所示。这时主阀门关闭通往散热器的水路，来自发动机缸盖出水口的冷却水，经水泵又流回气缸体水套中，进行小循环。当发动机水温升高时，石蜡逐渐变成液态，体积随之增大，迫使橡胶管收缩，从而对反推杆上端头产生向上的推力。由于反推杆上端固定，故反推杆对橡胶管及节温器外壳产生向下的反推力。当发动机水温为 76℃ 时，推杆对节温器外壳的反作用力可以克服弹簧的预压力，阀门开始打开。

当发动机水温达到86℃以上时，主阀门全开，来自气缸盖出水口的冷却水沿出水管全部流向散热器，从而进行大循环，如图5-5b所示。

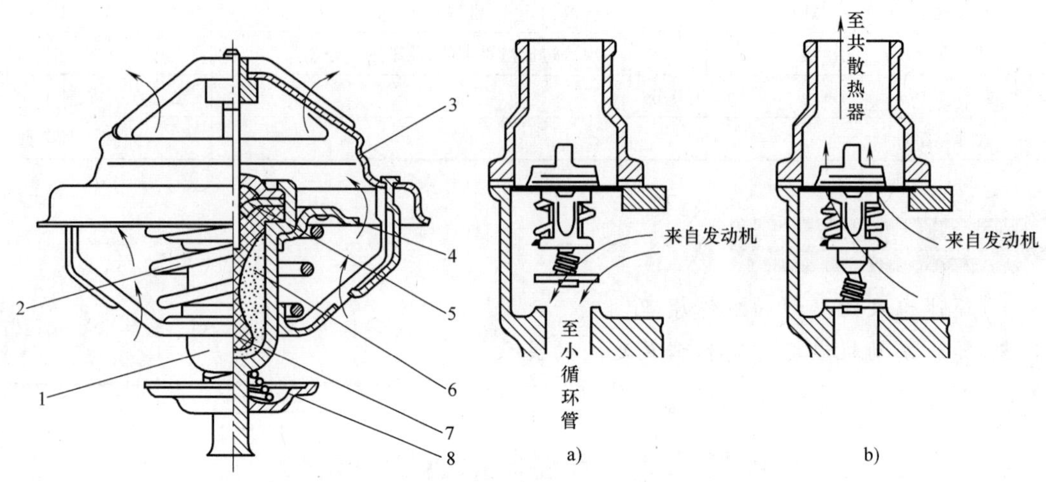

图5-4 蜡式节温器

1—节温器外壳 2—弹簧 3—支架 4—主阀门 5—推杆 6—石蜡 7—橡胶管 8—副阀门

图5-5 蜡式节温器的工作原理

a）小循环通路 b）大循环通路

节温器是冷却系统中用来调节发动机工作温度的重要机件，它的工作是否正常，对发动机工作温度影响很大，直接影响到发动机的动力性能和耗油量。

节温器在使用中常见的故障有：主阀门开启和全开的温度过高，甚至不能开启；节温器关闭不严。前者将造成冷却液不能进行大循环，导致发动机过热；后者将造成发动机升温缓慢，出现发动机温度过低现象。此外，随着节温器性能的逐渐衰退，主阀门的开度将逐渐减小，造成大循环的冷却水流量减少，发动机将逐渐过热。

检查节温器的方法是：将节温器放在盛有水的器皿中，然后加热，检查主阀门开始开启和完全开启时的温度以及全开时主阀门的升程。

设备、工具和材料准备

拆装工作台、工具。

操作步骤

以捷达轿车为例，节温器的检测步骤如下。

1）将节温器放在一个充满水的容器内加热，用温度计检测温度。

2）水温约87℃时，节温器阀门必须开启。

3）水温约120℃时，应完全打开，阀门最低行程为7mm。

若节温器阀门开启温度与上述要求不符时，应予以更换。

考　核

序号	考核内容	配分	评分标准	考核记录	扣分	得分
1	正确使用工具、仪器	10分	工具、仪器使用不当酌情扣10分			
2	正确检测节温器	40分	错误每处扣5分			
3	正确进行节温器的更换	40分	错误每处扣5分			
4	操作规范、整齐、不超时	10分	不规范扣5分，超时扣5分			
	遵守安全规范，无事故		不规范造成严重事故，此题按0分计			
5	总分	100分				
6	教师签字			年　月　日		

想一想，做一做

1. 简述节温器的结构和工作原理。
2. 简述节温器的检测方法。

项目5.4　散热器的拆装与检修

项目目的

1）了解散热器的结构和工作原理。
2）熟练掌握散热器的拆装与检修方法。

项目内容

发动机散热器的拆装与检修。

相关知识

散热器的功用是增大散热面积，加速冷却液的冷却。冷却液经过散热器后，其温度可降低10~15℃。为了将散热器散发的热量尽快带走，在散热器后面装有风扇与散热器配合工作。

散热器主要由上贮水室、下贮水室、散热器芯和散热器盖等组成，如图5-6所示。上贮水室装有加水口，平时用散热器盖盖住，冷却液即由此加入冷却系统。在下贮水室的出水管上有放水阀。在上、下贮水室上分别装有进水管口和出水管口。进水管和出水管用橡胶管分别与发动机气缸盖上的出水口及水泵的进水口相连接。

由发动机气缸盖上的出水口流出的温度较高的冷却液经过进水管进入上贮水室，经散热器芯得到冷却后流入下贮水室，经出水管被吸入水泵。散热器下面一般装有减振垫，用以防止散热器因受振动而损坏。在散热器下贮水室的出水管上还有放水开关，必要时可将散热器内的冷却液放掉。散热器芯由许多冷却管和散热片组成，应有尽可能大的散热面积，采用散热片是为了增加散热器芯的散热面积。散热器芯的构造形式有多种，常用的有管片式和管带式两种，如图5-7所示。

(1) 管片式散热器芯 它由许多冷却管和散热片组成。冷却管是焊接在上、下贮水室之间的直管，是冷却液的通道。当空气吹过管的外表面时，管内流动的水得到冷却。冷却管大多采用扁圆形断面，因为扁管与圆管相比，在容积相同的情况下有较大的散热面积。此外，当管内的水冻结膨胀时，扁管可以借其横断面变形而免于破裂。为了进一步提高散热效果，在冷却管外面横向套装了很多金属薄片（散热片）来增加散热器的散热面积，同时也增加了整个散热器的刚度和强度。

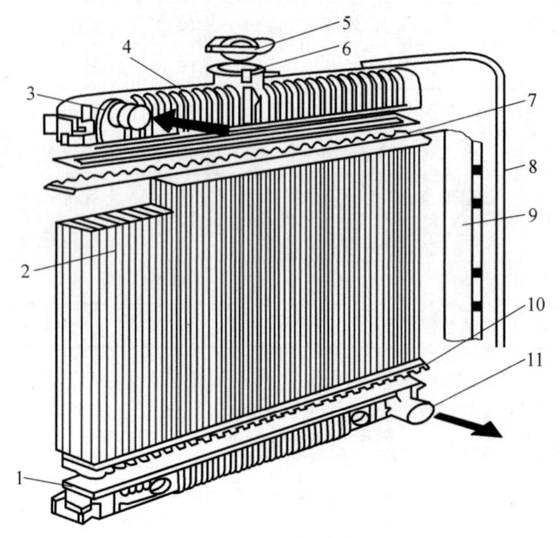

图5-6 散热器的构造

1—下贮水室 2—散热器芯 3—进水管口 4—上贮水室 5—散热器盖 6—加水口 7—上管栅 8—溢流管 9—侧固定夹板 10—下管栅 11—出水管口

(2) 管带式散热器芯 它主要由波纹状的散热带与冷却管相间排列，在散热带上一般开有形似百叶窗的缝孔，以破坏空气流在散热带表面上的附面层并提高散热能力。这种散热器芯与管片式相比，具有散热能力强、制造工艺简单、质量小、成本低等优点，但其结构刚度不如管片式好，一般多为轿车发动机采用，近年来在一些中型车辆上也开始采用。

散热器不仅要求有足够的散热面积，而且必须用导热性好的材料。因此，散热器芯一般多用导热性好的黄铜制成，近年来用铝质散热器芯也越来越多。

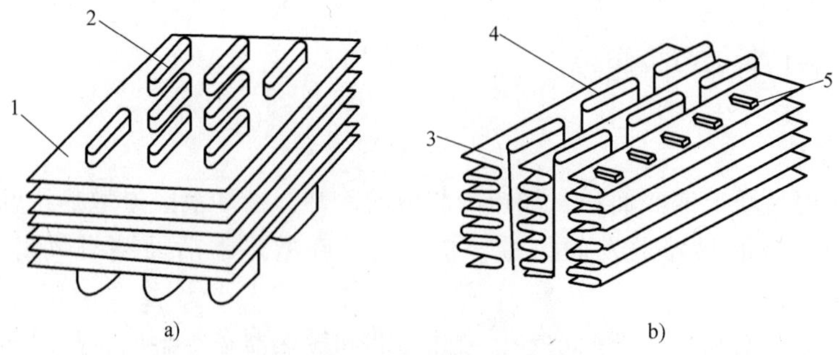

图5-7 散热器芯的构造形式

a）管片式 b）管带式

1—散热片 2、4—冷却管 3—散热带 5—缝孔

散热器盖上一般设有蒸汽阀和空气阀，以便保持冷却系统内部的适当压力，散热器盖的结构如图5-8所示。当散热器内压力升高到一定值（一般为126~127kPa）时，蒸汽阀打开，使部分蒸汽排入大气，以免胀坏散热器。当散热器内压力低到一定值（一般为87~99kPa）时，空气阀打开，使空气进入散热器，以免大气将散热器压坏。

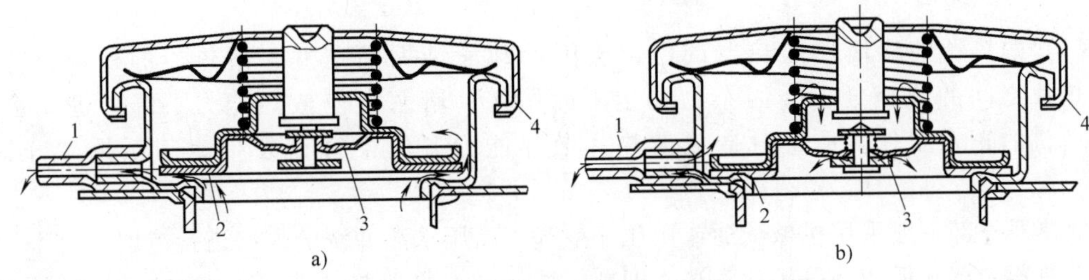

图 5-8 散热器盖的结构

a）蒸气阀开启 b）空气阀开启

1—通气管 2—蒸汽阀 3—空气阀 4—散热器盖

多数轿车发动机水冷却系统中都装有膨胀水箱，它利用水管与散热器盖上的蒸汽放出口相连，如图 5-9 所示。膨胀水箱的功用是减少冷却液的溢失，当冷却液受热膨胀时，散热器内多余的冷却液经水管流入膨胀水箱；而散热器温度下降，缺少冷却液时，散热器内产生一定的真空度，膨胀水箱内的冷却液又被吸回到散热器内。膨胀水箱上有“高”和“低”两个标记刻线，在使用中应保持膨胀水箱内的液面高度位于两个标记刻线之间，驾驶人应经常检查膨胀水箱内的液面高度，缺少冷却液时应及时加注。

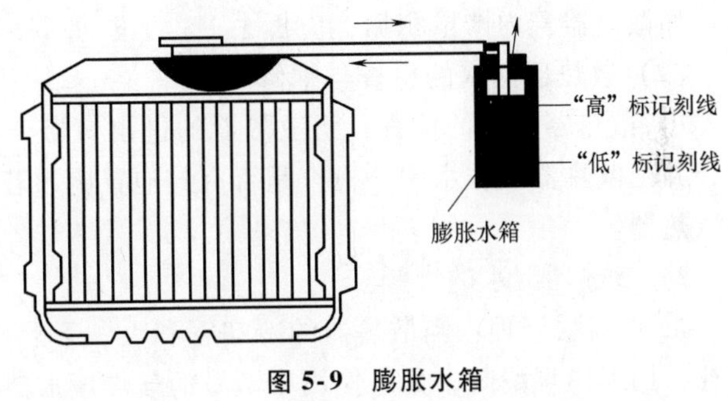

图 5-9 膨胀水箱

设备、工具和材料准备

1）拆装工作台、工具。

2）冷却液收集器。

操作步骤

1. 散热器的拆装

1）打开膨胀水箱上的散热器盖，注意不要烫伤。

2）松开散热器的上软管、下软管和连接膨胀水箱软管的卡箍，拆开软管，排空冷却系统中的冷却液。

3）拆开风扇电动机和温控开关的导线。

4）拧下固定在车架上的支架固定螺栓，拆下支架。

5）从支座中拆下散热器，连同冷却风扇和集风罩一起向上抬出。

6）松开集风罩与散热器的连接螺钉，把风扇和电动机与集风罩分开。

7）装配散热器和拆卸步骤相反，加入冷却液时，若热敏开关已拆下，装配时要更换新的密封衬垫。

2. 散热器的维修

散热器的常见故障是散热器内部沉淀水垢堵塞、外部脏污、铜管受到化学腐蚀而漏水等。

（1）散热器的清堵　散热器的内部会因冷却液结垢而堵塞，散热器的外部，特别是散热片之间的缝隙处，会因杂物和尘土而堵塞。堵塞会使散热能力下降，进而会影响发动机的正常工作。严重时造成散热片散热能力急剧下降而发生冷却系统“开锅”现象。

散热器外部一般采用机械疏通或用压缩空气、高压水流冲洗的方法进行清理。

散热器内部水垢清洗采用化学法，即利用酸或碱类物质与散热器内部水垢的化学反应，使水垢变成易溶于水的物质而被清除。清洗时，最好使用循环法，即先用酸性溶液清洗，然后再用碱性溶液冲洗中和，清洗时，清洗液以一定的压力（一般为10kPa）在散热器内循环，时间为3~5min。

如散热器管内严重积垢，应拆去上、下贮水室，进行机械疏通。

（2）散热器漏水的检查与维修

1）散热器漏水的检查。将散热器的进出口堵死，将40~98kPa的压缩空气充入散热器中，并把散热器浸在水中，检查是否有气泡冒出，若有气泡冒出，表明散热器有渗漏，应修补散热器。

2）散热器漏水的维修。

① 焊漏法修理：当散热器的冷却管和上、下贮水室破裂漏水时，可用焊补的方法进行修补，用焊锡焊漏时，最好使用小型号的气焊炬加热，并尽可能使散热器焊漏后，保留较多的散热面积。焊漏后切断的冷却管的数量不得超过管数总量的10%，切断散热片的面积不得大于迎风总面积的10%。

② 堵管法修理：当散热器冷却液管破裂漏水且因位置所限不易焊补时，可将破损位置的散热片适当分离，把破漏处冷却液管剪断，用小钳将截口夹扁，再用焊补密封；也可将上、下贮水室取掉，把损坏的冷却液管的上、下口用钳子夹扁，并用锡补封口。

堵管法只适用于个别冷却液管损坏的修理，堵死的冷却液管数不得超过总管数的8%~10%，否则会影响冷却效果。另外，在大修时不宜采用此方法。

③ 换管法修理：当冷却液管损坏较大时，可采用换管法修复，需将损坏的冷却液管抽去，然后再装入新冷却液管并加以焊接。

考　核

序号	考核内容	配分	评分标准	考核记录	扣分	得分
1	正确使用工具、仪器	10分	工具、仪器使用不当酌情扣10分			
2	正确拆卸散热器	40分	错误每处扣5分			
3	正确进行散热器的维修	40分	错误每处扣5分			
4	操作规范、整齐、不超时	10分	不规范扣5分，超时扣5分			
	遵守安全规范，无事故		不规范造成严重事故，此题按0分计			
5	总分	100分				
6	教师签字			年　月　日		

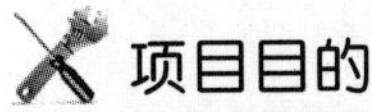

1. 简述散热器的结构和工作原理。
2. 简述散热器的拆卸过程。

项目5.5　冷却系统的维护与调整

项目目的

熟练掌握发动机冷却系统的维护内容。

项目内容

发动机冷却系统的维护。

相关知识

冷却液是水与防冻剂的混合物。冷却水使用软水，不得使用雨水、雪水、自来水等，否则在发动机水套中容易产生水垢，使传热效率下降并造成发动机过热。

冷却液温度可降至冰点，从而有效解决在冬季经常发生因冷却水结冰，使冷却水循环终止而引起发动机过热，甚至将机体、气缸盖和散热器胀裂等事故。冷却液中最常用的防冻剂是乙二醇。冷却液中水与乙二醇的比例不同，其冰点也不同。随着乙二醇含量的增加，冷却液的冰点逐渐下降。在冷却水中加入防冻剂可提高冷却液的沸点。因乙二醇有毒，对人体有很大的危害，因此要严禁吸入口腔；另外，它对金属和橡胶也有腐蚀作用、破坏作用。在冷却液中加入少量的防冻剂（Anti freeze）可配制成长效防锈防冻液。防冻剂中通常含有防锈剂和泡沫抑制剂。防锈剂可延缓或阻止发动机水套壁及散热器的锈蚀或腐蚀。冷却液中的空气在水泵叶轮的搅动下会产生很多泡沫，这些泡沫将妨碍水套壁的散热。泡沫抑制剂能有效抑制泡沫的产生。在使用过程中，防锈剂和泡沫抑制剂会逐渐消耗殆尽，因此，定期更换冷却液是十分必要的。在防冻剂中，一般要加入着色剂，使冷却液呈蓝绿色或黄色，以便于识别。

设备、工具和材料准备

拆装工作台、工具。

操作步骤

1. 冷却液液面高度的检查

在正常的使用过程中，每月应至少检查一次冷却液液面的高度。如果气候炎热，检查的次数应多一些。检查液面高度时应在发动机处于正常的工作温度下进行。检查时不必打开散热器，观察冷却液膨胀箱中的液面即可，正常的液面应位于“max”与“min”标记之间。

2. 硅油风扇离合器的检查

当汽车停放约12h后，在发动机起动前用手指拨动风扇叶片，应感到有明显的转动阻力。发动机起动后，运转1~2min后熄火，此时拨转风扇叶片，若感到转动阻力明显减小，可以认为硅油风扇离合器工作正常。

二级维护时，应就车检查风扇离合器的接合、分离状况。在导风圈上部打一个小孔，把管式温度计从小孔插入风扇和散热器之间，测量风扇离合器开始接合与分离时散热器后端风流的温度，应符合原厂规定。如北京切诺基汽车风扇离合器接合温度为72℃；CA1091型汽车风扇离合器开始接合时的热风温度为65℃，开始分离时的温度为70℃。

3. 冷却液的更换

1）排放冷却液时，首先将暖风控制阀开至最大。

2）拧下冷却液膨胀水箱盖，放出冷却液。

3）在膨胀水箱中加入混合好的冷却液至最高标记“max”处，拧紧膨胀水箱盖。

4）起动发动机，达到发动机的正常温度后关闭发动机，检查液面高度，必要时应予以补充。

考 核

序号	考核内容	配分	评分标准	考核记录	扣分	得分
1	正确使用工具、仪器	10分	工具、仪器使用不当酌情扣10分			
2	正确说明冷却液的类型	40分	错误每处扣5分			
3	正确加注与更换冷却液	40分	错误每处扣5分			
4	操作规范、整齐、不超时	10分	不规范扣5分，超时扣5分			
	遵守安全规范，无事故		不规范造成严重事故，此题按0分计			
5	总分	100分				
6	教师签字			年 月 日		

想一想，做一做

1. 简述冷却液的分类和作用。

2. 简述冷却液的更换过程。

模块6 润滑系统的拆装与检修

项目6.1 润滑系统的拆装与维护

项目目的

1）了解润滑系统的结构和功用。

2）熟练掌握润滑系统的拆装方法。

3）熟练掌握润滑系统的维护方法。

项目内容

润滑系统的拆装与维护。

相关知识

发动机运转时，很多具有相对运动的零件表面都是在很小的间隙下做高速相对运动的，如活塞、活塞环与气缸壁面、曲轴主轴颈与主轴承、曲柄销与连杆轴承、凸轮轴颈与凸轮轴轴承、配气机构各运动副及传动齿轮副等。相对运动的零件表面必然会产生摩擦，导致发动机的有效功率下降，零件工作表面的磨损增加，而且因摩擦产生的热量会将零件工作表面烧损，致使发动机无法运转。因此，为保证发动机正常工作，提高使用寿命，必须对相对运动零件表面进行润滑。

1. 润滑系统的功用

发动机的润滑是由润滑系统来实现的。润滑系统的基本任务是将清洁的、具有一定压力和温度适宜的润滑油不断地供给各运动零件的摩擦表面，以减少零件的摩擦和磨损。流动的润滑油还能清除摩擦表面的磨屑、尘砂和积炭等杂质。此外，润滑油还能吸收摩擦表面的热量，填充零件间隙，减少气体泄漏，帮助活塞环加强密封，减缓零件间冲击振动，降低工作噪声及防止零件表面生锈。

（1）润滑　润滑运动零件表面，减小摩擦阻力和减轻磨损，减小发动机的功率消耗。

（2）冷却　机油在润滑系统内循环还可带走摩擦产生的热量，起到冷却作用。

（3）清洗　利用润滑油清洗摩擦零件表面，带走磨屑和其他异物。

（4）密封　在运动零件之间形成油膜，提高密封性，有利于防止漏气或漏油。

（5）防锈　在零件表面形成油膜，对零件表面起到保护作用，防止腐蚀生锈。

（6）液压　润滑油还可用作液压油（如液压挺柱），起到液压作用。

（7）减振　润滑油还可减缓零件间冲击振动。

2. 润滑剂的分类与选用

汽车发动机所使用的润滑剂有两种：润滑油和润滑脂。润滑脂因使用过程中暴露在大气中，易产生滴漏，会污染发动机外部，以及由于耐磨材料的广泛使用，润滑脂在汽车发动机上使用范围逐渐减小，润滑油则广泛使用。

汽车发动机用的润滑油，一般采用矿物性润滑油，它是以从石油中提炼出来的润滑油为基础油，再加入各种添加剂混合而成。这些添加剂主要包括黏度指数改善剂、抗氧化剂、防腐蚀和防锈蚀剂、泡沫抑制剂和清洁分散剂。此外，还有抗磨改善剂、耐高压添加剂、石墨和钼的混合剂等。

20 世纪 70 年代初出现了采用化学方法制成的“化学合成润滑油”。它们是以有机酸或酒精为原料，或以煤和石油为原料，根据需要添加各种成分化合而成，化学合成润滑油具有较宽的黏度指数范围。但当时由于成本较高，价格昂贵而未能获得广泛应用，现在合成润滑油的价格在一些国家已大幅降低，应用日益增多，被认为是新一代的汽车用润滑油。

润滑油必须具有良好的流动性，特别应具有良好的低温流动性。而润滑油的黏度则是反映流动性的重要指标，反映了润滑油层在两相对运动表面之间可以产生滑动的难易程度。温度升高时，其黏度下降，机油变稀；反之，温度下降时，其黏度增大、润滑油变稠。因此，使用时应根据季节和地区的变化来选择润滑油的牌号。夏季气温高时，要用黏度较大的润滑油，否则将因润滑油过稀而不能使发动机得到可靠的润滑；冬季气温低时则要用黏度较低的润滑油，否则将因润滑油黏度过大，流动性差而不能输送到零件的摩擦表面。润滑油黏度是评价润滑油品质的主要指标，通常用运动黏度来表示。运动黏度是根据一定量的润滑油在一定的压力下，通过黏度计上一定直径与长度的毛细管所需的时间来确定。所需时间越长，表示润滑油的运动黏度越大。

国际上通用的润滑油分类方法有两种：一种是按润滑油的黏度等级分类，即美国汽车工程师协会 SAE 分类法；另一种是按润滑油性能分类，即美国石油学会 API 分类法。美国汽车工程师学会 SAE 分类法按照润滑油的黏度等级，把润滑油分为冬季用润滑油和非冬季用润滑油。冬季用润滑油有 6 种牌号：SAE0W、SAE5W、SAE10W、SAE15W、SAE20W 和 SAE25W。非冬季润滑油有 4 种牌号：SAE20、SAE30、SAE40 和 SAE50。标号越大，黏度越高。上述牌号的润滑油只是单一的黏度等级，也称为单级润滑油。使用单级润滑油时，需要根据季节和气温的变化，注意更换润滑油。能满足季节和温度变化两方面黏度要求的润滑油称为多级润滑油，其牌号有 SAE5W-20、SAE10W-30、SAE15W-40、SAE20W-40 等。例如，SAE10W-30 在低温下使用时，具有与 SAE10W 号润滑油一样的黏度特性，而在高温下使用时，又具有与 SAE30 号润滑油一样的黏度特性。目前使用的润滑油大多数具有多黏度等级，这样的润滑油可以冬夏通用。

美国石油学会 API 分类法是根据润滑油的性能及其最适合的使用场合，把润滑油分为 S 系列和 C 系列两类。S 系列为汽油润滑油，目前有 SA、SB、SC、SD、SE、SF、SG 和 SH 共 8 个级别。C 系列为柴油润滑油，目前有 CA、CB、CC、CD 和 CE 共 5 个级别。标号越靠后，质量等级越高，适用的机型越新或强化程度越高。其中，SA、SB、SC 和 CA 等级别的润滑油，除非汽车制造厂特别推荐，否则已不再使用。

我国的润滑油分类法参照 ISO 分类方法《润滑剂、工业用油和有关产品（L 类）的分类 第 1 部分：总分组》（GB/T 7631.3—2008）规定，按润滑油的性能和使用场合分为：

(1) 汽油机油：SC、SD、SE、SF、SG、SH 等 6 个级别。

(2) 柴油机油：CC、CD、CD-Ⅱ、CE、CF-4 等 5 个级别。

发动机所用润滑脂分为钙基润滑脂、铝基润滑脂、钙钠基润滑脂及合成钙基润滑脂等。使用时须根据不同季节和各类润滑脂的特点按有关标准选用。

3. 润滑系统的润滑方式

根据发动机中各运动副不同的工作条件，可采用以下三种不同的润滑方式。

(1) 压力润滑　压力润滑是在机油泵的作用下以一定的压力将润滑油连续不断地输送到摩擦表面的润滑方式。曲轴主轴承、连杆轴承及凸轮轴轴承等承受负荷较大的摩擦表面采用压力润滑。

(2) 飞溅润滑　飞溅润滑是利用发动机工作时，运动零件击溅起来的油滴或油雾来润滑摩擦表面的润滑方式。这种润滑方式主要用在运动负荷较小的气缸壁面和配气机构的凸轮、挺柱、气门杆以及摇臂等零件的工作表面。

(3) 润滑脂润滑　润滑脂润滑是通过定期加注润滑脂来润滑零件工作表面的润滑方式。这种方式主要用于负荷小、摩擦力不大，暴露在大气中的一些附件的润滑面上，如水泵、发电机、起动机等部件轴承的润滑。

4. 润滑系统的组成

发动机润滑系统主要由机油泵、机油滤清器、机油散热器、油底壳和集滤器等零部件组成，如图 6-1 所示。此外，润滑系统还装有起限压、安全、回油等作用的各种限压阀，以及润滑油压力表、温度表和润滑油管道等。

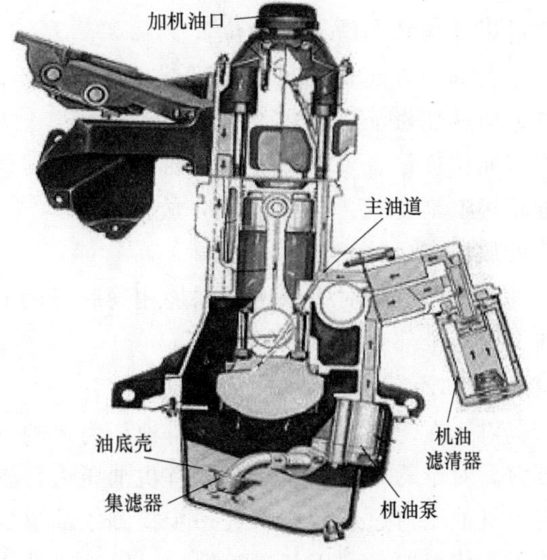

图 6-1　发动机润滑系的组成

(1) 机油泵　用于提供足够高的压力，保证进行压力润滑和润滑油在润滑系统内能循环流动。

(2) 机油滤清器　用来滤除润滑油中的金属磨屑、机械杂质和润滑油氧化物。它包括机油粗滤器和机油细滤器。

(3) 机油散热器　用来降低润滑油的温度。润滑油在循环过程中由于吸热而温度升高，若润滑油温度过高，则其黏度下降，不利于在摩擦表面形成油膜；此外，还会加速润滑油老化变质，缩短润滑油使用期。

(4) 油底壳　用来存储润滑油。

(5) 集滤器　用来滤除润滑油中粗大的杂质，防止杂质进入机油泵。

发动机工作时，机油经集滤器初步过滤并经机油泵加压后进入滤清器，经机油滤清器后流人气缸体主油道，润滑主轴颈和连杆轴颈。活塞顶背面采用喷油冷却。配气驱动机构中间轴轴颈分别由发动机前边第一条横向油道和从机油滤清器出来的油道流出的机油润滑。由于凸轮轴顶置，在气缸盖上另开有一条纵向油道，机油从气缸体主油道经垂直油道进入气缸盖主油道后，一部分通过并液压挺柱油道流向液压挺柱，另一部分通过横向斜油道流至凸轮轴轴颈。在气缸盖和气缸体右侧开有回油道，使气缸盖上的机油流回油底壳。高速发动机的润滑油路如图6-2所示。

设备、工具和材料准备

拆装工作台、工具。

操作步骤

1. 润滑油油面高度的检查

每次出车前应抽出机油尺，检查润滑油的油面位置。机油尺上有上刻度线和下刻度线，适宜的油面位置应在这两条刻度线之间。

检查时汽车要停放在平地上，发动机熄火3min，待润滑油流回油底壳后，抽出机油尺并将其擦净，再插回到底，重新抽出机油尺，在机油尺上就可以观察到润滑油油面位置。

若油面处于机油尺下刻度线的下方，应从加机油口处加注润滑油，直到油面位置符合要求为止。若油面位置超过上刻度线，应从油底壳放油螺栓处放出多余的润滑油。

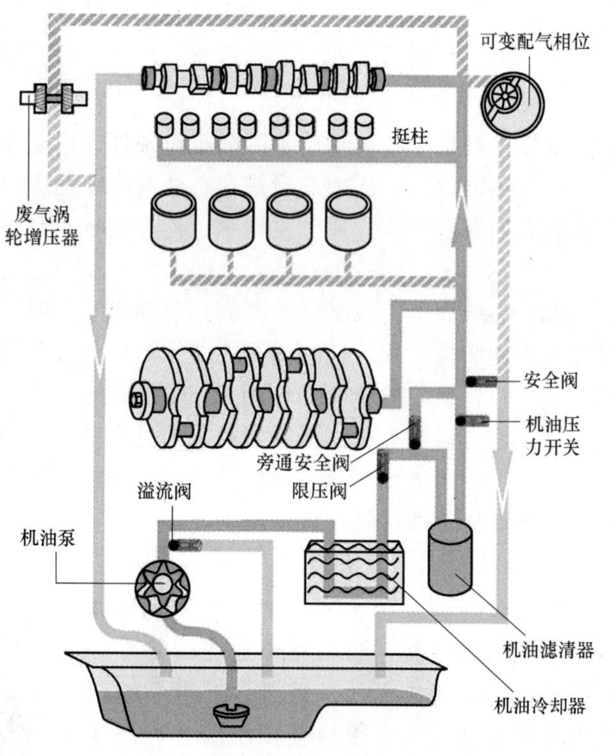

图6-2 高速发动机的润滑油路

添加润滑油时，一定要添加相同牌号的润滑油，以免引起润滑油变质。若无同一牌号的油，则应全部更换。

2. 机油压力的检查

对于在驾驶室仪表盘上有机油压力表的汽车，可由机油压力表上直接读取主油道润滑油压力。对于驾驶室仪表盘上装有机油压力警告灯的汽车，当汽车在正常行驶中，警告灯亮即表示机油压力过低，如果进一步检测主油道的润滑油压力，则需要拧下安装在主油道上的机油压力传感器，利用其连接螺口，安装机油压力表，由此表读取发动机工作时主油道内的润滑油压力。

3. 机油散热器的保养

在寒冷地区或冬季使用装有水冷式机油散热器的发动机时，若冷却系统中没有采用防冻液而用的是冷却液，在停车后放水时，应拧开水冷式机油散热器下面的放水开关，把机油散热器内的水放干净，以防机油散热器冻裂。

4. 机油粗滤器滤芯的更换

一级维护时，应检查离心式机油滤清器的运转是否正常，更换机油粗滤器滤芯，清洗粗滤器并更换机油。

汽车在完成走合里程后以及汽车每行驶10000km或每半年，应更换一次润滑油。更换时，在发动机熄火后的热机状态下，拧下油底壳底部的放油螺塞，放净发动机内的旧润滑油，再装回放油螺塞，从加机油口注入新的润滑油，直到油面位置符合要求为止。

二级维护时，除一级维护的内容外，还应拆下离心式细滤器壳体，清洗转子罩内壁沉积物，并清洗转子，保持机油喷口畅通。装配后，转子转动应灵活，无渗漏现象，最后检查和调整离心式机油过滤器进油限压阀的开启压力。

考 核

<table>
<tr><th>序号</th><th>考核内容</th><th>配分</th><th>评分标准</th><th>考核记录</th><th>扣分</th><th>得分</th></tr>
<tr><td>1</td><td>正确使用工具、仪器</td><td>10 分</td><td>工具、仪器使用不当酌情扣 10 分</td><td></td><td></td><td></td></tr>
<tr><td>2</td><td>正确检测润滑油的压力</td><td>40 分</td><td>错误每处扣 5 分</td><td></td><td></td><td></td></tr>
<tr><td>3</td><td>正确加注润滑油</td><td>40 分</td><td>错误每处扣 5 分</td><td></td><td></td><td></td></tr>
<tr><td rowspan="2">4</td><td>操作规范、整齐、不超时</td><td rowspan="2">10 分</td><td>不规范扣 5 分,超时扣 5 分</td><td></td><td></td><td rowspan="2"></td></tr>
<tr><td>遵守安全规范,无事故</td><td>不规范造成严重事故,此题按 0 分计</td><td></td><td></td></tr>
<tr><td>5</td><td>总分</td><td>100 分</td><td></td><td></td><td></td><td></td></tr>
<tr><td>6</td><td>教师签字</td><td colspan="3"></td><td colspan="3">年 月 日</td></tr>
</table>

想一想，做一做

1. 简述润滑油的类型及选用。
2. 简述润滑油的更换方法。

项目 6.2 机油泵、集滤器的拆装与检修

项目目的

1）了解机油泵、集滤器的结构和工作原理。

2）熟练掌握机油泵、集滤器的拆装与检修方法。

项目内容

桑塔纳 2000 发动机机油泵的更换。

相关知识

现代汽车发动机润滑系统所使用的机油泵可分为齿轮式和转子式两种。

1. 齿轮式机油泵

齿轮式机油泵主要由主动轴、主动齿轮、从动轴、从动齿轮和轮壳等组成。如图 6-3 所示，一对齿轮外啮合，装在壳体内，齿轮与壳体的径向和端面间隙都很小。当齿轮按图示方向旋转时，由于啮合着的齿轮逐渐脱开，密封工作腔容积逐渐增大，腔内形成一定的真空，油底壳中的润滑油便被吸入到进油腔来。随后又被轮齿带到出油腔。出油腔的容积由于轮齿逐渐进入啮合而减小，使润滑油压力升高，润滑油便经出油口被压入发动机机体上的润滑油

道。在发动机工作时，机油泵齿轮不停地旋转，润滑油便连续不断地流入润滑油道，经过滤清之后被送到各润滑部位。当轮齿进入啮合时，封闭在轮齿径向间隙内的润滑油，由于容积减小，压力急剧升高，使齿轮受到很大的推力，并使机油泵轴衬套的磨损加剧和功率消耗增大。为削弱这种影响，泵盖上加工有一道卸压槽，使轮齿径向间隙内被挤压的润滑油通过卸压槽流入出油腔。

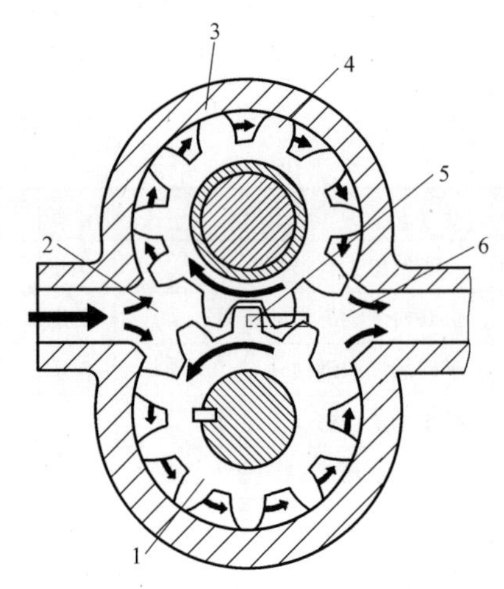

图 6-3 齿轮式机油泵

1—机油泵主动齿轮 2—进油腔 3—机油泵体 4—机油泵从动齿轮 5—卸压槽 6—出油腔

图 6-4 所示为东风 EQ6100-1 型发动机齿轮式机油泵的结构。进油口 A 通过进油管与固定式机油集滤器相连，出油口 B 与曲轴箱上的油道及机油粗滤器的进油口相连，管接头 1 用油管与机油细滤器连接。油泵壳体 7 上装有主动齿轮轴 10 和从动齿轮轴 16。主动齿轮轴上端通过连轴套 9 与分电器传动轴连接，下端则用半圆键 5 与主动齿轮 6 装配在一起。从动齿轮 15 松套在从动齿轮轴 16 上，从动齿轮轴压装在泵体内。

机油泵的使用性能主要取决于机油泵齿轮与泵体的配合间隙（端面间隙和径向间隙）。齿轮与泵体的径向间隙一般不得大于 0.20mm，端面间隙为 0.05~0.20mm。当间隙过大时，润滑油泄漏严重，润滑油压力降低，泵油量就会减少，甚至不能泵油；当间隙过小时，泵体与齿轮易发生碰撞，产生磨损。泵体与泵盖之间的衬垫比较薄，既可以防止漏油，又可以用来调整齿轮的端面间隙。

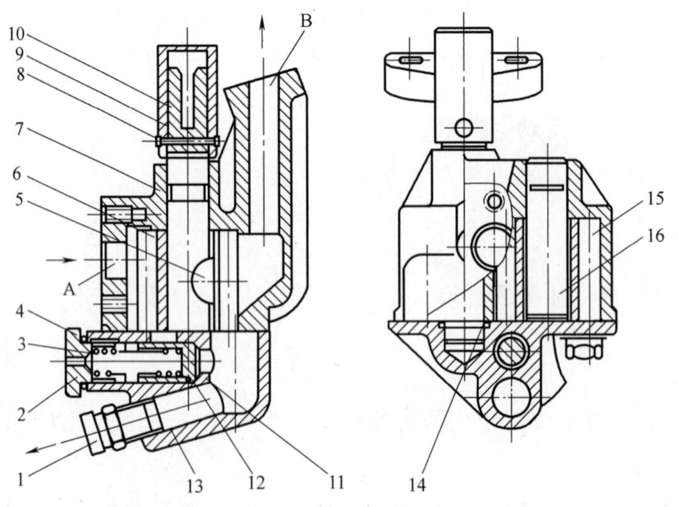

图 6-4 东风 EQ6100-1 型发动机齿轮式机油泵的结构

1—管接头 2—螺塞 3—限压阀弹簧 4—调整垫片 5—半圆键 6—主动齿轮 7—油泵壳体 8—半圆头铆钉 9—连轴套 10—主动齿轮轴 11—柱塞阀 12—径向环槽 13—油泵盖 14—钢丝挡圈 15—从动齿轮 16—从动齿轮轴

齿轮式机油泵的优点是效率高，功率损失小，工作可靠；缺点是需要中间传动机构，制造成本相对较高。例如：桑塔纳、捷达和奥迪等轿车都采用齿轮式机油泵。

2. 转子式机油泵

转子式机油泵主要由内转子、外转子、机油泵体及机油泵盖等组成。如图 6-5 所示，内转子用键或销固定在主动轴上，由曲轴齿轮直接或间接驱动；外转子松套在泵体内，内、外转子之间存在一定的偏心距。主动的内转子 5 带动从动外转子 6 一起沿同一方向转动。通常内转子有 4~5 个凸齿，外转子比内转子多一个凹齿，这样内、外转子同向不同步地旋转。内、外转子工作面的轮廓是一对共轭曲线，当机油泵工作时，内、外转子每个齿的齿形廓线保证在任何角度时总有一点相接触，从而在内、外转子之间形成 4 个工作腔。随着转子的转动，这 4 个工作腔的容积不断变化，当某一工作腔转到进油口时，由于转子间脱离啮合，容积增大，产生真空，润滑油经进油口被吸入工作腔内。当该工作腔转到出油口时，容积减小，油压升高，润滑油经出油口被压出。

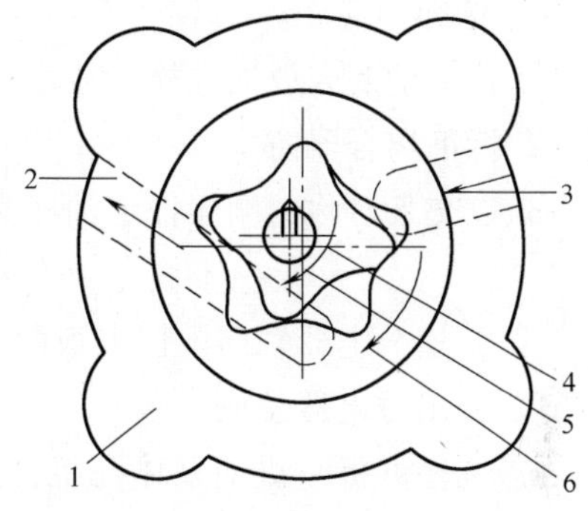

图 6-5　转子式机油泵的工作原理

1—机油泵壳体　2—出油孔　3—进油孔　4—主动轴　5—内转子　6—外转子

转子式机油泵的优点是结构紧凑、质量轻、供油均匀、噪声小、泵油量大、成本低。它在中、小功率高速发动机上的应用广泛。例如：夏利、红旗轿车用汽油机以及康明斯 6B 系列柴油机均采用这种转子式机油泵。

3. 集滤器

集滤器安装在机油泵之前的吸油口端，多采用滤网式，防止粒度大的杂质进入润滑系统，汽车发动机使用的集滤器目前分为浮式集滤器和固定式集滤器两种。

1）浮式集滤器工作时漂浮在机油油面上，以保证油泵总是吸入最上层较清洁的机油，但也容易吸入润滑油表面上漂浮的泡沫，使机油压力降低，润滑可靠性下降。

2）固定式集滤器装在油面下面，吸入的机油清洁度稍差于浮式集滤器，但可防止吸入泡沫，润滑可靠，结构简单，故基本取代了浮式集滤器。例如，一汽奥迪 100 型轿车、解放 CA1091 型载货汽车、东风 EQ1090E 型载货汽车和南京依维柯轻型载货汽车等发动机都采用了固定式集滤器。

设备、工具和材料准备

1）桑塔纳 2000 发动机。

2）拆装工作台、工具。

技术标准及要求

桑塔纳 2000 发动机机油泵的主要性能指标如下：

1）主动齿轮与被动齿轮的啮合间隙为 0.05~0.25mm。

2）主动轴与轴套孔的配合间隙为 0.03~0.08mm。

3）从动齿轮的轴向间隙为 0.02~0.05mm。

4）泵盖与齿轮的间隙为0.05~0.25mm。

5）泵盖的平面度误差小于0.10mm。

操作步骤

1. 机油泵的拆卸

1）拆卸油底壳。

① 拧下油底壳放油螺栓，放尽油底壳的机油。

② 拆下离合器防尘罩。

③ 以交叉对称的顺序拧下油底壳上的所有螺栓，拆下油底壳（必要时用橡胶锤轻轻敲出）。

2）旋松分电器轴向限位卡板的紧固螺栓并拆下卡板。

3）拔出分电器总成。

4）旋松并拆下机油泵体与机体连接的两个长紧固螺栓，将机油泵及吸油部件一起拆下。

5）拧松并拆下吸油管组紧固螺栓，拆下吸油管组，检查并清洗滤网。

6）旋松并取下机油泵盖短紧固螺栓，取下机油泵盖组，检查泵盖上的限压阀，观察泵盖接合面的磨损情况。

7）分解主动齿轮和从动齿轮，再分解齿轮和齿轮轴。

图6-6 齿轮的检查

2. 机油泵的检修

1）齿轮的检查与修理。如图6-6所示，检查主动齿轮、被动齿的啮合间隙，可用塞尺在互成120°处分三点测量，啮合间隙一般为0.05~0.25mm，各点测量误差不应超过0.1mm。若不符合规定、则应修复或予以更换。

2）泵轴的检查与修理。用千分表检查泵轴是否弯曲，指针摆差不应超过规定值，否则应进行校正。主动轴与轴套孔的配合间隙为0.03~0.08mm，最大不得超过0.16mm。从动齿轮的轴向间隙为0.02~0.05mm，超过0.15mm时，应予以修复或更换。

3）泵壳的检查与修理。如图6-7所示，泵盖与齿轮的间隙不得超过规定值（一般为0.05~0.25mm），如果间隙不符合要求，则应增减垫片或磨削泵壳与盖接合面。

图6-7 泵盖与齿轮的间隙

4）泵盖的检修。若泵盖平面上有轻微的拉毛时，可在平板上磨光；若有明显台阶时，应测量其平面度误差，当误差超过0.10mm时，可在机床上磨平或车平。

考　核

序号	考核内容	配分	评分标准	考核记录	扣分	得分
1	正确使用工具、仪器	10 分	工具、仪器使用不当酌情扣 10 分			
2	正确拆卸机油泵	40 分	错误每处扣 5 分			
3	正确检修机油泵	40 分	错误每处扣 5 分			
4	操作规范、整齐、不超时	10 分	不规范扣 5 分，超时扣 5 分			
	遵守安全规范，无事故		不规范造成严重事故，此题按 0 分计			
5	总分	100 分				
6	教师签字			年　月　日		

想一想，做一做

1. 简述机油泵的类型及工作过程。
2. 简述机油泵的检修方法。

项目 6.3　机油滤清器的拆装与检测

项目目的

1）了解机油滤清器的结构及工作原理。

2）熟练掌握机油滤清器的拆装与检测方法。

项目内容

机油滤清器的拆装与检测

相关知识

机油滤清器是用来滤清润滑油中的金属屑、机械杂质及机油本身氧化的产物，如各种有机酸及碳化物等，防止它们进入零件的摩擦表面而将零件拉毛、刮伤，使磨损加剧，以及防止润滑系统通道堵塞而出现烧坏轴瓦等严重事故。

润滑油流到摩擦表面前，经过滤清器滤清的次数越多，润滑油越清洁。但滤清次数越多，润滑油流动阻力也越大。为解决滤清与油路通畅之间的矛盾，在润滑系统中装有几个不同滤清能力的滤清器：集滤器、粗滤器、细滤器，它们分别串联和并联在主油道中。与主油道串联的滤清器称为全流式滤清器；与主油道并联的滤清器，称为分流式滤清器。

图 6-8 所示为东风 EQ6100-1 型发动机的纸质滤清器。滤清器壳体由铸铁上盖 7 和钣料压制的外壳 5 组成。滤芯 4 用经过树脂处理的微孔滤纸制成，为了增大过滤面积，微孔滤纸一般都折叠成波纹形，滤芯的两端由环形密封圈 2 和 6 密封，如图 6-9 所示。滤芯内装有金属丝网或带有网眼的薄铁皮作为滤芯的骨架。粗滤器工作时，润滑油由上盖进油孔进入滤芯

周围，通过滤芯滤清后，从出油孔流出，进入主油道。当滤芯被积污堵塞，其内外压差达到0.15~0.17MPa时，旁通阀13即被顶开，大部分润滑油不经滤芯滤清，直接进入主油道，以保证主油道所需的润滑油量。

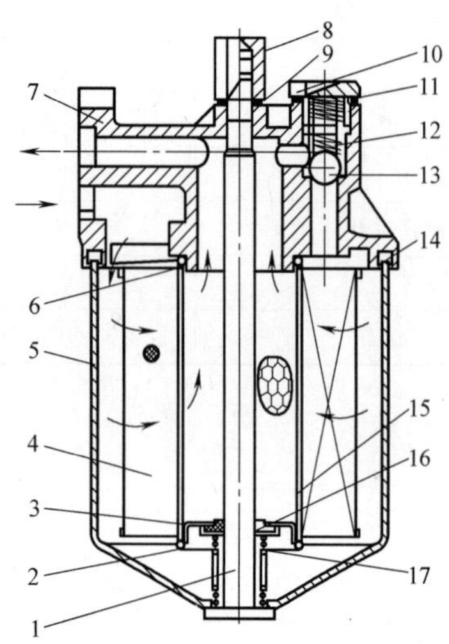

图 6-8 纸质机油粗滤器

1—拉杆 2、6、15、14、11、9—密封圈 3—托板 4—滤芯 5—外壳 7—上盖 8—螺母 10—阀座 12—弹簧 13—旁通阀 16—垫圈 17—弹簧

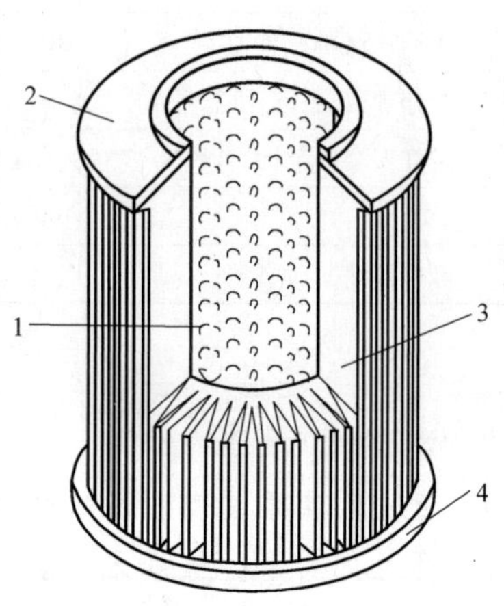

图 6-9 纸质滤芯

1—芯筒 2—上端盖 3—微孔滤纸 4—下端盖

有些发动机的机油滤清器除设置旁通阀之外，还加装单向阀。当发动机停机后，单向阀将滤清器的进油口关闭，防止润滑油从滤清器流向油底壳。在这种情况下，当重新起动发动机时，润滑系统能迅速建立起油压，从而可以减轻由于起动时供油不足而引起的零件磨损。

设备、工具和材料准备

1）拆装工作台、工具。

2）机油滤清器拆装扳手。

操作步骤

可拆式机油粗滤器的检修主要包括：更换纸质滤芯和老化的密封胶圈、清洗滤清器内部的沉淀物和检查调整旁通阀开启压力等三项内容。

一般汽车每行驶12000km，应更换一次滤芯。装配滤清器时，注意各处的密封圈不可漏装。

无特殊情况不得拆卸和调整旁通阀，以免开启压力发生变化。必要时，应在试验台上检查和调整旁通阀的开启压力。

向气缸体上安装滤清器时，应先在滤清器内充满机油，并检查与气缸体平面结合处是否平整，垫片是否完好，最后拧紧固定螺栓。

考　核

序号	考核内容	配分	评分标准	考核记录	扣分	得分
1	正确使用工具、仪器	10分	工具、仪器使用不当酌情扣10分			
2	正确进行机油滤清器的更换	40分	错误每处扣5分			
3	正确进行机油滤清器装复后的检查	40分	错误每处扣5分			
4	操作规范、整齐、不超时	10分	不规范扣5分，超时扣5分			
	遵守安全规范，无事故		不规范造成严重事故，此题按0分计			
5	总分	100分				
6	教师签字			年　月　日		

想一想，做一做

1. 简述机油滤清器的结构和工作原理。
2. 简述机油滤清器的更换方法。

模块7 燃油供给系统的拆装与检修

项目7.1　燃油供给系统的拆装

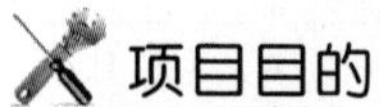

项目目的

1）了解燃油供给系统的结构和工作过程。

2）熟练掌握燃油供给系统的拆装方法。

项目内容

燃油泵的更换

相关知识

燃油供给系统的功用是在利用燃油泵将燃油加压后，喷油器及时地将一定数量且雾化良好的汽油直接喷入气缸或进气管道内，与一定数量的空气混合形成可燃混合气。按照喷射的部位不同可分为缸外喷射和缸内直接喷射。

1. 汽油缸外喷射方式的燃油供给系统

（1）系统组成　汽油缸外喷射方式的燃油供给系统主要由油箱、电动汽油泵、汽油滤清器、燃油压力调节器、喷油器和输油管路等组成，如图7-1所示。

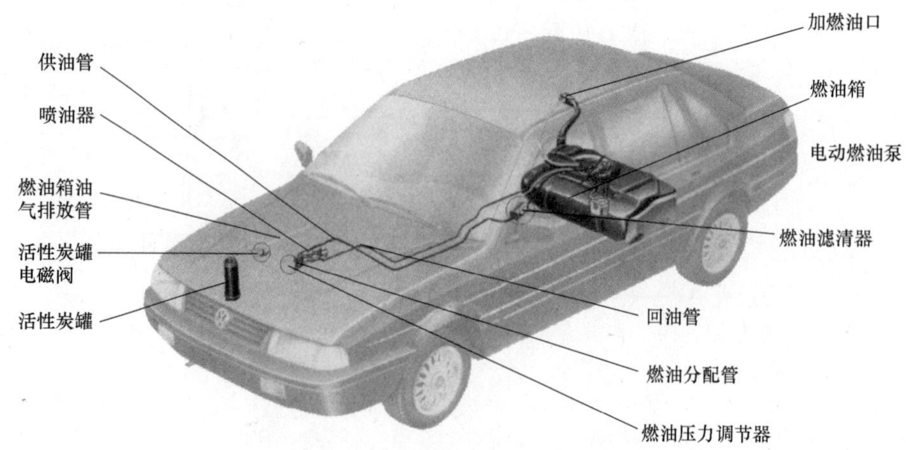

图7-1　汽油缸外喷射方式的燃油供给系统

发动机工作时，电动汽油泵将汽油从油箱中泵出，输送到汽油滤清器，滤除水分和杂质后，经压力调节器调压及稳压后，以一定的压力将汽油输送给喷油器，喷油器根据发动机ECU 的控制信号，为气缸喷射定量的汽油。

发动机油轨的端头装有燃油压力调节器，可对燃油压力进行调整，多余的燃油经压力调节器流回油箱，如图 7-2 所示。现代生产的汽车将压力调节器组合在电动汽油泵内的，没有回油管路，如图 7-3 所示。

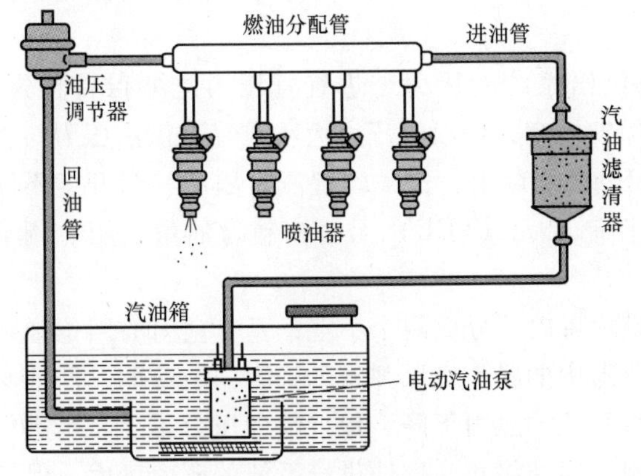

图 7-2　有回油管的燃油供给系统

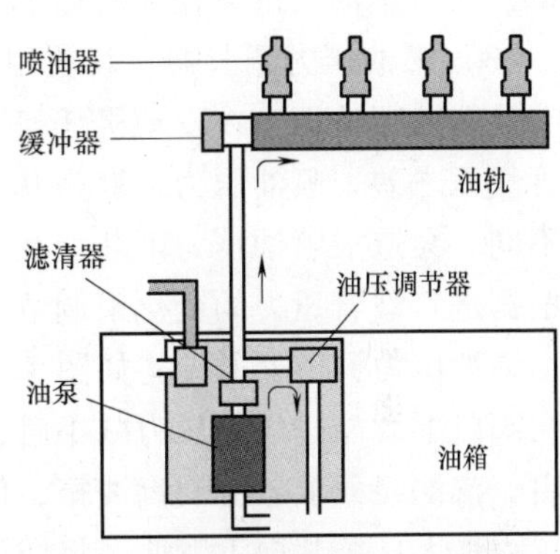

图 7-3　无回油管的燃油供给系统

(2) 电动汽油泵　电动汽油泵由电动机和端盖等组成，分为滚柱式、叶片式、齿轮式等型式，安装在汽油箱内或汽油箱外。轿车发动机一般采用叶片式电动汽油泵，具有运转噪声低、泵油压力高、叶片磨损小等优点。

叶片式电动汽油泵安装在汽油箱内，浸在汽油中，在泵油过程中，电动汽油泵依靠汽油进行润滑和冷却。在无油的情况下，汽油泵会因发热会被烧坏。

油泵支架上安装有线性电阻型的油量传感器，浮子浮在油面上，随油量的多少浮动，浮子带动传感器的滑臂使电阻值发生变化，传感器输出的信号电压随之变化。仪表盘上的油量表随信号电压的大小显示油量的多少。

如图 7-4 所示，叶片式电动汽油泵总成主要由电动油泵、燃油滤清器、燃油压力调节器、燃油表传感器和浮子等组成。

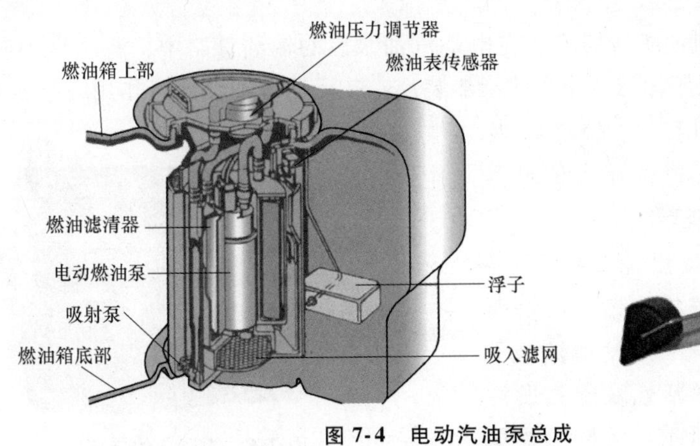

图 7-4　电动汽油泵总成

叶片泵的叶轮是一个圆形平板，在平板的圆周上加工有小槽，形成泵油叶片。电动机电枢轴驱动叶轮旋转时，小槽内的汽油随同叶轮一同高速旋转。由于离心力的作用，使出口处油压增高，而在进口处产生真空，从而使汽油从进口吸入，从出口排出。

出油口处设有单向阀（出油阀），当发动机停机时，单向阀关闭，防止管路中的汽油倒流回汽油泵，使管路中保持有一定的油压，再起动发动机时比较容易。

泄压阀（限流阀）的作用是，当油压超过一定压力时泄压阀被打开，使汽油回流到进油口，以防止油压过高损坏汽油泵。

（3）燃油压力调节器　其功用是使燃油供给系统的压力与进气管压力之差保持恒定，即喷油器的喷油压力在发动机任何工况下都保持恒定，使喷油压力大小或等于供油压力与进气管气压之差。喷油压力一般为0.25~0.35MPa。实际上，进气歧管压力随节气门开度不同而不同，会造成喷油压力不断变化，使电子控制单元（ECU）无法控制喷油量，压力调节器根据进气歧管压力的变化来调节燃油压力。

燃油压力调节器的结构如图7-5所示，膜片将内腔分成两个小室，真空室内的回位弹簧压在阀门上。当进气管压力减小时，压力调节器中的膜片克服弹簧的弹力向上弯曲，回油阀开启，汽油经回油口流回汽油箱，使燃油供给系统的压力下降，保持喷油压力不变；当进气管压力增大，膜片向下弯曲，将回油阀口关闭，回油终止，燃油供给系统的压力增大，保持喷油压力不变。

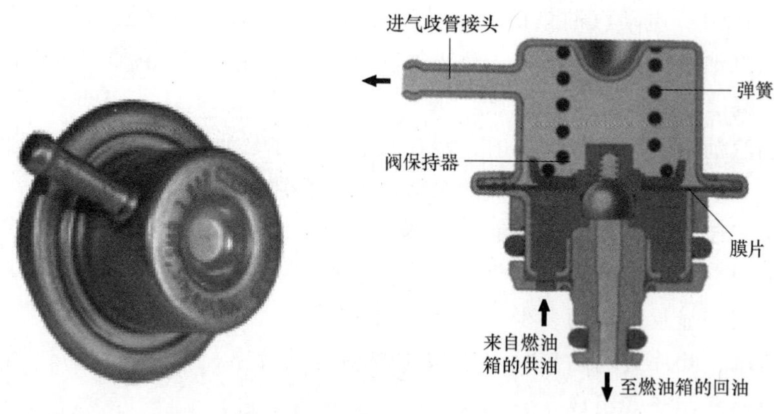

图7-5　燃油压力调节器的结构

（4）汽油滤清器　汽油滤清器安装在电动汽油泵后的输油管路中，滤芯呈喇叭状，汽油滤清器的外壳上标有安装标记，防止滤清器装反，装反后起不到滤清作用，结构如图7-6所示。正常情况下使用，汽车每行驶40000km需要更换一次。燃油压力传感器和滤清器组合在一起的滤清器。

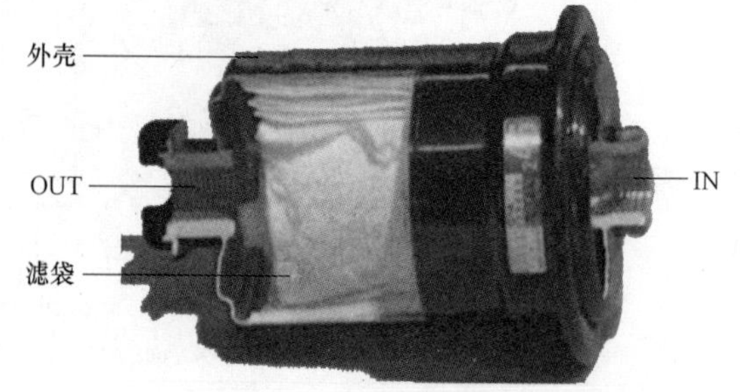

图7-6　滤清器的结构

2. 活性炭罐蒸发污染控制装置

为防止汽油箱向大气排放燃油蒸汽而产生污染，燃油供给系统采用发动机电子控制单元（ECU）控制的活性炭罐蒸发污染控制装置，如图7-7所示。活性炭罐里面装满了活性炭颗粒，油箱的油蒸汽通过单向阀进入活性炭罐上部，空气由活性炭罐下部进入，强燃油蒸汽带入进气系统，清洗活性炭。炭罐上部的排放控制阀的真空度由炭罐电磁阀控制，炭罐电磁阀的工作过程受发动机电子控制单元的控制。

发动机工作时，电子控制单元根据发动机转速、冷却液温度、空气流量等信号，控制电磁阀的开闭。炭罐电磁阀通电打开，燃油蒸汽从油箱内吸出，经炭罐及控制阀，通过炭罐电磁阀通道进入进气歧管，随空气一起进入气缸内燃烧。

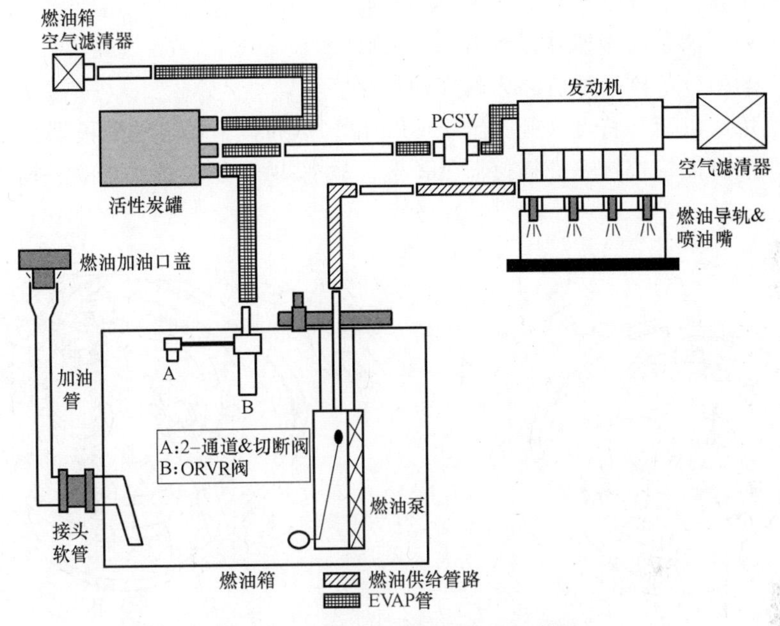

图 7-7　活性炭罐蒸发污染控制装置

设备、工具和材料准备

拆装工作台、工具。

操作步骤

1. 对燃油系统进行操作时的安全注意事项

汽车正常工作时，燃油系统具有较高的压力，在打开系统之前先在开口处放置抹布，然后缓慢地松开接头以释放压力。当从燃油箱中拆卸或安装燃油传感器或燃油泵时要注意以下事项。

1）燃油箱内燃油的容量不能超过油箱容积的 2/3，必要时使用专用设备抽取燃油。

2）在重新开始工作前，收集软管必须放置在系统开口处附近，以便及时收集燃油蒸汽。

3）如果没有收集设备，可以使用排风扇。

4）不要让皮肤直接接触燃油，需要带防护手套。

在对燃油供给及燃油喷射系统进行维修工作进要遵循以下的规定。

1）在打开系统之前要彻底地清洁连接处及周围的部分。

2）将拆下的零件放置在干净的地方并加以覆盖。

3）如果不能立即进行修理工作，则要将开口处加以覆盖。

4）只能安装清洁的零部件，更换件只能在安装之前拆去包装材料。

5）当系统打开时，避免使用压缩空气，避免移动车辆。

2. 准备工作

1）拆卸后坐垫。

2）开启维护盖。

3）分离燃油箱油泵插接器A，如图7-8所示。

4）起动发动机，等到燃油管路内的燃油耗尽。

5）发动机熄火以后，将点火开关置于OFF位，然后拔下蓄电池负极端子。

6）分离燃油供油管快接——插接器A、蒸汽软管B和蒸汽管快接——插接器C，如图7-9所示。

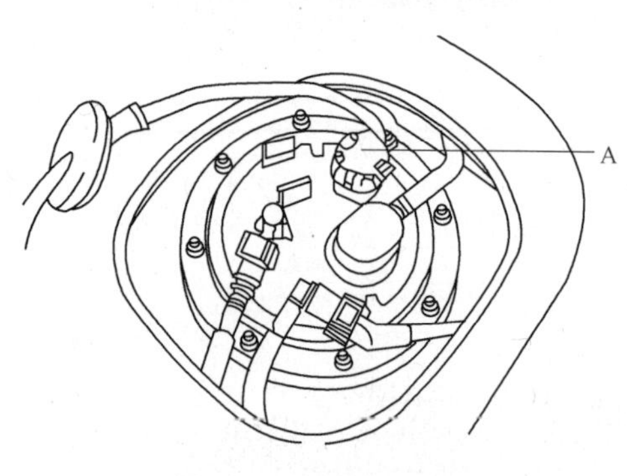

图7-8 燃油泵插接器

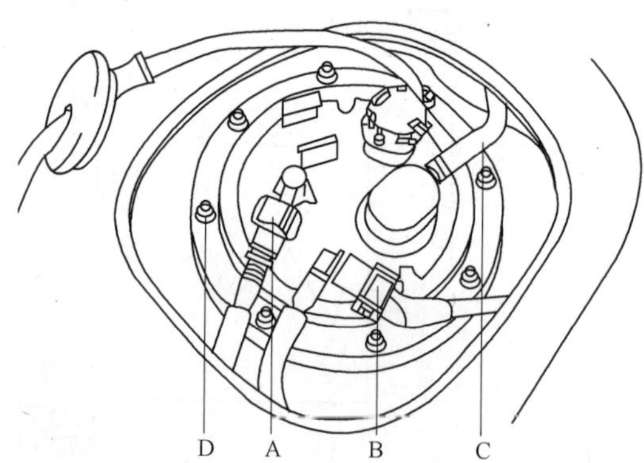

图7-9 分离软管及插接器

7）拆卸燃油泵安装螺母D并拆卸燃油泵总成，如图7-10所示。

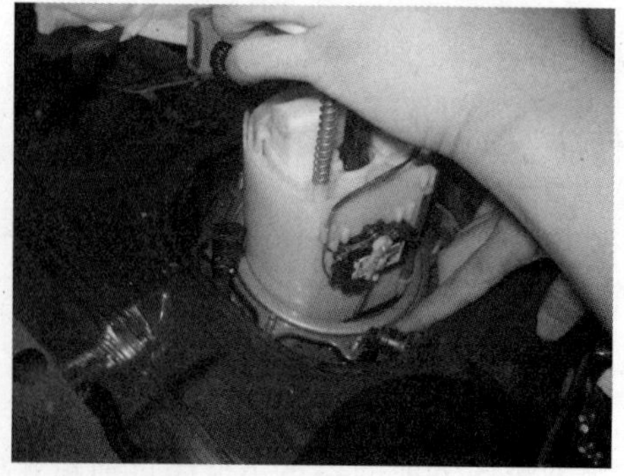

图7-10 燃油泵总成的拆卸

3. 更换燃油油泵

1）分离电动泵导线插接器A和燃油传感部件导线插接器B，如图7-11所示。

2）从电动泵上分离电动泵导线插接器A，并检查燃油泵线束接头，然后取下锁C和燃油传感部件B，以拆卸燃油传感部件B，如图7-12所示。

3）取下盖后拆卸燃油压力调节器和软管总成，如图7-13所示。

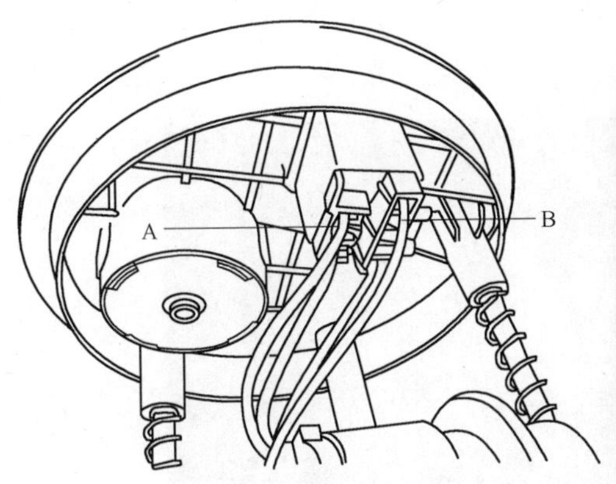

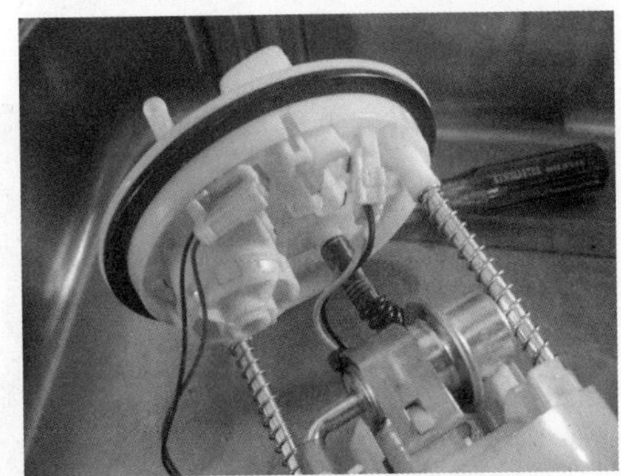

图 7-11　燃油泵导线插接器

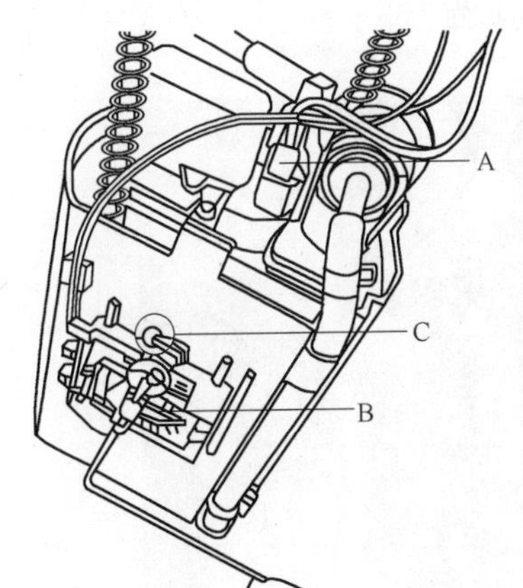

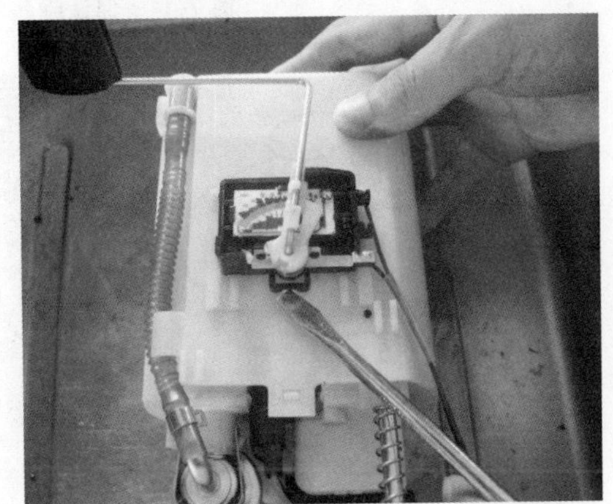

图 7-12　燃油泵导线插接器

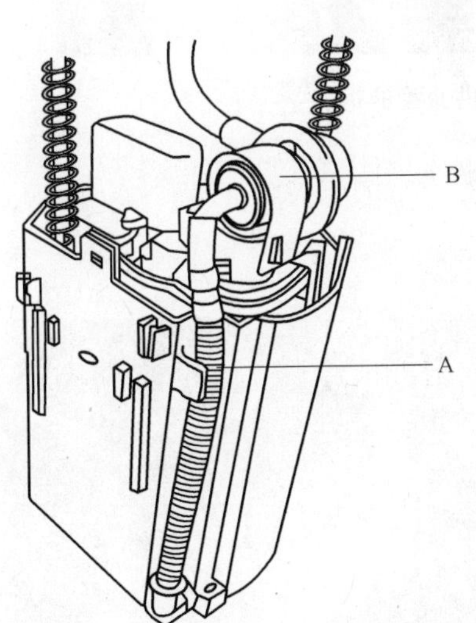

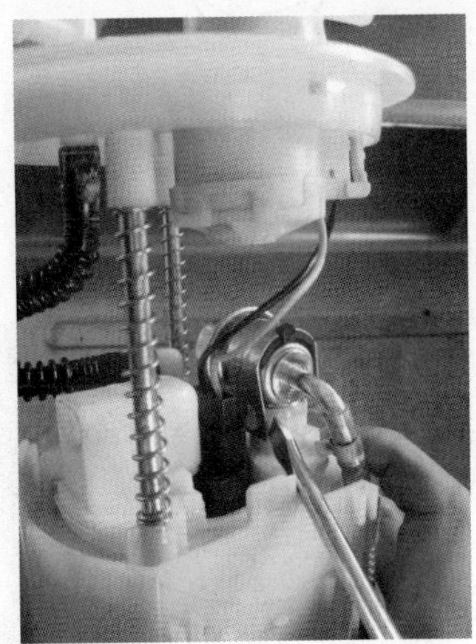

图 7-13　燃油压力调节器及软管总成的拆卸

4）取下三个固定挂钩后拆卸储液罐盖，如图 7-14 所示。

5）取下两个固定挂钩后从燃油滤清器上拆卸燃油供油管，如图 7-15 所示。

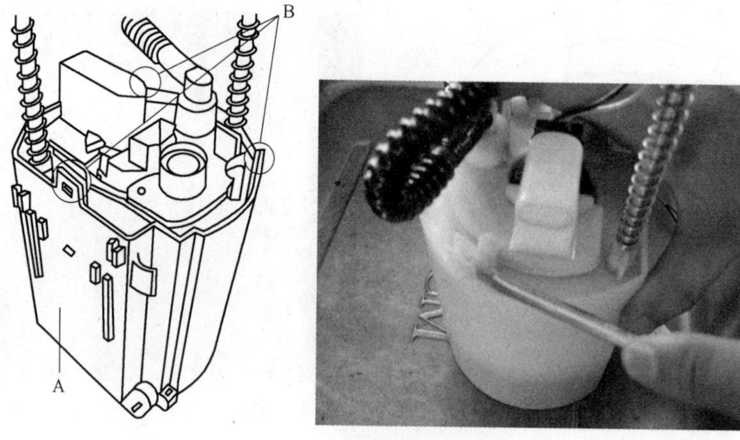

图 7-14 储液罐盖的拆卸

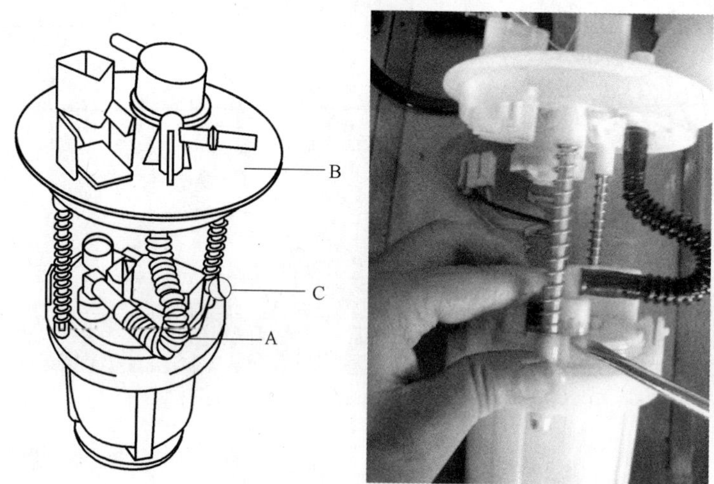

图 7-15 燃油供油管的拆卸

6）如图 7-16 所示，拆卸泵总成，并与以更换。

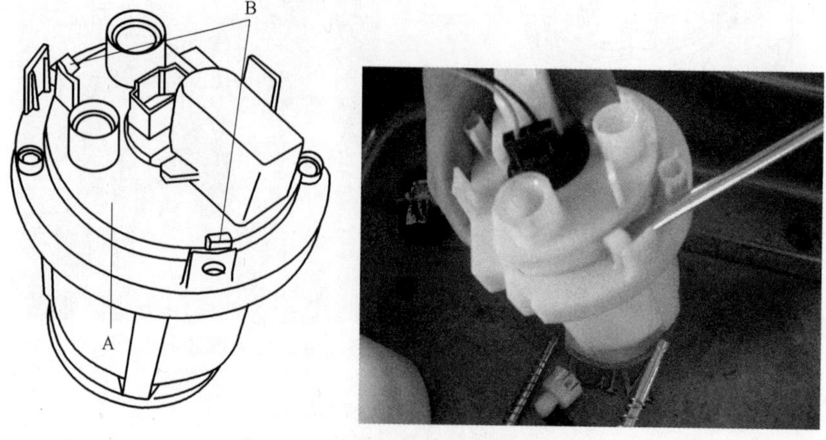

图 7-16 燃油泵总成的拆卸与更换

7）取下两个固定挂钩后上提并抽出燃油滤清器，按图 7-17 所示方法更换燃油滤清器、滤网和密封圈，一定要注意各个更换配件的安装位置。

8）安装燃油滤清器及燃油泵，其步骤按照与拆卸的相反顺序进行，燃油泵安装螺母力矩为 20~29N · m。

注意：

1）安装燃油泵模块时，小心不要缠住密封环。

2）为防止残留汽油滴漏，将毛巾垫在旧燃油滤清器下。

3）在更换燃油滤清器时，使火焰或火花远离工作区域。

图 7-17　燃油泵总成更换配件

考　核

序号	考核内容	配分	评分标准	考核记录	扣分	得分
1	正确使用工具、仪器	10 分	工具、仪器使用不当酌情扣 10 分			
2	正确进行燃油压力的释放	40 分	错误每处扣 5 分			
3	正确进行燃油泵的更换	40 分	错误每处扣 5 分			
4	操作规范、整齐、不超时	10 分	不规范扣 5 分，超时扣 5 分			
	遵守安全规范，无事故		不规范造成严重事故，此题按 0 分计			
5	总分	100 分				
6	教师签字			年　月　日		

想一想，做一做

1. 简述燃油供给系统的结构和工作原理。
2. 简述燃油泵的更换方法。

项目 7.2　电控汽油喷射系统汽油供给系统的检修

项目目的

1）熟悉电控汽油喷射系统汽油供给系统的结构和工作过程。

2）熟练掌握电控汽油喷射系统汽油供给系统的检修方法。

项目内容

电控汽油喷射系统汽油供给系统的检修

相关知识

电控汽油喷射系统能实现对混合气浓度（即空燃比）的高精度控制，能根据发动机运行工况和运行环境的变化，实现最佳空燃比控制及最佳点火提前角控制，以优化发动机各种运行工况，提高发动机的动力性和经济性；由于配有排放物控制系统，可降低 HC、CO 和 NO_x 等主要有害气体的排放，从而取得良好的节油和排气净化效果，排放污染物可减少50%以上；在进气系统中，由于没有化油器那样的喉管部位，可使空气流动阻力减小，最大转矩可提高 7%，最大功率提高 9%，加速时间缩短 20%，提高汽车的燃油经济性。另外，电控汽油喷射系统有减速断油功能，既能降低排放，也能节省燃油。

1. 电控汽油喷射系统的类型

（1）按进气量的检测方法不同分类

1）流量型（L 型）电控汽油喷射系统：用空气流量计直接测量出进气管的空气流量，由此计算出每一循环应喷射的汽油量。

流量型电控汽油喷射系统又可分为质量流量型和体积流量型两种类型。质量流量型测量的是进气管的空气质量流量，体积流量型测量的是进气管的空气体积流量。

2）压力型（D 型）电控汽油喷射系统：利用绝对压力传感器检测进气管内的绝对压力，电子控制单元根据进气管内的绝对压力和发动机转速推算出发动机的进气量，然后确定基本喷油量。

（2）按喷射位置分类

1）单点电控汽油喷射系统（SPI）：在节气门上方安装一个中央喷射装置，由 1~2 个喷油器集中喷油，形成的混合气由进气支管分配到各个气缸中。单点喷射也称为中央喷射（CFI）或节气门体喷射（TBI）。其结构简单，故障少、维修调整方便，成本低，但汽油分配均匀性不好。

2）多点电控汽油喷射系统（MPI）：每缸进气门前装有一个喷油器，由电子控制单元控制喷射。该系统虽控制系统复杂，成本较高，但其汽油分配均匀性较好，燃料燃烧充分，可有效改善燃油经济性和排放性，目前广泛使用于轿车上。

（3）按喷射方式分类

1）连续喷射电控汽油喷射系统：在发动机运转过程中，汽油连续不断地喷射到进气管内。除机械式汽油喷射系统（K 型）和机电组合式汽油喷射系统（KE 型）应用外，电控汽油喷射系统一般不采用此喷射方式。

2）间歇喷射电控汽油喷射系统：在发动机运转期间，将汽油间歇喷入进气管内。目前多用于电控汽油喷射系统。间歇喷射方式按各缸喷油器的喷射顺序又可分为同时喷射、分组喷射和顺序喷射。同时喷射是将各气缸的喷油器并联，所有喷油器由电子控制单元的同一个指令控制，同时断油，同时喷油，如图 7-18a 所示。分组喷射是将各气缸的喷油器分成几组，同一组喷油器同时断油或喷油，如图 7-18b 所示。顺序喷射是各喷油器由电子控制单元分别控制，按发动机各气缸的工作顺序喷油，如图 7-18c 所示。

（4）按有无反馈信号分类

1）开环控制系统。根据系统中各传感器的输入信号，判断发动机的工作状态，按最佳发动机性能、排放等要求所需的事先已确定好的数据调整喷油量、点火提前角等，其精度直

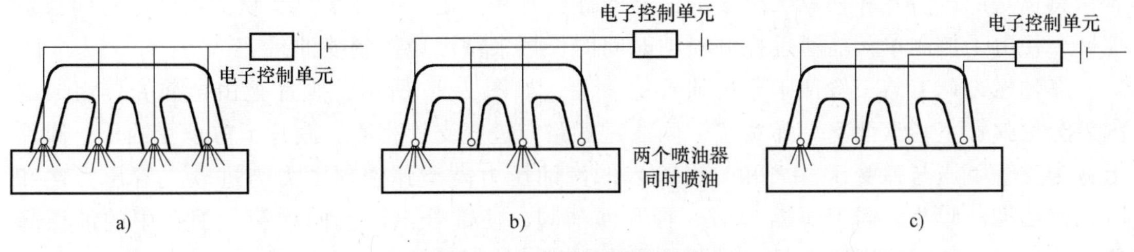

图 7-18　喷油器喷射方式

a）同时喷射　b）分组喷射　c）顺序喷射

接依赖于所设定的基准数据和喷油器调整标定的精度。如果发动机在使用中由于机械磨损发生了变化，或生产出的发动机由于制造精度的差异而不同，则无法保证发动机的性能等指标最优。

2）闭环控制系统。该系统在发动机排气管上装有氧传感器，可测出混合气中含氧量并传给电子控制单元，进而判断出进入气缸的混合气成分偏浓或偏稀等信息，电子控制单元根据此信息修正喷油量，使空燃比控制在 14.7 左右，控制精度较高。此时，三元催化转化效率最佳，发动机汽油经济性也最佳。

燃油供给系统是向气缸内供给燃烧时所需一定量的燃油，主要由燃油箱、燃油泵、燃油滤清器、燃油压力调节器及喷油器等组成，如图 7-19 所示。燃油泵将燃油从燃油箱吸出后经过燃油滤清器，去除杂质和水分。燃油压力调节器控制供油总管的油压（一般为 0.25~0.3MPa）后，送至各缸喷油器或低温起动喷油器。喷油器根据电子控制单元的喷油指令，把适量的燃油喷射到进气门前，在进气行程时，燃油与空气形成的可燃混合气被吸入气缸内。汽油泵供给的多余汽油经低压回油管流回油箱。

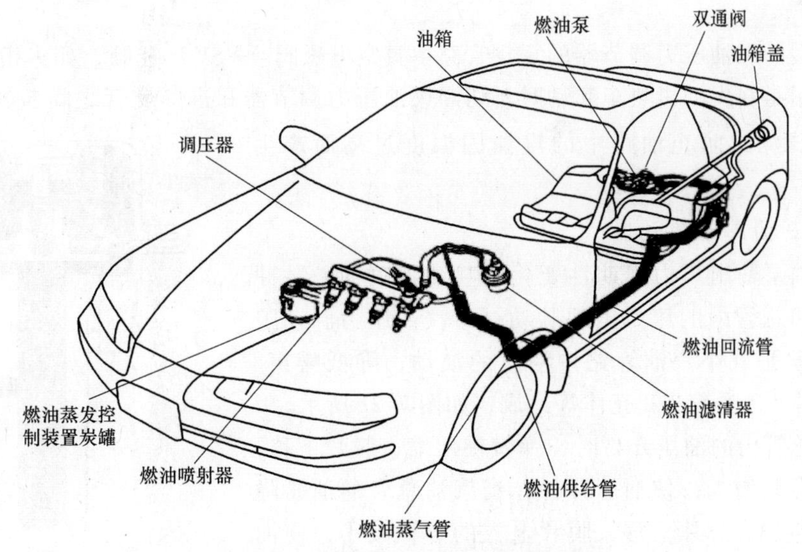

图 7-19　电控发动机燃油供给系统

2. 燃油压力调节器

燃油压力调节器的作用是根据进气支管压力的变化来调节进入喷油器的汽油压力，使两者保持恒定的压力差和任意工况下喷油器的针阀升程一定。喷油量只受喷油器通电时间长短控制，使电子控制单元能通过控制喷油时间的长短来精确地控制喷油量。

燃油压力调节器一般位于分配油管的一端，如图7-20所示，膜片把由金属壳体组成的内腔分为弹簧室和汽油室。弹簧室一侧通过管路与进气支管相通。膜片下方承受油压，膜片上方为支管负压与弹簧压力之和。当输入的汽油压力高于弹簧预紧力与进气支管压力之和时，汽油推动膜片，向上压缩弹簧，打开回油阀，使部分汽油流回油箱，油路中的油压降低；当进气支管真空度增大时，膜片进一步上移，使阀门开度增大，回油量增加，从而使汽油分配管内油压略降，保持与变化了的支管压力差值恒定；当汽油压力低于弹簧预紧力和进气支管压力之和时，回油阀关闭，油压升高。

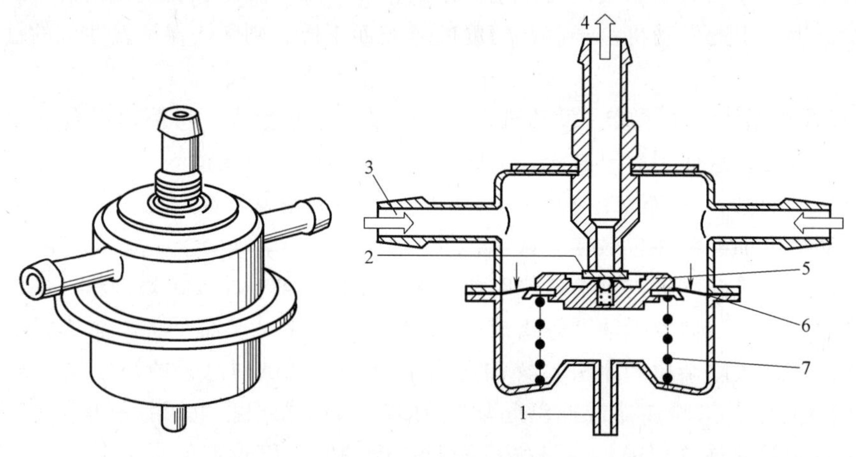

图7-20 油压调节器

1—真空接管（接进气管） 2—平面阀 3—进油口 4—回油口 5—阀座 6—膜片 7—弹簧

有些车型的燃油压力调节器的真空管路由真空电磁阀（VSV）控制，如丰田3VZ-FE发动机，其作用是在发动机热车起动时，切断燃油压力调节器和进气支管之间通气管的气路，以增大汽油压力，防止油路中的汽油因温度过高而产生气阻。

3. 汽油压力脉动阻尼器

由于汽油泵输出压力周期性变化和喷油器喷油是脉冲式的，使汽油总管内的压力出现脉动。而汽油压力脉动阻尼器的作用就是减小汽油管路中油压的波动，降低噪声。它主要由膜片1、弹簧2和壳体等组成，如图7-21所示。

当汽油总管内的油压升高时，弹簧被压缩，膜片下移，膜片上方的容积增大，使油压降低；当汽油总管的油压降低时，弹簧伸长，膜片上移，膜片上方的容积减小，使油压升高。从而减小汽油压力的脉动。

有些发动机汽油总管的容积相对于发动机的循环喷油量要大得多，也具有储油蓄压的作用，能减小燃油压力的脉动。

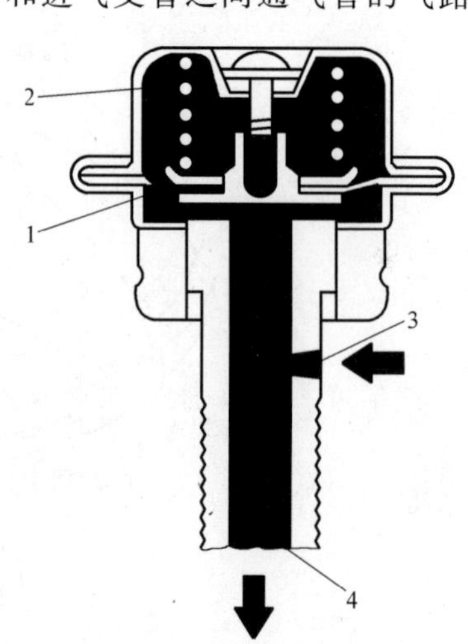

图7-21 油压调节器

1—膜片 2—膜片弹簧
3—进油口 4—出油口

4. 喷油器

喷油器作用是根据电子控制单元提供的电信号，控制汽油喷射，是发动机电控汽油喷射系统执行机构中的一个关键部件。

喷油器种类较多，目前应用广泛的喷油器主要有轴针式、孔式两种，其中孔式又可分为球阀式和片阀式两种，如图 7-22 所示。

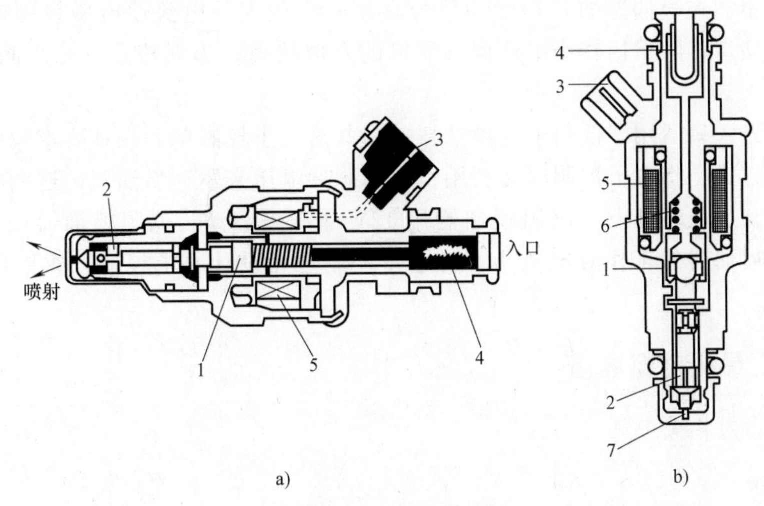

图 7-22　油压调节器

1—衔铁　2—针阀　3—线束连接器　4—进油滤网　5—电磁线圈　6—回位弹簧　7—轴针

（1）轴针式喷油器　轴针式喷油器主要由针阀 2、电磁线圈 5、回位弹簧 4 和壳体等组成。当电磁线圈中无电流通过时，喷油器针阀在弹簧的作用下紧压在锥形密封阀座上；当电磁线圈通电时，产生的磁场将衔铁连同针阀向上吸起，喷油口打开，汽油喷出。为了使燃油充分雾化，针阀前端磨出一段喷油轴针，它具有抗污染能力强，自洁性能好的特点。

喷油器用专门的支座安装，支座为橡胶成形件，从而形成隔热作用，防止喷油器中的汽油产生气泡，有助于提高发动机的高温起动性能。另外，橡胶成形件可以保护喷油器不受过高振动力的作用。视发动机结构形式的不同，喷油器或经汽油管，或经带保险夹的连接插座与汽油分配管连接。

（2）球阀式喷油器　球阀式喷油器的阀针是由钢球、导杆和衔铁用激光束焊接而成，其质量减小到只有普通轴针式阀针的 1/2，这是靠采用短的空心导杆实现的。为了保证汽油密封，轴针式阀针具有较长的导向杆，而球阀具有自动定心作用，无须较长的导向杆。因此，球阀式喷油器在动态流量方面和汽油密封方面，明显优于轴针式喷油器。

（3）片阀式喷油器　片阀式喷油器内部结构的主要特点是拥有质量较小的阀片和孔式阀座，它们与磁性优化的喷油器总成结合起来，使喷油器不仅具有较大的动态流量范围，而且抗堵塞能力也比较强。当喷油器处于未通电状态（阀关闭）时，阀片被螺旋弹簧的作用力和液压力压紧在阀座上。当来自电子控制单元的喷油脉冲通过喷油器线圈时，即产生磁场，在电磁力足以克服弹簧力和液压力的合力之前，阀片仍压紧在阀座上；当电磁力超过两者的合力，阀片即开始脱离阀座上的密封环，被铁心吸住，于是具有一定压力的汽油进入阀座密封环中的计量孔。来自电子控制单元的喷油脉冲结束后，电磁力开始衰减，但是阀片仍短时保持阀开启状态，直到喷油器弹簧力克服衰减的电磁力为止。当弹簧力大于衰减的电磁力时，阀片将脱离挡圈返回到阀座上，切断汽油喷射。

喷油器按电磁线圈的电阻值分为低阻式喷油器和高阻式喷油器，低阻式喷油器的电阻值为2~3Ω，高阻式喷油器的电阻值为13~16Ω。

按喷油器电磁线圈的驱动方式不同，这种喷油器又分为电流驱动式喷油器和电压驱动式喷油器。电流驱动式喷油器的驱动脉冲信号是用一个较大的电流使电磁线圈产生较大的吸力，迅速打开喷口；随后用较小电流保持喷口的开启状态，起到防止电磁线圈过热的作用，驱动效果较好。

电流驱动方式只适用于低阻值的喷油器，因其对电子控制单元设计要求较高，故很少采用。电压驱动方式是指电子控制单元利用恒定的脉冲电压来驱动喷油器，这种喷油器又可分为高阻喷油器和低阻喷油器，高阻喷油器用12V电压来驱动，低阻喷油器用5V电压来驱动。由于高阻喷油器的工作时电流小，对电子控制单元设计要求较低，故使用可靠，应用较广。

设备、工具和材料准备

拆装工作台及相关工具。

操作步骤

喷油器故障的检查方法如下：

（1）就车检查　发动机热车后使其怠速运转，用听诊器测听各缸喷油器有无工作时的“嗒嗒”声响。若各缸喷油器工作声音清脆均匀且有节奏感，则说明各缸喷油器工作正常；若某缸喷油器的工作声音很小或工作声音较其他缸沉闷，则说明该缸喷油器工作不正常，可能是针阀卡滞，应作进一步的检查；若听不到某缸喷油器的工作声音，说明该缸喷油器不工作，则应检查喷油器控制电路或测量喷油器电磁线圈电阻；若控制电路及电磁线圈正常，则说明喷油器针阀完全卡死，应更换喷油器。

如为发动机工作不平稳，可以采用断缸法来判断各缸喷油器工作是否良好：发动机热车后使其怠速运转，依次拔下各缸喷油器的线束插头，使喷油器停止喷油，进行断缸检查。若拔下某缸喷油器的线束插头后，发动机转速明显下降，则说明该缸喷油器工作正常；相反，若拔下某缸喷油器线束插头后发动机转速无明显下降，则说明该缸喷油器不工作或工作不良，应作进一步的检查。

（2）喷油器电阻的检测　如果怀疑某缸喷油器不工作，可用万用表检测该缸喷油器电磁线圈的电阻，看是否正常。电流驱动式（低阻抗型）喷油器电磁线圈的电阻值一般为1.5~5Ω，电压驱动式（高阻抗型）喷油器电磁线圈的电阻值一般为12~16Ω。如果测得的电阻值过小或过大，都需要更换该缸喷油器。

（3）喷油器的单件检查　在工作台上铺一块干净的白布，将分配油管及喷油器内的残余汽油倒在白布上。若发现有铁锈或水珠自分配油管内或喷油器进油口处倒出，则说明喷油器已锈蚀，应予以更换。

在对喷油器喷油量和漏油情况进行检查时，将已从发动机上拆下的喷油器用软管与发动机输油管路相连接，再用专用接线器将喷油器接线端子接上蓄电池电压，然后将汽油泵检查开关短接，并接通点火开关，使汽油泵在发动机不工作的情况下产生相应动作，查看喷油器喷油是否正常。喷油量应在 40~50mL/15s 范围内，各缸喷油器喷油量之间差值应少于 5mL。

检测时应注意的是，必须将油泵浸泡于汽油中试验，不能干试，以免引起爆炸或烧坏机器。

喷油器接蓄电池需使用专用接线器，这是因为对于电流驱动式喷油器或一些低电阻的电压驱动式喷油器来说，由于喷油器的电磁线圈电阻较小，直接接蓄电池 12V 的电压，会因电流过大而烧坏。

对喷油器泄漏情况进行检查，主要检查内容是密封性检查，需要在上述条件下拆下专用接线器，使喷油器停止喷油，看喷油器是否漏油，要求喷油器 1min 内的漏油量少于 1 滴，说明密封性能良好，否则需更换喷油器。有条件的地方最好采用喷油器清洗试验台进行清洗和测试。在喷油器清洗试验台上可以观察喷油器喷油雾化状况，测定喷油器在一定时间或一定喷油次数内的喷油量，检查喷油器针阀的密封性能。对于工作不良的喷油器，还可以在清洗试验台上进行超声波清洗和反流清洗，以达到彻底清洁喷油器，使之恢复良好的喷油雾化性能的目的。

考　核

序号	考核内容	配分	评分标准	考核记录	扣分	得分
1	正确使用工具、仪器	10 分	工具、仪器使用不当酌情扣 10 分			
2	正确检查喷油器的电阻	20 分	错误每处扣 5 分			
3	正确检查喷油器的供电电压	20 分	错误每处扣 5 分			
4	正确检查喷油器的喷油量	20 分				
5	正确检查喷油器的密封性	20 分				
6	操作规范、整齐、不超时	10 分	不规范扣 5 分，超时扣 5 分			
	遵守安全规范，无事故		不规范造成严重事故，此题按 0 分计			
7	总分	100 分				
8	教师签字			年　月　日		

想一想，做一做

1. 简述喷油器的结构和工作原理。
2. 简述喷油器的检查内容和检测方法。

项目 7.3　柴油机燃油供给系统主要总成部件的拆装与检修

项目目的

1）了解柴油机燃油供给系统的组成和工作原理。

2）熟练掌握柴油机燃油供给系统主要总成部件的拆装与检修方法。

项目内容

柴油机燃油供给系统主要总成部件的拆装与检修。

相关知识

柴油机具有良好的燃油经济性、可靠性、耐久性和 CO 排放低（比汽油机低 45%）等优点而被广泛应用于汽车，欧洲目前生产的轿车中，柴油轿车占 30%以上，我国的新汽车产业政策也明确提出“重点发展轿车柴油发动机技术”的决策。

1. 柴油机的燃料

（1）柴油的主要性能　柴油机使用的燃料是柴油，它是在 533~623K（260~350℃）的温度范围内由石油提炼出的碳氢化合物。柴油的使用性能对柴油机的工作有很大影响，主要包括发火性、蒸发性、黏度和凝点等。

1）柴油的发火性。柴油的发火性是指柴油与空气形成可燃混合气后自行发火燃烧的能力，即自燃能力。自行发火燃烧的温度越低，自燃能力越强，发火性能越好。

柴油的发火性用十六烷值来表示。十六烷值高，柴油的发火性好，柴油机工作柔和、噪声小、起动性好；反之，十六烷值低，柴油机工作粗暴、噪声大、起动性能差。但十六烷值也不宜过高，当十六烷值高于 65 时，会使耗油量增加，排气冒黑烟。汽车用轻柴油的十六烷值一般为 40~50。

2）柴油的蒸发性。柴油的蒸发性反映柴油由液态变为气态的性能，以馏程表示。

蒸发性好的柴油容易与空气形成可燃混合气，柴油机容易起动；但轻馏分燃料发火性差，柴油机工作粗暴。若蒸发性过差，则混合气形成过程缓慢，致使燃烧不完全，积炭增多，排气冒黑烟，耗油量增加，起动困难。因此，汽车用柴油应有适当的蒸发性，一般沸点范围在 473~623K（200~350℃）。

3）柴油的黏度。黏度决定燃油的流动性。若柴油黏度过大，则其流动性差，供油阻力增加，并且使喷油的雾化质量变坏，燃烧不良；若黏度过小，不仅影响喷注形态，使燃烧不完全，动力性变差，而且使供油系统内的精密偶件润滑恶化，磨损增加，偶件配合间隙的柴油漏失量也有所增加。

柴油的黏度与温度的关系很大，温度降低，黏度增大。

4）柴油的凝点。柴油的低温流动性常用凝点来表示，它表明了柴油的储存和运输的界限温度，与柴油在低温上的使用性能有密切关系。柴油的牌号就是以凝点来划分的。

（2）柴油的牌号与选用　柴油分为轻柴油和重柴油两种。轻柴油用于高速柴油机，重柴油用于中、低速柴油机。汽车柴油机均为高速柴油机，所以应使用轻柴油。

轻柴油按其质量分为优等品、一等品和合格品三个等级，每个等级又按柴油的凝点分为 10、0、-10、-20、-35 和-50 等六种牌号。

选用柴油时，应该根据当时当地的气温确定，要求柴油的凝点低于气温 5℃以上。如气温为 5℃，应该选用 0 号轻柴油。

2. 可燃混合气形成的特点

（1）混合空间小，时间短　柴油机可燃混合气是在燃烧室内形成的，喷油、气化、混合和燃烧都在这个小空间内重叠进行，一边喷油，一边燃烧。由于柴油喷射是在压缩终了时才开始的，而且混合气的形成时间也极短，供油的持续时间只有汽油机的 1/20~1/10，占曲轴转角的 15°~35°。

（2）混合气不均匀　由于混合气的形成受空间和时间的限制，因而混合气成分在燃烧室内各处的分布是很不均匀的。过量空气系数 ϕ_a 仅仅表示进入气缸中柴油和空气的一个总的比例数，而燃烧室各局部区域的 ϕ_a 值相差是很大的。

（3）边喷射边燃烧，成分不断变化　在空间方面，混合气浓的地方，柴油因缺氧而燃烧缓慢或燃烧不完全，引起了排气冒黑烟；而混合气稀的地方，空气将得不到充分利用，在高温作用下产生 NO_X，增大了排气污染。

在时间方面，喷油和燃烧的前期氧多、油少，不易着火，使着火延迟期长；喷油和燃烧的后期，由于前期燃烧的结果，氧气少、废气多，燃烧条件变差，燃烧产物将未燃的油粒包围分割，混合气的质量变差，造成了排气冒黑烟现象。

3. 可燃混合气形成的方式

柴油机可燃混合气形成方式有以下两种。

（1）空间雾化混合　空间雾化混合是将柴油喷向燃烧室空间形成雾状混合物，再在空间蒸发形成混合气的方式。为了使混合气分布均匀，喷油器可喷出一个或数个油束与燃烧室形状配合，并利用燃烧室中的空气运动促进混合。

（2）油膜蒸发混合　油膜蒸发混合是将柴油大部分喷射到燃烧室壁面上形成油膜，油膜受热并在强烈的旋转气流作用下，逐层蒸发，与空气形成比较均匀的可燃混合气。

在柴油实际喷射过程中，很难保证燃料完全喷射到燃烧室空间或燃烧室壁面，所以两种混合方式都兼而有之。为了促进柴油与空气更好地混合，一般都要组织适当的空气涡流，常见的有以下 3 种。

1）进气涡流。利用切向进气道或螺旋进气道，使进入气缸中的空气形成绕气缸轴线旋转运动的涡流。

2）挤压涡流。利用活塞顶部的特殊形状，在压缩行程中和做功行程开始阶段使空气在燃烧室中产生强烈的旋转运动。

3）燃烧涡流或紊流。利用柴油燃烧的能量，冲击未燃烧的混合气，造成混合气涡流或紊流。

4. 燃烧室

由于柴油机内混合气的形成和燃烧是在燃烧室内进行的，所以燃烧室的形状对可燃混合气的形成和燃烧质量有直接影响。根据混合气的形成方式及燃烧室的结构特点，柴油机燃烧室可分为直接喷射式和分开式燃烧室两大类。

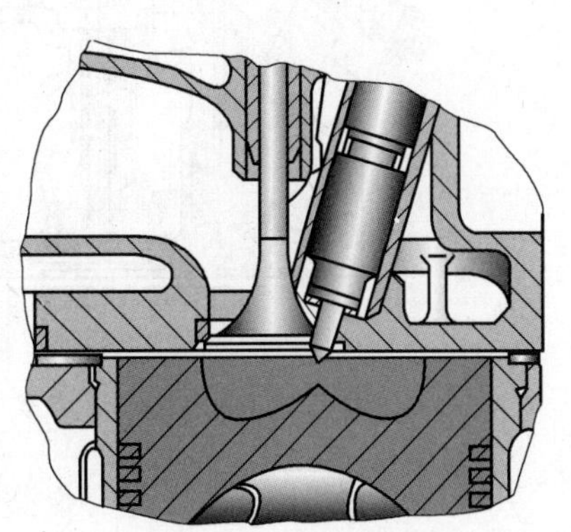

图 7-23　直喷式燃烧室

（1）直喷式燃烧室　它的结构特点是只有一个燃烧室，位于活塞顶面和气缸盖底平面之间，燃料直接喷入该燃烧室中，与空气进行混合燃烧。其燃烧室形状有 ω 形、四角形、球形等，如图 7-23 所示。

1）ω 形燃烧室：它的结构特点是由平的气缸盖底

面和活塞顶内的ω形凹坑及气缸壁组成，其混合气形成属空间混合方式，主要依靠多孔高压喷雾（多为4孔，喷孔直径较小，一般为0.25~0.4mm，喷孔轴线夹角为140°~160°，喷油压力较高，一般为20MPa左右）。利用油束和燃烧室的吻合，在空间形成混合气。这种燃烧室结构紧凑，热损失小，热效率高，容易起动。但燃烧的初期同时着火的油量较多，最高压力和压力升高率较高，工作粗暴。

2）四角形燃烧室：燃烧室的底部仍是ω形，燃烧室的上部逐渐过渡为四方形。四方形的四个角为圆角，以避免热应力集中和气流死角。喷射时四个喷孔对着燃烧室的四个角喷油。四角形燃烧室燃油雾化属于空间混合方式，经济性好。同时，由于燃烧室上部呈四方形，就成为涡流S旋转运动的障碍物，出现了气流运动的“摩擦碰壁”现象，其程度随气流旋转速度的加大而加大，抑制了涡流的增强，抑制了燃烧速度和温度的增大，控制了NO_X的生成量。

3）球形燃烧室：燃烧室位于活塞顶部中央，形状大于半个球，与喷油器相对的位置，开有缺口与球面相切，燃油从这里顺气流方向喷射在室壁上形成油膜。采用强涡流螺旋进气道，采用单孔喷嘴或双孔喷嘴，喷射形成的油膜覆盖面只占室壁的40%~50%。其余面积上的油膜，依靠涡流的旋转使油膜进一步扩展。球形燃烧室混合气的形成和燃烧是油膜蒸发混合方式。当燃油顺气流沿球面切线方向喷入时，在空气涡流的作用下，燃油的大部分（约95%）被喷涂均布在室壁上，形成一层薄薄的油膜，少部分散布在燃烧室空间（5%）形成火源，点燃蒸发的混合气。之后油膜逐层蒸发、逐层卷走、逐层燃烧，形成燃气涡流。混合气形成和燃烧速度是前期慢、后期快，工作柔和，对喷油器要求不高，喷油压力在17.5~18.5MPa范围内，能适应多种不同着火性能的燃料。

（2）分隔式燃烧室 它的结构特点是燃烧室被分隔为主、副两个燃烧室，两者用一个或数个通道相通。副燃烧室在气缸盖内，容积占总压缩容积的50%~80%，主燃烧室在气缸盖底平面与活塞顶面之间。燃料先喷入气缸盖中的副燃烧室进行预燃烧，再经过通道喷射到活塞顶上的主燃烧室进一步燃烧。根据结构的不同又分有涡流室式和预燃室式两种，如图7-24、图7-25所示。

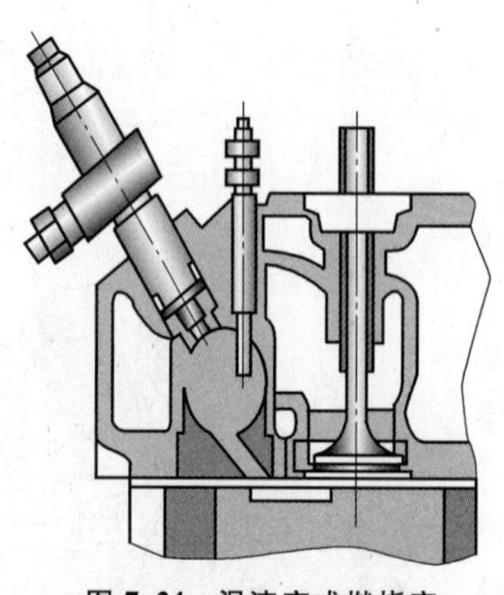

图7-24 涡流室式燃烧室

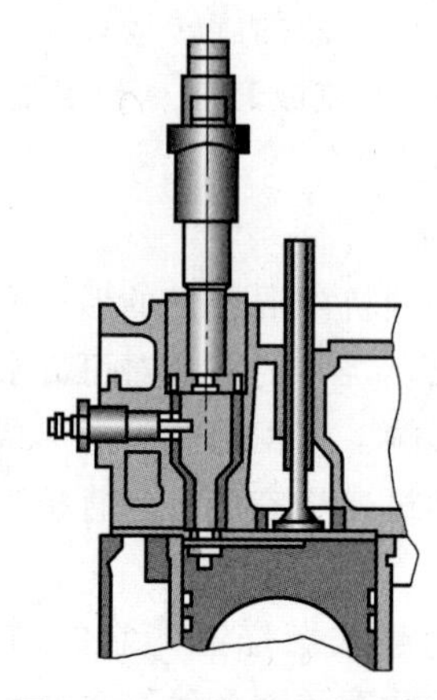

图7-25 预燃室式燃烧室

1）涡流室式燃烧室：这种燃烧室是将整个燃烧室分为两部分，活塞上方为主燃烧室，在气缸盖内球形涡流室形成副燃烧室，涡流室容积占总燃烧室容积的50%~80%，用一个或数个切向通道相通。喷油器安装在涡流室内，燃油顺涡流方向喷入。在压缩行程气缸中的空气被压入涡流室，形成强烈的定向旋转涡流。压缩终了时，柴油顺涡流方向喷入涡流室，与空气涡流混合着火燃烧，压力和温度急剧升高，经过链接通道喷入主燃烧室，由于活塞顶部多制有导流槽或分流凹坑，使涡流室中的气流喷出时形成二次涡流，促使未燃的气体进一步混合燃烧。这种燃烧室对喷油的雾化质量要求不高，可采用不易堵塞的单孔喷嘴，喷油压力较低（10~12MPa），喷油泵寿命较长，对不同着火性能燃料的适应性较好，工作较柔和。适用于高速柴油机，这是由于转速越高，压缩涡流越强，混合质量越好。再者，涡流室能偏离气缸中心布置，可采用较大的进、排气门，可以提高充气效率。但是，因初期强烈燃烧是在涡流室内进行的，通道也有一定的节流作用，热损失较大，经济性较差。

2）预燃室式燃烧室：这种燃烧室的主燃烧室位于活塞上方，气缸盖内的预燃室形成副燃烧室，其容积为总燃烧室容积的25%~40%，用一个或几个小孔相通，不与预燃室相通。喷油器安装在预燃室中心线附近。在压缩过程中，主燃烧室的部分空气经通道压入预燃室，形成强紊流。当压缩终了，柴油喷入预燃室后，使一部分燃料汽化燃烧。着火后预燃室中的压力和温度迅速升高，巨大的预燃能量将混合气高速喷入主燃烧室，在主燃烧室内形成强烈的燃烧紊流，促使大部分燃料在主燃烧室和大部分空气混合而燃烧。这种燃烧室对喷油的雾化质量要求不高，可采用不易堵塞的大直径单孔喷嘴，喷油压力较低（一般为8~12MPa），喷油泵使用寿命较长，并对转速的变化和燃料的品种不敏感，有适应大转速范围和不同着火性能燃料的能力。其运转平顺，燃烧噪声小。但是，由于通道面积小，有强烈的节流作用，其经济性和起动性能较差。

5. 柴油机燃料燃烧过程

根据气缸中压力和温度的变化特点，柴油机燃烧可分为发火延迟期、速燃期、缓燃期和补燃期4个时期。

（1）发火延迟期　发火延迟期也称为着火落后期、备燃期或滞燃期，指的是喷油始点与燃烧始点之间的时间。在此期间喷入气缸的雾状柴油从气缸内的高温空气吸收热量，逐渐蒸发、扩散，与空气混合，并进行燃烧前的化学准备。着火落后期时间很短（一般为0.0007~0.03s），但是喷射在缸内的燃油数量很多（占循环供油量的30%~40%），它对后续燃烧有重要的影响。

（2）速燃期　速燃期是燃烧始点和最高压力点之间的曲轴转角，从燃烧始点起火焰自火源（多点）迅速向各处传播，使燃烧速度迅速增加，急剧放热，导致燃烧室中温度和压力迅速升高，直到最高压力点为止。在此期间早已喷入但尚未来得及蒸发的柴油，在燃烧开始后高温的作用下，迅速蒸发、混合和燃烧。速燃情况与发火延迟期的长短有关，一般情况下，发火延迟期越长，在气缸内积聚并完成燃烧准备的柴油就越多，以致在燃烧开始后气缸压力升高更急剧，甚至造成柴油机工作粗暴。

（3）缓燃期　缓燃期是从最高压力点到最高温度点之间的曲轴转角，在此阶段开始燃烧很快，但由于氧气减少，废气增加，燃烧条件不利，故燃烧越来越慢，但燃气温度却因传热限制而继续升高到1973~2273K（1700~2000℃）。缓燃期内，通常喷油过程已经结束。

（4）补燃期　补燃期也称为后燃期，它是从达到最高温度点起至燃烧结束。这个时期实际上有时一直延续到开始排气，所以终点很难确定，在此期间缸内压力和温度均降低。后燃期气缸内未燃的油料继续燃烧，由于燃烧条件恶化，使燃烧不完全，排气冒黑烟，放出的热无法做功而传递给机体，使发动机机体过热，所以应尽量减少后燃期，并加强这个时期气缸内气体的流动。

6. 柴油机燃料系统的作用与组成

(1) 柴油机燃料供给系统的作用

1) 按气缸工作顺序及不同工况，将一定数量的燃油加压，在适当的时刻喷入燃烧室内，形成雾状或油膜，与空气混合形成可燃混合气。

2) 滤去燃油内的机械杂质与尘土，并完成柴油的输送工作。

3) 储存一定容量的燃油，保证车辆正常行驶。

(2) 柴油机燃料系统的组成　柴油机燃料供给系统由燃油箱、油水分离器、燃油滤清器、输油泵、喷油泵、喷油器和各油管组成，如图7-26所示。

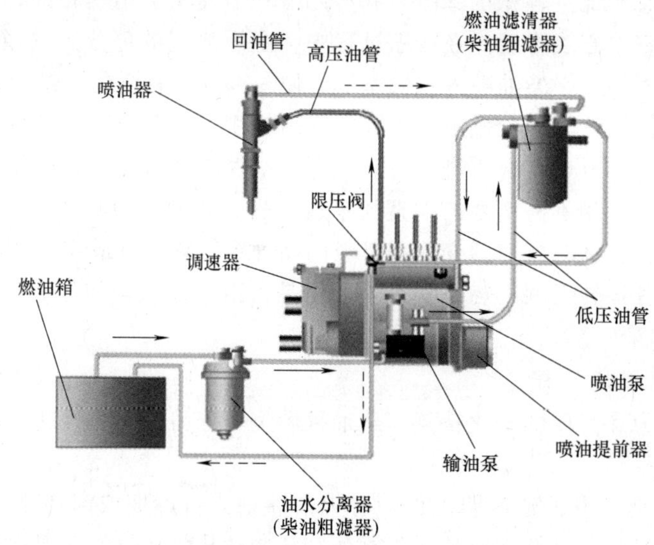

图7-26　柴油机燃料供给系统

在输油泵的作用下，柴油从燃油箱被吸出，经过柴油滤清器过滤，干净的柴油进入喷油泵提高压力，再经高压油管送到喷油器，以一定的速率、射程和喷雾锥角喷入燃烧室。多余的柴油从回油管流回柴油滤清器。从柴油箱到喷油泵入口的这段油路称为低压油路，油压是由输油泵建立的，一般为0.15~0.3MPa。从喷油泵到喷油器这段油路称为高压油路，油压是由喷油泵建立的，可达60MPa以上。

柴油机燃料供给系统的低压油路由油箱、柴油滤清器和输油泵等部件组成。输油泵将燃油从油箱中吸出，克服燃油滤清器等的阻力，以一定的压力和流量输送到喷油泵的装置。根据输油泵的结构特点，输出泵有膜片式、活塞式和滑片式几种形式。膜片式输油泵的结构原理与汽油机相似，活塞式输油泵与柱塞式喷油泵配套使用，滑片式输油泵为分配式喷油泵采用。

活塞式输油泵安装在柱塞式喷油泵的侧面，并由喷油泵凸轮轴上的偏心轮驱动。其基本结构原理如图7-27所示。当喷油泵凸轮轴旋转时，在偏心轮和输油泵活塞弹簧的共同作用下，输油泵活塞在输油泵体的活塞腔内作往复运动。当输油泵活塞由下向上运动时，Ⅰ腔容积增大，产生真空度，使进油阀开启，柴油经进油口被吸入Ⅰ腔；与此同时，Ⅱ腔容积缩小，其中的柴油压力升高，出油阀关闭，燃油被送往滤清器。

当输油泵活塞由上向下运动时，Ⅰ腔容积减小，油压升高，进油阀关闭，出油阀开启；与此同时，Ⅱ腔容积增大，柴油就从Ⅰ腔流入Ⅱ腔。

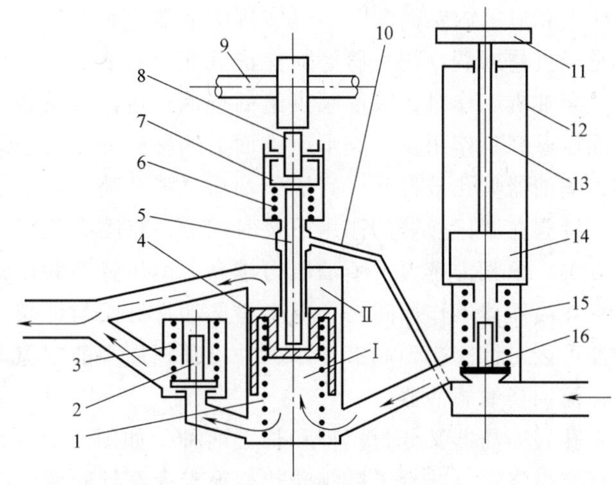

图7-27 活塞式输油泵的结构原理

1—活塞弹簧 2—出油阀 3—出油阀弹簧 4—活塞 5—推杆 6—滚轮弹簧 7—滚轮架 8—滚轮 9—喷油泵凸轮轴 10—回油道 11—手泵柄 12—手泵体 13—手泵杆 14—手泵活塞 15—进油阀弹簧 16—进油阀

若柴油机负荷减小，需要的柴油量减少时，或柴油滤清器堵塞，油道阻力增加时，会使输油泵Ⅱ腔油压增高。当此油压与输油泵活塞弹簧的弹力相平衡时，活塞往向上的运动便停止，行程减小，造成输油泵的输出油量减少，实现了输油量的自动调节，而输油压力则基本稳定。

当柴油机燃料供给系统中有空气进入时，柴油机便无法起动和正常运转，这时可利用手压泵排除空气。具体方法是先将燃油滤清器和喷油泵的放气螺钉旋松，再将手压泵拉钮旋开，上下反复拉动手压泵活塞，使柴油自进油口吸入，经出油阀压出，并充满燃油滤清器和喷油泵前的所有低压油路，将其中的空气驱除干净。待空气排除完毕，应重新拧紧放气螺钉，旋进手压泵拉钮。

7. 喷油器

喷油器是一种向柴油机燃烧室喷射高压燃油的装置。根据不同柴油机要求，将高压油泵输送的柴油雾化，以一定的喷油压力、喷雾细度、喷油规律、射程和喷雾锥角喷入燃烧室特定位置，与空气混合燃烧。

现代柴油发动机基本采用闭式喷油器，根据喷油器的结构形式不同，闭式喷油器可分为孔式喷油器和轴针式喷油器等，分别用于不同的燃烧室。

(1) 孔式喷油器 孔式喷油器主要由针阀、针阀体、顶杆、调压弹簧及喷油器体等零件组成，如图7-28所示，其特点是喷油器偶件中的针阀不直接伸出喷孔，喷油器头部的喷孔小且多，一般喷孔为1~7个，直径为0.2~0.5mm。

孔式喷油器用优质合金钢制成针阀和针阀体，两者合称针阀偶件。针阀上部的圆柱表面同针阀体的相应内圆柱面作高精度的滑动配合，配合间隙为0.002~0.003mm。若此间隙过大，则可能发生漏油而使油压下降，影响喷雾质量；若此间隙过小，则针阀将不能自由滑动。针阀中部的锥面位于针阀体的环形油腔内以承受油压，称为承压锥面。针阀下端的锥面与针

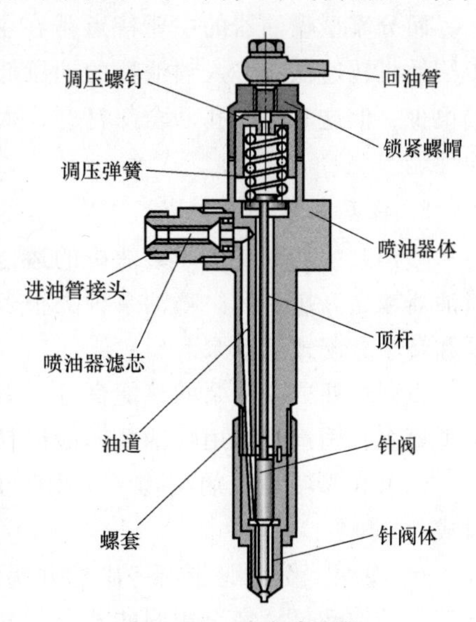

图7-28 孔式喷油器

阀体上相应的内锥面配合，以实现喷油器内腔的密封，称为密封锥面。针阀偶件的配合面通常是经过精磨后再相互研磨而保证其配合精度的，拆装和维修过程中应加以注意。

柴油机工作时，喷油泵供给的柴油经进油管接头、油道进入针阀体下部的环形油腔内。当油压升高到作用在针阀承压锥面上的轴向分力大于调压弹簧的预紧力时，针阀开始向上移动，喷油器喷孔被打开，高压柴油通过喷孔喷入燃烧室。当喷油泵停止供油时，油压突然下降，针阀在调压弹簧的作用下及时回位，将喷孔关闭。喷油器的喷油压力与调压弹簧的预紧力有关，预紧力越大，喷油压力越高。调压弹簧的预紧力可通过调压螺钉来调整。

在喷油器工作期间，会有少量柴油从针阀与针阀体的配合表面之间的间隙漏出。这部分柴油可以对针阀起到润滑作用，并沿顶杆周围的空隙上升，通过回油管螺栓上的孔进入回油管，流回柴油滤清器。

孔式喷油器又分为短型和长型两种，如图7-29所示。长型孔式喷油器的针阀导向圆柱面远离燃烧室，减少了针阀受热变形卡死在针阀体中的情况，用于热负荷较高的柴油机中。

（2）轴针式喷油器 轴针式喷油器与孔式喷油器的工作原理相同，其结构特点是喷油器偶件中的针阀伸出喷孔，喷孔一般只有一个，直径也较大，可达1~3mm，工作时轴针在喷孔中上下运动，能自动清除喷孔内的积炭。针阀头部制成各种形状，使柴油以不同油束锥角喷入气缸中，以适应不同发动机的需要。这种喷油器的喷油压力较低，一般为12~14MPa，主要适用于对喷雾要求不高的分隔式燃烧室柴油机上。

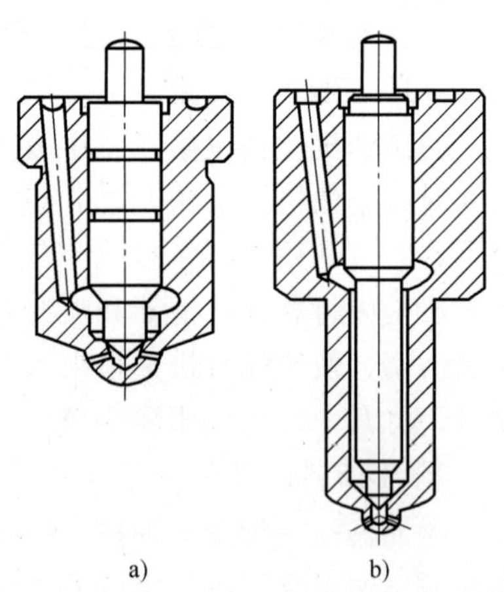

图7-29 短型和长型喷油器

a）短型喷油器 b）长型喷油器

轴针式喷油器又分为普通型、节流型和分流型三种。其中，节流型喷油器是指轴针升程较大的一种喷油器，由于喷油时的节流影响，降低了初期喷油速率，减少初期喷入燃烧室内的燃油量，降低了柴油机压力升高率和最高燃烧压力，使柴油机工作柔和，噪声小。

而分流型喷油器的主要特点是在主喷孔旁有一个约为0.2mm的副喷孔。在起动时，由于柴油机转速低，进入喷油器的油压低，针阀升程很小，主喷孔的油流截面很小，喷出的油量很少，但这时副喷孔已全部打开，大部分燃油由此喷入燃烧室内，进而改善了柴油机的起动性能。

8. 柱塞式喷油泵

喷油泵的功用是按照柴油机的运行工况和气缸工作顺序，以一定的规律，定时定量地向喷油器输送高压燃油。喷油泵种类很多，在汽车柴油机上得到广泛应用的有直列柱塞式喷油泵和转子分配式喷油泵。

直列柱塞式喷油泵的性能良好，工作可靠，为大多数汽车柴油机所采用。柱塞式喷油泵种类繁多，国产汽车用喷油泵一般以其柱塞行程等参数不同分为A、B、P、Z等类型。

（1）A型喷油泵的结构 A型喷油泵由分泵、油量调节机构、传动机构和泵体四部分组成。

1）分泵。分泵是带有一副柱塞偶件的泵油机构，整个喷油泵中具有数目与发动机缸数相等，结构和尺寸完全相同的若干个分泵。

分泵的主要零件有由柱塞和柱塞套组成的柱塞偶件、柱塞弹簧、弹簧下支座、出油阀和出油阀座组成的出油阀偶件、出油阀弹簧、出油阀压紧座等，如图7-30所示。柱塞上部的圆柱表面铣有与轴线成45°夹角的直线斜槽，斜槽底部与柱塞顶面有孔道相通。柱塞套装入喷油泵体的座孔中，柱塞套上的进油孔与泵体内的低压油腔相通，为防止柱塞套转动，用销钉固定。柱塞与柱塞套是喷油泵中的精密偶件，用优质合金钢制造，并通过精密加工和选配，严格控制其配合间隙为0.0015～0.0025mm，以保证燃油的增压和柱塞偶件的润滑。如间隙过大，则易漏油，使油压下降；如间隙过小，则柱塞偶件的润滑会变得困难。为保证供油压力不低于规定值，出油阀弹簧在装合后应有一定的预紧力。柱塞弹簧通过弹簧上支座支撑于泵体上，弹簧下端通过下支座支撑在柱塞上，装配时有预紧力，依靠弹簧力柱塞压紧在滚轮体部件的上端面上。柱塞由喷油泵凸轮轴上的凸轮驱动，在柱塞套内作往复运动，此外，它还可以绕自身轴线在一定角度范围内转动。出油阀偶件位于柱塞套的上面，两者接触平面要求密封。拧入出油阀压紧座，通过高压密封垫圈将出油阀座与柱塞套压紧，同时使出油阀弹簧将出油阀压紧在出油阀座上。

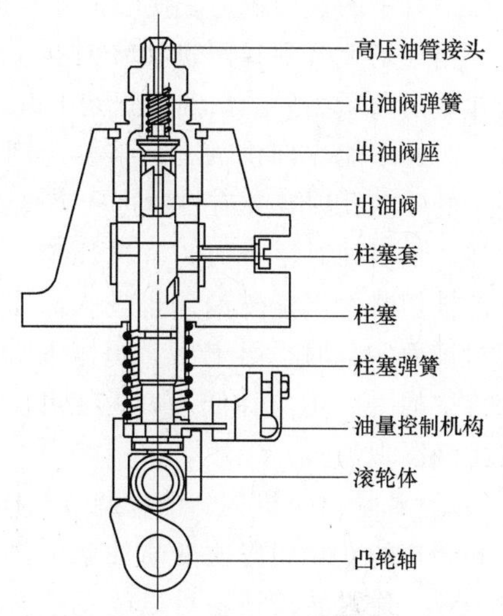

图7-30 柱塞式喷油泵分泵

当柱塞向下移动时，燃油自低压油腔经柱塞套上的油孔被吸入并充满泵腔。在柱塞自下止点上移的过程中，起初有一部分燃油从泵腔被挤回低压油腔，直到柱塞上部的圆柱面将两个油孔完全封闭为止。此后，柱塞继续上升，柱塞上部的燃油压力迅速增高，当此压力增高到足以克服出油阀弹簧的作用力时，出油阀即开始上移。当出油阀的圆柱形环带离开出油阀座时，高压燃油便自泵腔通过高压油管流向喷油器。当柱塞继续上移到斜槽同油孔开始接通时，泵腔内的燃油便经柱塞中央的孔道、斜槽和油孔流向低压油腔，这时泵腔内油压迅速下降，出油阀在弹簧压力作用下立即回位，喷油泵供油即中止。此后柱塞仍继续上行，直到上止点为止，但不再泵油。

由上述泵油过程可知，在柱塞上移的整个行程中，并非全部供油。柱塞由下止点到上止点所经历的行程为柱塞行程h，它的大小取决于驱动凸轮的轮廓。而喷油泵只是在柱塞完全封闭油孔之后到柱塞斜槽和油孔开始接通之前的这一部分柱塞行程（H_g）内才泵油。H_g称为柱塞的有效行程，它决定了喷油泵每次的泵油量。因此，欲使喷油泵能随发动机工况不同而改变泵油量，只需改变柱塞有效行程即可，一般是通过改变柱塞斜槽和柱塞套油孔的相对角位置来实现的。如将柱塞转动一个角度，柱塞有效行程就变化，供油量也改变。

出油阀和出油阀座也是喷油泵的精密偶件，其密封锥面经过配对研磨，不能互换。出油阀偶件位于柱塞套的上面，两者结合平面要求具有一定密封性能。为保证供油压力不低于规定值，出油阀弹簧在装配时应具有一定的预紧力。

出油阀偶件通常制成如图7-31所示的结构。出油阀的圆锥面是密封表面，阀的尾部同阀座内孔作滑动配合，为出油阀的运动起导引作用。为了留出油流通路，阀尾开有切槽，形成十字形断面。出油阀中部的圆柱面称为减压环带，其作用是在喷油泵供油停止后迅速降低高压油管中的燃油压力，使喷油器立即停止喷油。

当柱塞上升到封闭进油孔时，泵腔油压升高，克服出油阀弹簧的预紧力后，出油阀开始上升，阀的密封面离开阀座。但这时还不能立即供油，一直要等到减压环带完全离开出油阀座的导向孔时，才有燃油进入高压油管，使管路油压升高；同样，在出油阀落下时，减压环带一经进入导向孔，泵腔出口便被切断，于是燃油停止进入高压油管；再继续下降直到密封锥面贴合时，由于出油阀体本身所让出的容积，使高压油管中的压力迅速降低，喷油就可以立即停止，避免喷油泵发生滴漏现象。

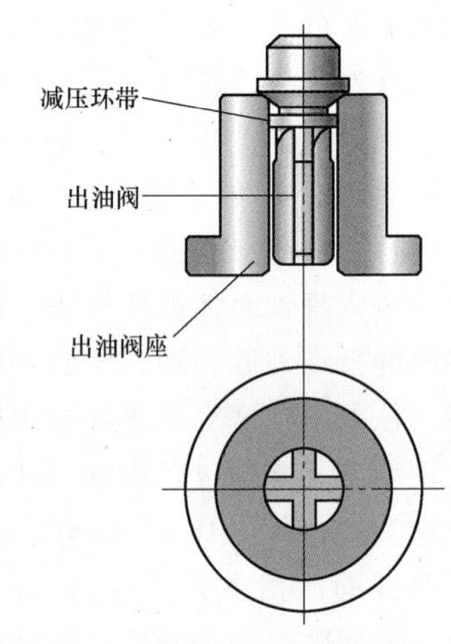

图 7-31 柱塞式喷油泵分泵

2）油量调节机构。油量调节机构的作用是根据柴油机负荷和转速的变化相应改变喷油泵的供油量并保证各缸的供油量一致，通过转动柱塞可以改变柱塞的有效行程来改变喷油泵供油量。A 型喷油泵采用齿杆式油量调节机构，如图 7-32 所示。柱塞下端的榫舌嵌入控制套筒相应的切槽中，控制套筒松套在柱塞套上，在控制套筒上部套装一个调节齿圈，用螺钉锁紧。调节齿圈与调节齿杆相啮合。齿杆的轴向位置由驾驶人或调速器控制。移动齿杆时，齿圈连同控制套筒带动柱塞相对柱塞套转动，改变柱塞圆柱表面上的螺旋槽与进油孔的相对角位置，从而调节供油量。

各缸供油均匀性的调整，可通过改变调节齿圈和套筒的相对位置来实现，即松开调节齿圈，按调整的需要使套筒与柱塞一起相对于调节齿圈转过一定角度，再将调节齿圈锁紧在控制套筒上。

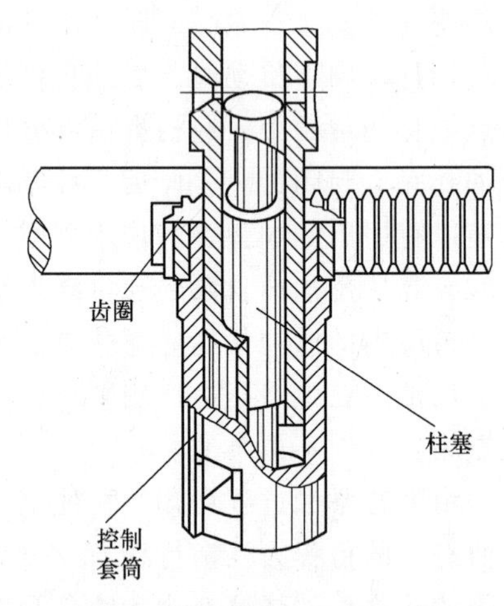

图 7-32 齿杆式油量调节机构

3）传动机构。传动机构由凸轮轴和滚轮传动部件组成，如图 7-33 所示。凸轮轴的两端支撑在圆锥滚子轴承上，前端装有联轴器及机械离心式供油提前角自动调节器，后端与调速器相连。滚轮传动部件的结构如图 7-34 所示。带有滚轮衬套的滚轮松套在滚轮轴上，滚轮轴又支撑在滚轮架的座孔中。滚轮架左侧圆柱面上镶有一导向块，泵体上相应开有轴向长槽，导向块插入该槽中，使滚轮架只能上下移动而不能转动。当松开锁紧螺母拧出调整螺钉时，滚轮传动部件高度增大，柱塞封闭柱塞套上进油孔的时刻提前，供油提前角增大；反之，供油提前角减小。这种结构调整方便，但较复杂且螺钉头顶面容易磨损。

喷油泵的凸轮轴是由柴油机的曲轴通过齿轮驱动的。当凸轮轴上的凸轮凸起部分与滚轮接触时，便克服柱塞弹簧的弹力推动柱塞向上运动。当凸轮的凸起部分转过后，柱塞便在柱塞弹簧的作用下回位。为了保证柴油燃烧产生最大的做功能力，必须保证有一定的喷油提前角。最佳喷油提前角是在柴

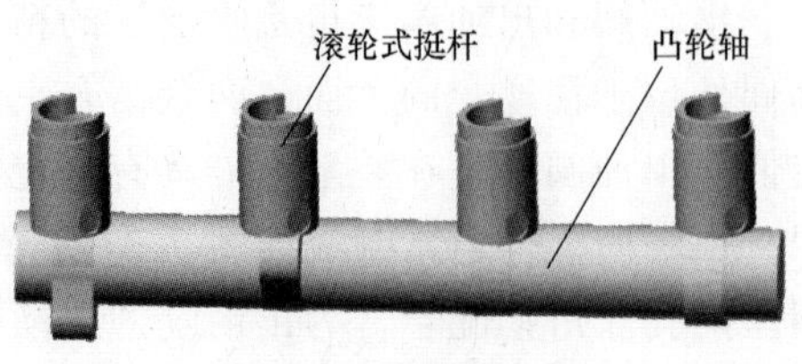

图 7-33 传动机构

油机额定转速与全负荷下由试验确定的，它的数值因柴油性质和发动机工况的不同而变化。同时，由于凸轮及滚轮等传动部件的磨损，喷油提前角也有所改变。为此，喷油提前角必须可以调整。实际上，喷油提前角的调整是通过对喷油泵的供油提前角的调整而实现的。

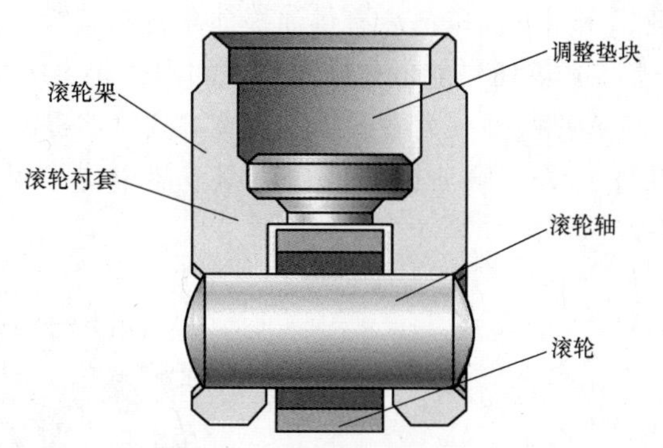

图 7-34 滚轮传动部件的结构

喷油泵供油提前角的调整方法有两种，一是对单个分泵进行调整，通过改变滚轮传动部件的高度，使分泵供油提前角一致，供油间隔角相等；二是对所有分泵进行统一调整，通过调整联轴器或通过喷油提前角自动调节器，使喷油泵凸轮轴与柴油机曲轴的相对角位置发生改变，达到柴油机规定的供油提前角的要求。

4）泵体。A 型喷油泵采用整体式泵体，由铝合金铸成。分泵、油量调节机构及传动机构都安装在泵体内，如图 7-35 所示。整体式泵体可增加壳体的刚度，能在较大的喷油压力下工作而不致变形。泵体上有纵向油道，即低压油腔。输油泵输出的燃油经滤清后，由进油空心螺栓进入此油道，再从柱塞套上的油孔进入各分泵的泵腔。输油泵供给的燃油量通常远大于喷油泵的需要量，当低压油腔的油压大于 0.05MPa 时，油道另一端的限压阀开启，多余的燃油经回油管流回输油泵进油口。在泵体下部的内腔中加有润滑油，依靠润滑油的飞溅保证传动机构的润滑。泵体下腔内的润滑油与连接在喷油泵后端的调速器壳体内的润滑油是相通的。喷油泵凸轮轴的前端轴承外面装有油封。

（2）喷油提前角的控制

1）供油提前角调节的必要性。供油提前角的大小对柴油机燃烧过程影响很大，过大时由于燃油是在气缸内空气温度较低的情况下喷入，混合气形成条件差，燃烧前集油过多，会引起柴油机工作粗暴、怠速不稳和起动困难；过小时，将使燃料产生过后燃烧，燃烧的最高温度和压力下降，燃烧不完全和功率下降，甚至排气冒黑烟，柴油机过热，导致动力性和经济性降低。因此，柴油机必须有一个在各转速下最佳的供油提前角。最佳的供油提前角不是一个常数，必须随柴油机负荷（喷油量）和转速的变化而变化，即随转速的增高而加大。

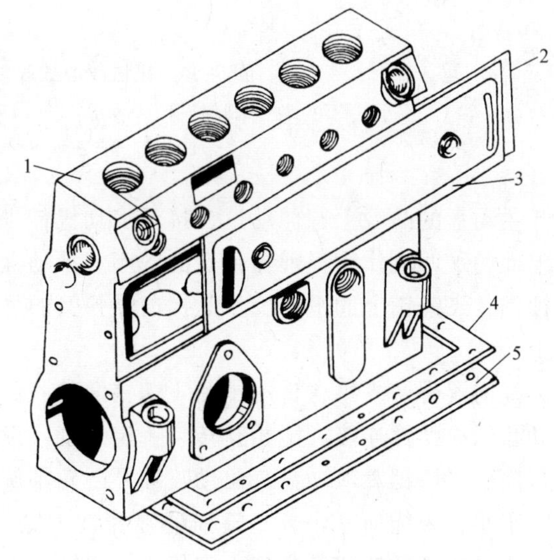

图 7-35 A 型喷油泵泵体

1—喷油泵体 2、4—衬垫 3—侧盖 5—底盖

车用柴油机是根据其常用的某个供油量和转速范围来确定一个供油提前初始角。这个初始角在喷油泵安装到柴油机上时就已固定。又因其转速变化范围较大，还必须使供油提前角在初始角的基础上随转速而变化。因

此，车用柴油机都装有供油提前角自动调节器。

2）供油提前角自动调节器的构造和工作原理

A型喷油泵大多采用机械离心式喷油提前角自动调节器，常见的有SA、SP和双偏心型几种。SA型喷油提前角自动调节器由防护罩密封，其内部有主动盘和从动盘组成，如图7-36所示。

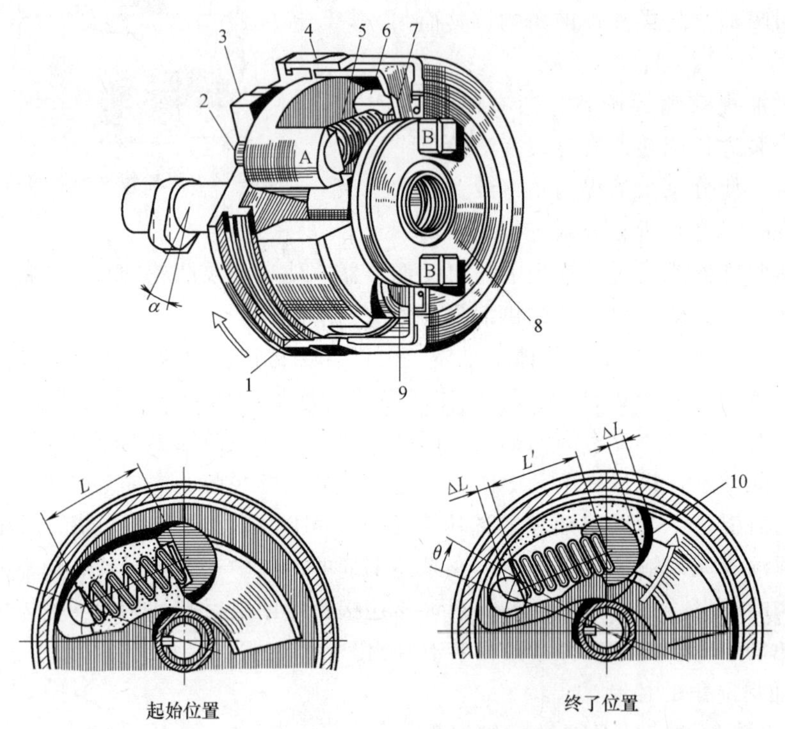

图7-36 机械离心式喷油提前角自动调节器

1—飞锤 2—飞锤销 3—从动盘 4—防护罩 5—提前器弹簧 6、9—传动销 7—主动盘 8—主动盘凸缘 10—飞锤圆弧面

主动盘的凸缘上有传动爪，接受发动机传来的驱动力；主动盘内侧固定有两个传动销，其上面的平凹坑作为提前器弹簧的支座。从动盘与喷油泵凸轮轴刚性连接，其上固定有两个飞锤销，飞锤销上的平凹坑作为提前器弹簧的另一支座。两块飞锤通过其上的轴孔套在飞锤销上。

提前器弹簧支撑在传动销和飞锤销之间，使飞锤的圆弧面压紧在传动销上，使主动盘与从动盘形成弹性连接，能相互转动一定角度。发动机工作时，动力经传动爪、传动销、飞锤圆弧面、飞锤销和从动盘，驱动喷油泵凸轮轴旋转。当发动机起动或低速运转时，飞锤的离心力很小，未能向外张开，提前器弹簧处于完全伸张状态，传动销紧靠在飞锤圆弧面的外侧。当发动机的转速升高到一定值时，飞锤克服了提前器弹簧的压力，以飞锤销为支点向外张开，迫使飞锤圆弧面沿传动销向外滑动，压缩弹簧，从而带动飞锤销、从动盘和喷油泵凸轮轴顺喷油泵旋转方向转过一定角度，使供油提前。转速越高，提前器弹簧被压缩得越厉害，提前角度越大，直到飞锤行程走完为止。SA型喷油泵提前器最大供油提前角调节范围在10°以内。

9. 分配式喷油泵

分配式喷油泵具有一个分配转子（或分配柱塞）和多个出油口的喷油泵，具有结构简单、零件少、体积小、重量轻、高速性能好、故障少和容易维修等优点，其缺点是每循环供油量不大，精密偶件加工精度要求高。因此，分配式喷油泵被广泛应用在轻型柴油汽车上。

分配式喷油泵按其结构特点分为转子式（径向压缩式）和单柱塞式（轴向压缩式）两大类。单柱塞式分配式喷油泵应用广泛，又称为VE型分配泵，由驱动机构、二级滑片式输油泵、高压分配泵头和电磁式断油阀等部分组成，如图7-37所示。

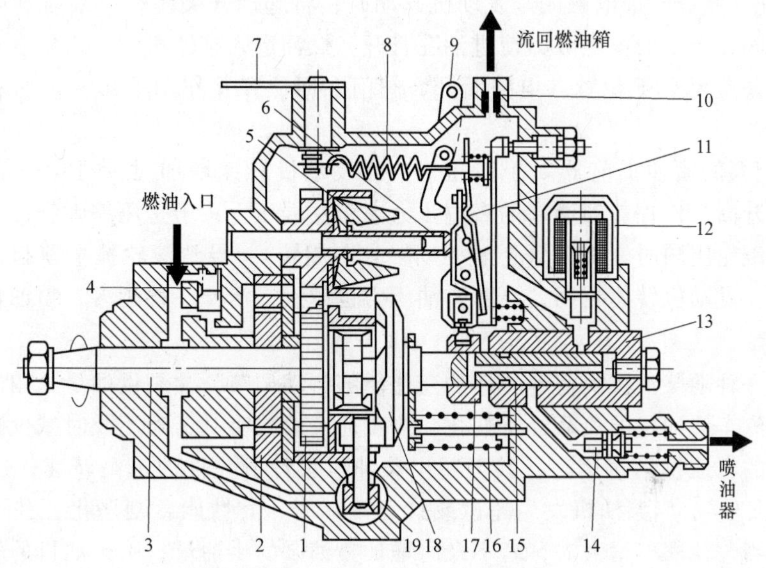

图7-37 单柱塞分配式喷油泵

1—调速器驱动齿轮 2—二级滑片式输油泵 3—驱动轴 4—调压阀 5—飞锤 6—调速套筒 7—调速手柄 8—调速弹簧 9—停油手柄 10—溢流节流孔 11—调速器张力杠杆 12—断油阀 13—柱塞套 14—出油阀 15—分配柱塞 16—柱塞弹簧 17—油量调节套筒 18—平面凸轮盘 19—液压式喷油提前器

驱动轴由柴油机曲轴定时齿轮驱动。驱动轴带动二级滑片式输油泵工作，并通过调速器驱动齿轮带动调速器轴旋转。在驱动轴的右端通过联轴器与平面凸轮盘连接，利用平面凸轮盘上的传动销带动分配柱塞。柱塞弹簧将分配柱塞压紧在平面凸轮盘上，并使平面凸轮盘压紧滚轮。滚轮轴嵌入静止不动的滚轮架上。当驱动轴旋转时，平面凸轮盘与分配柱塞同步旋转，而且在滚轮、平面凸轮和柱塞弹簧的共同作用下，凸轮盘还带动分配柱塞在柱塞套内作往复运动。往复运动使柴油增压，旋转运动则进行柴油分配。

滑片式输油泵安装在VE型分配泵的入口，由驱动轴驱动，用于产生一定压力的燃油，充满整个泵腔，润滑冷却泵体内部的所有运动零件，并为泵油机构提供一定具有压力的低压柴油。

泵油机构是VE型分配泵的关键部件，用以定时、定量地产生高压燃油。它主要由分配柱塞、柱塞套、油量调节套筒、柱塞弹簧和出油阀等组成。

当平面凸轮盘的下凹部分转到与滚轮接触时，在柱塞弹簧的作用下，转动着的柱塞向左移动接近终点时，泄油孔完全被油量调节套筒所封闭。当柱塞的一个进油槽与柱塞套的进油孔相对时，泵腔中的燃油便进入柱塞中心油道，直至柱塞进油槽与柱塞套的进油孔错开，进油结束。

当平面凸轮盘由下凹部分向凸起部分转动到与滚轮接触时，柱塞由左向右运动，此时柱塞中心油道的油压急剧升高，当柱塞的出油槽与柱塞套的一个出油孔相对时，高压燃油便经出油孔、出油阀、高压油管，送到相应气缸的喷油器中。

柱塞在平面凸轮盘作用下继续右移，当柱塞的泄油孔露出，油量调节套筒与泵腔相通时，柱塞中心油道中的高压油便流回泵腔，油压急剧下降，供油结束。

VE 型分配泵装有断油电磁阀。发动机起动时，将起动开关闭合，来自蓄电池的电流直接流过电磁线圈，产生的电磁吸力使进油孔打开，燃油进入泵油机构。需要发动机停止运转时，将起动开关旋至 OFF 位置，电路断开，阀门在回位弹簧作用下落座，切断油路，停止供油。

VE 型分配泵的喷油提前器属于液压式，当发动机转速增加时，滑片式输油泵运转加快，泵腔油压升高，使提前器活塞的右端压力大于左端压力，于是压缩弹簧使活塞左移，通过传动销带动滚轮座顺时针旋转（逆着驱动轴方向旋转），导致滚轮提早顶起平面凸轮，提早供油和喷油。发动机转速越高，泵腔燃油压力也越大，活塞左移越多，喷油也越早。

10. 调速器

调速器是一种随柴油机负荷与转速的变化能够自动调节喷油泵供油量，用以限制或稳定转速的装置。汽车柴油机的负荷经常变化，当负荷突然减小时，若不及时减少喷油泵的供油量，则柴油机的转速将迅速增高，甚至超出柴油机设计所允许的最高转速，这种现象称为“超速”或“飞车”。当柴油机发生超速或“飞车”时，其性能急剧恶化，并可能造成机件损坏。相反，当负荷骤然增大时，若不及时增加喷油泵的供油量，则柴油机的转速将急速下降直至熄火。另外，汽车柴油机还经常在怠速下运转，这时喷油泵的供油量很少，柴油机转速很低，在这种情况下，若出现气缸缺火或内部阻力发生变化，都将引起柴油机怠速转速的波动甚至熄火。柴油机超速或怠速不稳，往往是出自于偶然的原因，汽车驾驶人难于及时应对。这时，唯有借助调速器，及时调节喷油泵的供油量，才能保持柴油机稳定运行。

汽车柴油机调速器按其工作原理的不同，可分为机械式、气动式、液压式、机械气动复合式、机械液压复合式和电子式等多种形式。但是，目前应用最广的当属机械式调速器，其结构简单，工作可靠，性能良好。

按调速器起作用的转速范围不同，调速器又可分为两极式和全程式两种。中、小型汽车柴油机多数采用两极式调速器，以起到防止超速和稳定怠速的作用。在重型汽车上则多采用全程式调速器，这种调速器除具有两极式调速器的功能外，还能对柴油机工作转速范围内的任何转速起调节作用，使柴油机在各种转速下都能稳定运转。

（1）两极式调速器　这种调速器只能自动限制柴油机最高转速和稳定其怠速，在最高和最低转速之间的所有中间转速则由驾驶人用节气门控制。两极式调速器的结构分为感应部件、传动部件和附加装置三部分，如图 7-38 所示。感应部件用来感知柴油机转速的变化，并发出相应信号，由飞锤组成；传动部件根据感应部件发出的信号进行供油量的调节，传动部件由角形杠杆、调速杠杆和连接杆等系统组成。

两极式调速器适用于一般公路运输用的汽车柴油机，其中机械离心式可变杠杆比调速器

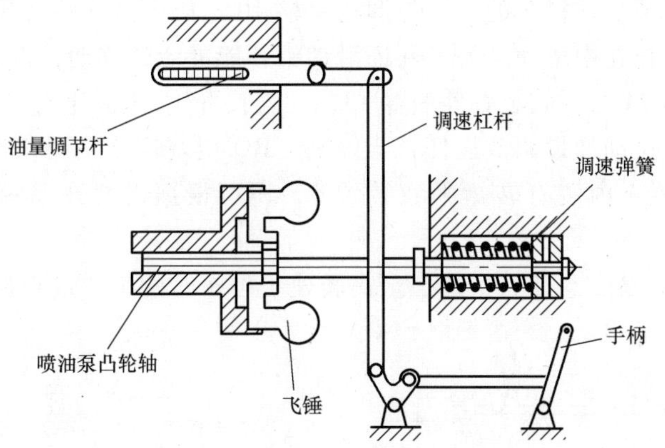

图 7-38 两极式调速器的结构原理

应用比较广泛，简称 RQ 型调速器，主要应用于柱塞式喷油泵，其结构如图 7-39 所示。

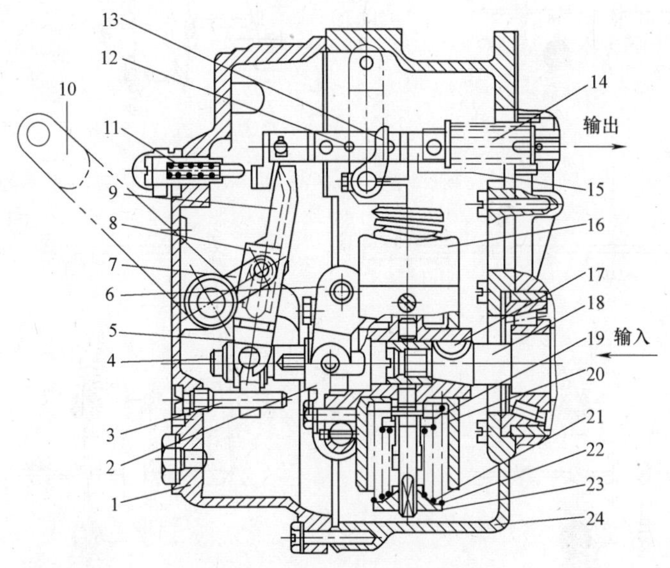

图 7-39 RQ 型调速器的结构

1—调速器盖 2—调速套筒 3—导向销 4—滑动销 5—转矩平稳装置 6—角形杠杆 7—摇杆 8—滑块 9—调速杠杆 10—调速手柄 11—怠速稳定弹簧 12—挡销 13—停油臂 14—供油量调节齿杆 15—连接杆 16—飞锤 17—半圆键 18—喷油泵凸轮轴 19—内弹簧座 20—内弹簧 21—中间弹簧 22—外弹簧 23—外弹簧座 24—调速器壳体

RQ 型两极式调速器的感应部件由飞锤 16 等组成，传动部件则包括角形杠杆 6、调速套筒 2、调速杠杆 9 和连接杆 15 等组成。调速器壳体 24 用螺栓固定在喷油泵泵体的后端面上。喷油泵凸轮轴 18 通过半圆键 17 连接一个轴套，轴套上固定两个双头螺柱，在每个螺柱上套装一个飞锤 16。飞锤通过角形杠杆 6、调速套筒 2、调速杠杆 9 和连接杆 15 与喷油泵的供油量调节齿杆 14 连接。飞锤内装有内、中、外三个弹簧，其外端均支承在外弹簧座 23 上。外弹簧 22 的内端支承在飞锤的内端面上，外弹簧又称为怠速弹簧；中间弹簧 21 和内弹簧 20 的内端支承在内弹簧座 19 上，称为高速弹簧。当把它们安装在弹簧座上时有一定的预紧力，预紧力的大小可以调节。摇杆7的一端与调速手柄10连接，另一端与圆柱形的滑块8铰接，滑块在调速杠杆9的长孔中滑动。为了保证滑动销4能灵活的移动，设有导向销3为滑动销导向。在调速器壳体24的侧面装有停油臂13，在连接杆15上固定有挡销12，转动停油臂，拨动挡销，使其向左拉动油量调节齿杆直至停油。RQ型调速器在调速器盖1上装有怠速稳定弹簧11，在滑动销4内装有转矩平稳装置5，还可根据需要在飞锤内安装转矩校正装置等。

RQ型调速器在起动、怠速、中速、最高转速、停车时的工作过程如图7-40所示。

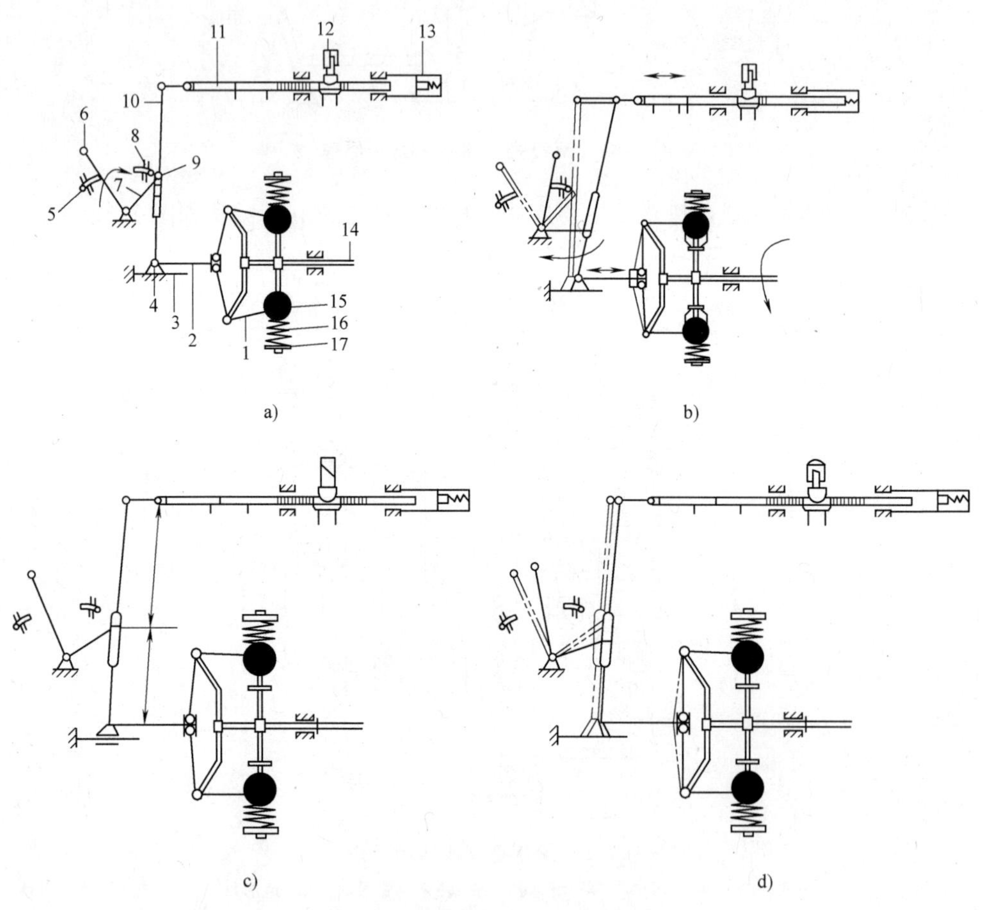

图7-40 RQ型调速器的工作原理

a）起动 b）怠速 c）中速 d）最高转速

1—角形杠杆 2—调速套筒 3—导向销 4—铰接点 5—停车挡块 6—调速手柄 7—摇杆 8—最高速挡块 9—滑块 10—调速杠杆 11—供油量调节齿杆 12—喷油泵柱塞 13—供油量限制弹性挡块 14—喷油泵凸轮轴 15—飞锤 16—调速弹簧 17—调节螺母

1）起动。将调速手柄6从停车挡块5移至最高速挡块8上。在此过程中，调速手柄6带动摇杆7，摇杆7带动滑块9，使调速杠杆10以其下端的铰接点4为支点向右摆动，并推动喷油泵供油量调节齿杆11克服供油量限制弹性挡块13的阻力，向右移到起动油量的位置，如图7-40a所示。

起动油量多于全负荷油量，加浓混合气，有利于柴油机低温起动。

2）怠速。柴油机起动之后，将调速手柄 6 置于怠速位置。这时调速手柄通过摇杆 7 和滑块 9 使调速杠杆 10 仍以其下端的铰接点 4 为支点向左摆动，并拉动供油量调节齿杆 11 左移至怠速油量的位置。怠速时柴油机转速很低，飞锤 15 的离心力较小，只能与怠速弹簧力相平衡，飞锤处于内弹簧座与安装飞锤的轴套之间的某一位置，如图 7-40b 所示。

若此时柴油机转速降低，则飞锤离心力减小，在怠速弹簧的作用下，飞锤移向回转中心，同时带动角形杠杆和调速套筒，使调速杠杆下端的铰接点 4 以滑块 9 为支点向左移动，调速杠杆则推动供油量调节齿杆向右移，增加供油量，使转速回升。

反之，当转速增高时，飞锤的离心力增大，飞锤便压缩怠速弹簧远离回转中心，同样通过角形杠杆和调速套筒使调速杠杆下端的铰接点以滑块为支点向右移动，而供油量调节齿杆则向左移动，减小供油量，使转速降低。可见，调速器可以保持怠速转速稳定。

3）中速工作。将调速手柄从怠速位置移至中速位置，供油量调节齿杆处于部分负荷供油位置，柴油机转速较高，飞锤进一步外移直到飞锤底部与内弹簧座接触为止，如图 7-40c 所示。

柴油机在中等转速范围内工作时，飞锤的离心力不足以克服怠速弹簧和高速弹簧共同的作用力，飞锤始终紧靠在内弹簧座上而不能移动，即调速器在中等转速范围内不起调节供油量的作用。但是，此时驾驶人可根据汽车行驶的需要改变调速手柄的位置，使调速杠杆以其下端的铰接点 4 为支点转动，并拉动供油量调节齿杆增加或减少供油量。

4）最高转速限制。将调速手柄置于最高速挡块 8 上，供油量调节齿杆相应移动到全负荷供油位置，柴油机转速由中速升高到最高速。此时，飞锤的离心力相应增大，并克服全部调速弹簧的作用力，使飞锤连同内弹簧座一起向外移动到一个新的位置，如图 7-40d 所示。

在此位置，飞锤离心力与弹簧作用力达到新的平衡。若柴油机转速超过规定的最高转速，则飞锤的离心力便超过调速弹簧的作用力，使供油量调节齿杆向减油方向移动，从而防止了柴油机超速。

5）停车。将调速手柄置于停车挡块 5 上，调速杠杆以其下端的铰接点为支点向左摆动，并带动供油量调节齿杆向左移到停油位置，柴油机停车，调速器飞锤在调速弹簧的作用下抵靠在安装飞锤的轴套上，如图 7-40a 所示。

（2）全程式调速器　VE 型分配泵所配用的全程式调速器结构如图 7-41 所示。它主要由传动组件（调速器轴、调速器传动齿轮）、感应组件（飞锤支架、飞

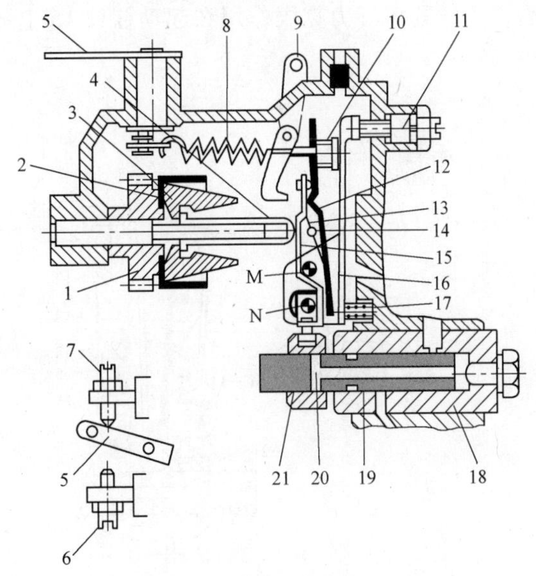

图 7-41　VE 型分配泵调速器的结构

1—调速器传动齿轮　2—飞锤支架　3—飞锤　4—调速套筒　5—调速手柄　6—怠速调节螺钉　7—最高速限制螺钉　8—调速弹簧　9—停车手柄　10—怠速弹簧　11—最大供油量调节螺钉　12—张力杠杆　13—起动弹簧　14—张力杠杆挡销　15—起动杠杆　16—导杆　17—回位弹簧　18—柱塞套　19—分配柱塞　20—泄油孔　21—供油量调节套筒　M—导杆支承销轴（固定）　N—起动杠杆、张力杠杆及导杆支承销轴（可动）

锤、调速套筒）、调速杠杆组件（张力杠杆、导杆、起动杠杆）、弹簧组件（调速弹簧、怠速弹簧、起动弹簧、回位弹簧）和调整螺钉（怠速调节螺钉、最高速限止螺钉、最大供油量调节螺钉）等组成。

在飞锤支架 2 上装有 4 个飞锤 3，飞锤通过止推片推动调速套筒 4 移动。张力杠杆 12、起动杠杆 15 和导杆 16 组成调速器杠杆系统。这三个杠杆通过销轴 N 连在一起并可分别绕销轴 N 摆动。导杆 16 通过销轴 M 固定在分配泵体上。下端受回位弹簧 17 的推压，使其上端靠在最大供油量调节螺钉 11 上。起动杠杆 15 下端是球头销，嵌入供油量调节套筒 21 的凹槽中。当起动杠杆摆动时，球头销将拨动供油量调节套筒，改变其与分配柱塞 19 上的泄油孔 20 的相对位置，从而改变分配柱塞的有效行程。张力杠杆 12 上端通过怠速弹簧 10 与调速弹簧 8 连接，调速弹簧的另一端挂在调速手柄 5 的销轴上。

调速器传动轴旋转所产生的飞锤离心力与调速弹簧 8 力相互作用，如果两者不平衡，调速套筒 4 便会移动。调速套筒的移动通过调速器的杠杆系统使供油量调节套筒的位置发生变化，从而增减供油量，以适应柴油机运行工况变化的需要。

1）起动。起动前，将调速手柄 5 推靠在最高速限制螺钉 7 上。这时调速弹簧 8 被拉伸，弹簧的张力拉动张力杠杆 12 绕销轴 N 向左摆动，并通过板形起动弹簧 13 将起动杠杆 15 压向调速套筒 4，从而使静止的飞锤 3 处于完全闭合的状态。同时，起动杠杆 15 下端的球头销将供油量调节套筒 21 向右拨到起动加浓供油位置 C，供油量最大，如图 7-42a 所示。起动后，飞锤的离心力克服作用在起动杠杆 15 上的起动弹簧 13 的弹力，使起动杠杆绕销轴 N

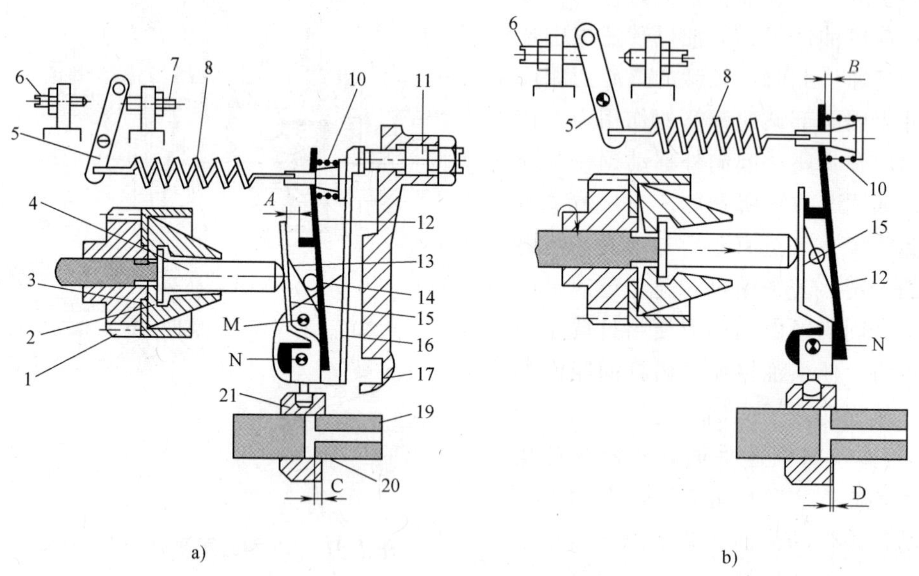

图 7-42 全程式调速器的工作原理

a）起动 b）怠速

1—调速器传动齿轮 2—飞锤支架 3—飞锤 4—调速套筒 5—调速手柄 6—怠速调节螺钉 7—最高速限制螺钉 8—调速弹簧 9—停车手柄 10—怠速弹簧 11—最大供油量调节螺钉 12—张力杠杆 13—起动弹簧 14—张力杠杆挡销 15—起动杠杆 16—导杆 17—回位弹簧 18—柱塞套 19—分配柱塞 20—泄油孔 21—供油量调节套筒 M—导杆支承销轴 N—起动杠杆、张力杠杆及导杆支承销轴 C—起动加浓供油位置 D—怠速供油位置向右摆动，直到抵靠在张力杠杆挡销 14 上。此时，起动杠杆下端的球头销向左拨动供油量调节套筒，供油量自动减少。

2）怠速。柴油机起动后，将调速手柄 5 移至怠速调节螺钉 6 上。在这个位置，调速弹簧 8 的张力几乎为零，即使调速器传动轴的转速很低，飞锤也会向外张开，推动调速套筒，使起动杠杆 15 和张力杠杆 12 绕销轴 N 向右摆动，并使怠速弹簧 10 受到压缩。这时，飞锤离心力对调速套筒的作用力与怠速弹簧 10 及起动弹簧 8 对调速套筒的作用力平衡，供油量调节套筒 21 处于怠速供油位置 D，柴油机在怠速下运转，如图 7-42b 所示。

若由于某种原因使柴油机转速升高，则飞锤离心力增大，上述的平衡被打破，飞锤推动调速套筒、起动杠杆和张力杠杆进一步压缩怠速弹簧而向右摆动，供油量调节套筒则向左移，供油量减少，转速回落复原。若柴油机转速降低，飞锤离心力减小，怠速弹簧推动张力杠杆和起动杠杆向左摆动，供油量调节套筒则向右移，增加供油量，使转速回升。

3）中速和最高速。欲使柴油机在高于怠速而又低于最高转速的任何中间转速工作时，则需将调速手柄 5 置于怠速调节螺钉 6 与最高速限制螺钉 7 之间某一位置。这时，调速弹簧 8 被拉伸，同时拉动张力杠杆 12 和起动杠杆 15 绕销轴 N 向左摆动，而起动杠杆 15 下端的球头销则向右拨动供油量调节套筒 21，使供油量增加，柴油机遂由怠速转入中速状态。

转速升高时，飞锤离心力增大。当其向右作用于调速套筒上的推力与调速弹簧 8 向左作用于张力杠杆 12 和起动杠杆 15 上的拉力平衡时，供油量调节套筒便稳定在某一中等供油量位置，柴油机也就在某一中间转速稳定运转。

当把调速手柄 5 置于最高速限制螺钉 7 以上时，调速弹簧 8 的张力达到最大，供油量调节套筒 21 也相应移动到最大供油量位置，柴油机将在最高转速或标定转速下工作。

不论柴油机在中速还是在最高速工作，若由于负荷发生变化而引起转速改变，则飞锤离心力与调速弹簧力的平衡遭到破坏，调速器将立即动作，通过增减供油量，使转速复原。

如果突然卸掉柴油机全部负荷，调速器将把供油量减至最小，以防止柴油机超速。其调速过程与稳定怠速过程相同。

4）最大供油量的调节。若拧入最大供油量调节螺钉 11，则导杆 16 绕销轴 M 逆时针方向转动，销轴 N 也随之转动，并带动球头销向右拨动供油量调节套筒 21，这时最大供油量增加。反之，旋出最大供油量调节螺钉 11，则最大供油量减少。

改变最大供油量，可以改变柴油机的最大输出功率及最高转速或标定转速。

设备、工具和材料准备

拆装工作台、工具。

操作步骤

1. 调速器的检修与调试

(1) 调速器零部件的检查

1）检查调速器飞块的铰接处（如调速器飞块轴及轴套、滚轮轴及轴孔等），磨损严重应予更换。

2）检查所有杆件的铰接处，磨损超过要求时应更换或检修。若杆件有变形，应予以校正，甚至更换。

3）检查各调速器弹簧，如变形、刚度减弱均应予以更换。

4）检查所有的轴承与衬套，超过要求的应予以更换。

（2）调速器的调试　调速器的调试应在喷油泵试验台上进行。调速器型号不同，调试参数和方法也不同，以汽车常见的两速式机械调速器为例，一般调试步骤如下。

1）在调试调速器前，应确定供油齿杆的零点位置，以便完成供油正时的精调和各种供油量的粗调。

2）高速控制的调整。将节流阀操纵臂固定在全负荷位置，使泵转速逐渐上升，当达到比额定转速大10r/min时，供油齿杆应开始向减油方向移动，若不符合要求，应当调整最高转速调节螺钉，继续提高转速。当达到比额定转速大100~120r/min时，供油齿杆应能向减油方向移动至零点位置而使供油完全停止。如不能停油，说明调速弹簧已变软。若继续增速至比额定转速大150r/min，若仍不能停油就应更换调速弹簧。

3）怠速控制的调速。把节流阀操纵臂置于怠速位置，使喷油泵在低于怠速下工作；然后逐渐加速，并观察供油齿杆的位置变化。当向减油方向移动时，这时的转速就是低速控制起作用的转速。此转速应不高于柴油机怠速所规定的转速。转速继续增加，供油齿杆还会向减少供油方向移动。当这种移动停止时，即为调速器低速作用终止的转速，此时供油过程应当停止，超出的转速值不大于200r/min为正常。若不符，可调整怠速弹簧总成的旋进位置（在调节怠速弹簧时，与供油齿杆相对的稳速弹簧应完全放松，使之不起作用）。

如经反复调整后仍不能达到要求，可适当调整齿杆行程调整螺栓，但调整过此螺栓后，全负荷供油量会随之变化，需作适当处理。

4）稳速弹簧的调整。稳速弹簧能在柴油机急剧减速时，迅速地把供油齿杆推回到怠速位置。当调速器怠速控制调整好后，在怠速下，旋进稳速弹簧螺钉，使供油齿杆位置增加0.5mm，然后紧固即可。

5）止动螺栓的调整。调整好稳速弹簧后，记下怠速时供油齿杆的位置，然后停机。

将油门操纵臂向停油方向扳动，当供油齿杆退至比怠速时的位置短1mm时，不再继续扳动操纵臂，并旋进止动螺栓，在同油门操纵臂接触处，将止动螺栓予以紧固，这是为了防止油门操纵臂往停油方向扳动时对调速器内部连杆系统产生过分的冲击。

6）校正装置的调试。为提高柴油机中、低速转矩，可以在调速器内加装校正弹簧总成，这是在高、低速控制已调好后才进行的项目。调试时，将油门操纵臂扳向最大供油位置，使喷油泵转速控制在额定转速的60%~70%处，旋入校正弹簧总成，使供油齿杆略向加油方向移动即可。旋进程度以需要增加多少供油量而定，而校正装置起作用的范围，可通过调整校正弹簧的预压量来改变。

2. 喷油泵的检修

喷油泵中有柴油机上最精密的部件，柱塞与柱塞套、出油阀与阀座等，这些机件磨损后，会使供油量、供油均匀度和供油时间都发生变化，导致发动机功率下降，燃料消耗量增大，工作可靠性降低。因此，喷油泵拆卸后零件的检验和修理，装复后的试验与调整是柴油机大修中不可缺少的重要内容。

（1）柱塞与柱塞套的检修

1）检查柱塞与柱塞套的摩擦面、柱塞套与泵体的接触面有无磨损或擦伤情况。不符合要求时，应予以更换。

2）柱塞的端面、斜槽、柱塞套的有孔边缘等应是尖锐平整的，若有凸起、剥落或毛刺，应予以更换。

3）检查滑动性能。将柱塞与柱塞套保持与水平线成60°左右的位置，在几个方向拉出柱塞，它能自动慢慢地滑下即为合格。

4）缺口的配合检查。检查柱塞控制套缺口与柱塞下凸块的配合间隙，若超过0.08mm时，必须进行修整或更换。

（2）出油阀及阀座的检修

1）出油阀及阀座的检查。用一只手指堵住出油阀下面的孔，另一手指将出油阀轻轻从上向下压。当手指离开出油阀上端时，它能自行弹回，即为良好。

2）若出油阀及阀座磨损过度或有伤痕，应予以成套更换。

3）出油阀弹簧如有扭曲和弹性减弱现象，应予以更换。

（3）调节齿条与扇形齿轮的检修。

1）检查油量调节齿条与扇形齿轮的配合间隙及其与衬套工作面的磨损，若超过0.30mm，应予以更换。

2）检查油量调节齿条的弯曲度，如超过0.05mm，应进行冷压校正。

3. 两速调速器的检修

1）检查调速器弹簧有无扭曲、折断及弹性减弱现象，如有应换用新件。

2）检查调速器主筒孔与联轴器套筒的配合间隙，如超过0.08mm，允许将联轴器套筒在外径上用镀铬磨光法加以修复。

3）调速器凸轮轴颈与装在壳体中的衬套的配合间隙，如超过0.10mm，可采用磨光轴颈和选配新衬套的方法来进行修复。换新衬套时，应注意两衬套中心线的同轴度，在全长范围内不得大于0.02mm。

4）调速器高速、低速弹簧的弹性应符合标准规定。

4. 喷油正时自动调节器的检修

1）飞块底板销钉与飞块上的孔磨损过度，间隙过大时，应予以修复或更换。

2）飞块限位装置过度磨损、变形或松动，应予以修整或更换。

3）弹簧如有一个变形、松动或折断，应同时更换两个弹簧。

5. 喷油泵及调速器的装配

（1）喷油泵装配要点及注意事项

1）喷油泵装配前，应彻底清洗所有零件。清洗中，不得用硬刷刷洗和互相碰撞，并应成对清洗，切勿混乱。

2）注意对准装配记号。油量调节套筒应在齿条位于中间位置时装入，柱塞下端凸块上的符号应与套筒纵向槽相对。

3）装配出油阀及阀座前，必须检查防漏垫圈内外直径尺寸是否合适。

4）挺柱装置装入下泵体后，在凸轮轴转动时，挺柱体应能够上下运动自如灵活，不得有阻滞和松旷现象。

5）凸轮轴装入泵体前，应弄清旋转方向和喷油顺序，以免装反。装配好后，凸轮轴应转动灵活。

6）喷油泵装配后要检查齿条的灵活性，用弹簧秤拉动齿条所需拉力为2~3N，动作灵活而无卡滞。将喷油泵总成倾斜45°，齿条可凭自身重量伸出或退回。

7）初步校准柱塞下端与挺柱调节螺栓之间的间隙，一般为0.30~0.40mm。

（2）调速器装配注意事项 对全负荷定位螺柱、调速螺栓、行程调节螺钉和怠速弹簧总成等调整时，要先以临时状态装配，最后在喷油泵试验台上调整试验后再加以固定。

6. 喷油泵及调速器的调试

喷油泵总成性能的试验和调整工作是在喷油泵试验台上进行的。

（1）试验前的准备工作

1）喷油泵在安装到试验台上之前，先用手转动凸轮轴和操纵摇臂，检查其驱动机构及调节拉杆运动的灵活性，不得有卡住和碰撞现象。

2）保证喷油泵及试验台各部件之间连接的可靠性和正确性。

3）低速起动试验台进行试运转，排出燃料系中的空气，并检查各油管连接处和密封处是否有渗漏现象，油温是否过高，有无异响，各部件工作是否正常。若发现问题，应立即进行排除。

（2）柱塞与柱塞套密封性的试验 取出出油阀和弹簧，将喷油泵试验台的出油管接到要检查的单泵出油管接头上。放尽油路内的空气，将柱塞固定在相当于中等供油量的角度上，并使柱塞处在压油时刻，施加油压至20MPa，观察油压下降10MPa时所需的时间（以秒计），用以评价其密封性。新件下降时间应在30s以上，旧件下降时间应在20s以上。

（3）出油阀与阀座密封性的检验 以油压降落的速度来确定，它包括两个方面。

1）锥形工作面的密合度。不需要拆卸任何机件，柱塞位于最低点并处于停止位置。将试验台的出油管接装到要检查的单泵出油管接头上，放尽油路内的空气。施加油压至30MPa，观察下降至25MPa的时间，应不少于60s。或让供油压力从15MPa开始降落，降落速度不超过2MPa/min为合格。

2）圆柱工作面（减压环）的密合度。检查锥形面密合度后，取出弹簧，装上带缺口的定距环将出油阀顶起0.20~0.50mm，使出油阀和阀座的锥形面脱离接触，施加油压至20MPa，观察油压下降至15MPa的时间，不少于10~15s。或油压从15MPa降至2MPa的时间不少于4~5s。

以上试验必须在相同的温度（15~20℃）条件下进行，同一喷油总成的出油阀密封性应相同。

（4）供油时间间隔的检验与调整 供油时间间隔是指各个单泵间相互供油的间隔角度，一般以喷油泵凸轮转角来表示。要求供油间隔角度相等，误差不得超过±0.5°。供油间隔角度的检验方法如下。

1）把齿杆固定在供油位置，打开油泵体上的放气螺塞，开动试验台，直至放气孔流出没有气泡的柴油，然后将放气螺塞拧紧。

2）输油泵供油压力应为0.3MPa。将喷油器油管接通，以便各缸油管出油。

3）转动刻度盘，当第一缸油管停止供油时，则说明该柱塞已上升堵住了进油孔，此时，即为第一缸开始供油，记下刻度盘的读数。

4）继续转动刻度盘，用同样的方法，按各缸工作顺序检验各单泵的供油时间间隔角度。

5）同一发动机相邻各缸供油时间间隔角度偏差一般不得超过±0.5°。当供油角度不符合要求时，可以通过改变柱塞位置的高度来调整，即用柱塞挺柱上的调整螺钉来调整。

（5）供油量及供油不均匀度的检查与检验

1）供油量的检查。在规定转速下，检查不同油量控制杆行程位置时各分泵每喷 100 次或 200 次的供油量。一般常在 200r/min 和 600r/min 时检查油量控制杆在最大行程、50%行程和怠速三种情况下的供油量。

在油量控制杆最大行程下，检查各种不同转速时各分泵每喷油 100 次或 200 次的油量。一般检查时的转速常采用 200r/min、600r/min 和 1000r/min。

2）供油不均匀度的检验。喷油泵供油不均匀度可按下式计算：

$$供油不均匀度 = (最大供油量 - 最小供油量)/平均供油量 \times 100\%$$

$$平均供油量 = (最大供油量 + 最小供油量)/2$$

多缸柴油机各缸的供油量应尽量保持一致，否则会引起各缸工作压力不同，进而使发动机功率降低且运转不稳。

各缸供油不均匀度允许误差为高速最大供油量时不超过 3%；中速供油量时不超过 5%；低速供油量时不超过 7%；各分泵平均供油量不超过 5%。检验应进行三次，再最后确定供油不均匀度是否符合要求。

考　核

序号	考核内容	配分	评分标准	考核记录	扣分	得分
1	正确使用工具、仪器	10 分	工具、仪器使用不当酌情扣分			
2	正确进行调速器的检修与调试	20 分	错误每处扣 5 分			
3	正确进行喷油泵的检修	20 分	错误每处扣 5 分			
4	正确检修调速器	20 分				
5	正确装配与调试喷油泵及调速器	20 分				
6	操作规范、整齐、不超时	10 分	不规范扣 5 分，超时扣 5 分			
	遵守安全规范，无事故		不规范造成严重事故，此题按 0 分计			
7	总分	100 分				
8	教师签字			年　月　日		

想一想，做一做

1. 简述柴油机燃料系统的基本组成和工作原理。
2. 简述喷油器的更换方法。
3. 简述喷油泵的检修内容。